[达人开讲]

刀达人 李嘉亮 ◎著

图说刀事典

ALL ABOUT THE KNIVES

長江出版傳媒
湖北科学技术出版社

序

ALL ABOUT THE KNIVES

一步步的错误，造就我这个玩刀达人

还没上小学的时候，家里都是烧煤球来做饭。那时中国台北双连旧火车站附近有好几家锯木厂，专门剖锯太平山林场火车运来的原木，锯剩下的木材毛废料会卖给一般家庭用来引燃煤球。每当一大捆柴火送到家，我总是第一个来到柴捆边，仔细挑、慢慢察看，看哪一根木材最像自然成形的刀、剑，然后迅速纳为己有，躲到没大人在的阳台、客厅挥舞耍弄，玩过一阵子后就小心翼翼地收藏到自己的床铺底下。但是不久就会被母亲拿去当柴烧，换来一场涕泣纵横。母子间的拉锯战从没停过。从小就踏出玩刀的错误第一步，玩刀的根性恐怕是天生不可理喻的。

小学六年级开始钓鱼无疑是玩刀瘾的催化剂，举凡走小径开路、割绳子捆绑钓竿，切割钓鱼线、线结、钓饵，甚至削竹子剁树枝架起甩竿，都要用到刀。上中学之后用刀经验扩展到了野炊。在荒郊野外吃饭，不像今天派人骑摩托车出去买便当那么方便。持续多天的钓鱼等野外活动，除了吃干粮，不会操刀做菜恐怕很难玩下去，特别是自己属于挑剔食物味道的“歪嘴鸡”。之后参加登山、溯溪等活动，刀子的用途更广，刀与户外活动紧密结合起来后，对于刀子的重心设计、刀身厚薄、锋利度等的要求越来越严格，买不到理想的野炊用刀，于是踏出错误的第二步，自己来做刀。在那个年代外人看来真是荒唐!

从年轻时写钓鱼文章到老，既没有钓鱼相关专业的大学老师指导，也少有前人的文章可参考，完全靠自己摸索，阅读各种与钓鱼有些关联的专业书籍——生态学、海洋学、湖沼学、鱼类学、渔具学以及英文、日文的钓鱼书等。皓首穷经、大海捞针，一小块、一小块地像拼图一样构筑学问体系，好像变成了自己的专长与宿命。投入庞大的精力执着于钓鱼、玩刀，以这样的苦心考个有社会地位的学校，弄个有终身保障的公职不是更好吗？但是错误的下一步并没有因此打住。从思考自己做刀的那一刻开始，选购阅读相关书籍的强迫症就没有一刻消停。

溪钓要溯溪翻动石块找溪虫当钓饵，溪流里的石块一块也没放过，然后也顺便找起了磨刀石，以至于现在光用眼睛看一看石头，就猜得出来它属于哪一类岩石，粗细目数（gauge）大约多少，适合磨哪一种钢料的刀。有谁知道那是我多少次用两块石头互相摩擦产生石粉，沾在拇指食指尖搓磨的体验。但我并没有在地质学方面弄出一张文凭，自己筚路蓝缕摸索玩起社会不太认同的做刀，真是一步错、步步错。后来虽然在开山刀的制作领域很自豪地认为足以开山立派，但这终究还是大幅背离社会主流价值的小玩意儿，相信社会上多数人都认为如此步步错，人生一定充满痛苦。他们却不知这样孤单摸索奋斗，一次又一次小小突破后的喜悦与成就感。

威权时代加在大家身上的框架并未远去，社会还是充斥主流价值观：著名学府、热门科系、第一名毕业、顶尖高薪。高唱人人平等的社会，居然处处充斥着高人一等

的学位、名校、职业、名门世家。社会高度发展后的教育体系，迅速复制各种名牌学历、高贵职业，供过于求以至于那些以往高不可攀的“名牌”，迅速沦为“地摊货”。随着社会的多元化发展，以往的冷门现在可能成为热门了。

多元化的社会充满多元而平等的价值，我这辈子连续的错误步履，可能变成一个社会多元价值自我发展的模板。摸索制作刀具的执着、用心、积累知识、广泛阅读研究，其实并没有比其他的成就者高明，只是之前选择的一条冷门的行径，刚好赶上了多元化社会的来临。如果说有没有什么小小的启示可以给年轻人，就是希望年轻人要用课本知识的已知去探索与课本相关联的未知，这就是知识的创新与多元思考，能做到这点，再冷门的教科书，都可能变成琼浆玉露，偶有新发现都如醍醐灌顶，就像几经切割打磨的顽铁，淬火抛光再开锋，终于成为一把光芒熠熠的宝刀。广泛阅读、一步又一步地踏错，原来那是穿梭在书本丛林、知识大洋的冒险行径。用漫长的人生冒险玩刀，玩刀达人就这样诞生了！

李嘉亮

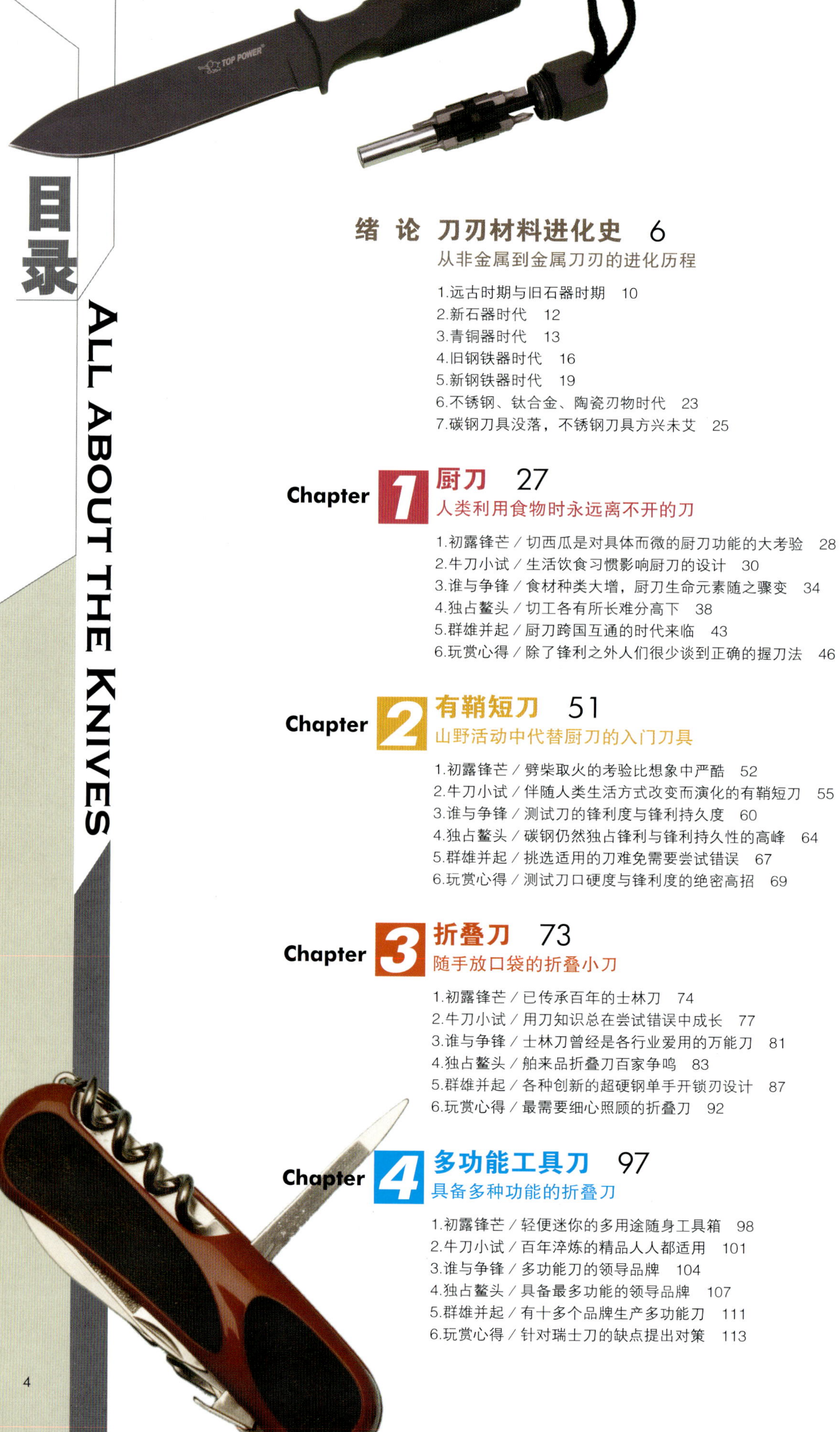

目录

ALL ABOUT THE KNIVES

绪论

ALL ABOUT THE KNIVES

刀刃材料进化史

从非金属到金属刀刃的进化历程

刀刃材料从燧石、动物角牙骨、青铜发展至今，钢铁、不锈钢已是刀刃的主要材料，但后起之秀的钛合金、陶瓷方兴未艾。

现代都市生活很方便，使用刀子的机会越来越少了。例如：买水果摊切好的水果，不需要使用刀子；修指甲时就上美容院，自己不怎么使用指甲刀（它虽然是一种刀，却完全不属于本书讨论的主题——典型的刀）；现在很多人都不下厨，所以也没动过菜刀。根据英国的一项网络调查显示，老婆讨厌丈夫的十大罪状之一，竟然是先生不帮太太磨刀。刀子不锋利，如何下厨做出几道像样的菜？可是话说回来，都市人可能 1 周难得用一次刀子，又怎么可能知道磨刀的基本技巧？若没有锋利的菜刀，紧随在后的厨艺就更不用谈了。顾不了丈夫（老婆）的胃，维持婚姻幸福就得在其他方面加倍努力弥补了。想不到吧！刀子锋利与否竟然还与婚姻幸福有关。就算不谈这些，如果你喜欢从事户外活动，用刀的机会就会很多。本书主要希望读者能从中获得多方面的、足够的正确用刀知识。

笔者的父亲老来得子，我从小都跟上了年纪用刀机会很多的人一起生活，关于刀总是

↑ 大溪镇的千祥打铁店，店内用途广泛的磨刀石已成国宝。

吃水果必备的刮皮刀，几乎家家都有这样的工具，人人都会用。

这样削橙子、苹果皮的简单技巧有多少人根本不知道呢?

充满了那个年代的记忆。当时家中新买的碗盘，会摆在橱柜里一段时间，等到菜刀钝了，就会用新碗底磨刀，同时还可以避免粗糙的碗底刮伤桌面，一举两得。当时不论大小碗盘，底下都有一圈没上釉的粗糙面，这一圈磁坯土裸露的粗糙面非常适合磨刀。兴许你也见过老一辈经常施展此绝招。今天有些日本产高档磨刀石（砥石）就是陶瓷材质。如果刀子要大磨特磨，家中还会备有一块宽、厚各约 20 厘米、长约 30 厘米的奇哩岸石。大家可能知道奇哩岸石是台北城城墙的石料，却不知道也可以用作磨菜刀、勾头镰刀、锄头的天然粗砥石。奇哩岸石很早就禁采了，现在人工制造的砥石很常见，夜市五金摊上一块人工石了不起 100 元（台币），保用大半辈子。家里用的菜刀不能太锋利，要恰到好处，否则会削掉指甲，甚至切伤手指。怎么让刀的锋利度恰到好处，学问就在本书中。

不知道你听说过没有，在中国台湾光复初期的台东县，拥有一块砥石就够资格娶老婆。俗话说：“磨了不吐浆，不是好砥石。”台东县的山脉变质岩大理石、地壳结构的片麻岩都太坚硬，不能做砥石。沉积岩类坚硬的千层岩里面没有细

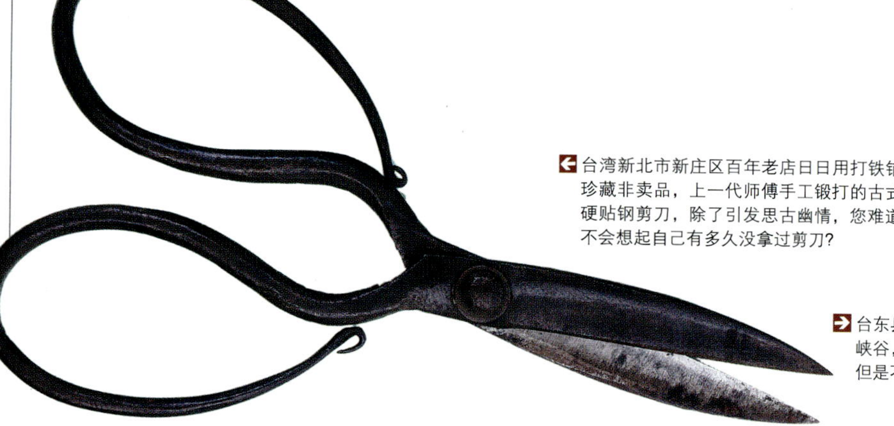

台湾新北市新庄区百年老店日日用打铁铺珍藏非卖品，上一代师傅手工锻打的古式硬贴钢剪刀，除了引发思古幽情，您难道不会想起自己有多久没拿过剪刀?

台东县新武吕溪无名支流的峡谷，岩层虽属坚硬的页岩，但是不吐浆无法磨刀。

微坚硬的石英颗粒，不能当砥石，而质地松散的黏板岩更不能磨刀，浆吐太多也不好。整个台东县的地表岩石，没一块石头适合当砥石。农夫的多数钢铁农具都需要磨，在人工合成砥石尚未发明的年代，缺乏砥石，农事生产就会大受影响，温饱都有问题，还有余力成家吗? 日据时期，父亲在松山机场的第一届大日本帝国博览会，买了一块砥石，听父亲说是磨刮胡刀（剃头刀）专用的珍贵砥石。大凡用来磨最锋利刀子的砥石，都是最贵的高级砥石。那块不起眼的砥石，已在老家改建时丢弃，经过漫长的 20 余年后，才从日本杂志上得知，那是日本人磨刨刀、生鱼片刀、武士刀的最高档、国宝级的备前砥，日本早已禁采，现在一块要价好几万台币。拥有存货者出售时还会仔细询问用途，严格面试后再考虑是否割爱。即使在今天人工砥石普遍可见，绝大多数人都没掌握磨刀要领，关于砥石的认识也一概不知。

用刀、磨刀、制作刀的文化，人类几乎耗费了两万余年缓缓建构而成，却可能在中国台湾短短的一代人手里，无足轻重到了差不多忘记了它的存在，本书站在维系传统文化的高度，为你揭开蒙在刀上的一层薄纱。

各种人工合成的廉价砥石，图中木盒装的是美国高价天然碳钢专用砥石。小立方块俗称“刀石虎”，专门用来将砥石修整出精确的平面，原本是磨石子的修饰小角落的器具。磨刀石用钝了后，要用刀石虎修饰翻新表面，使磨刀石变锐利。

远古时期与旧石器时期

那时人们挑选合适的石块主要用作锤击器，锋利切割用途的石器应该还没出现。

古人类学者多数认同，远古与旧石器时代的人类，多半捡拾森林大火烧死的动物尸体，或者肉食性动物啃食后剩下骨骸，才有机会吃到兽肉。前者兽体上还有较多的肉，被火烤过很好吃，因而引发人类后来发明取火以及烧烤食物的方法。直到今天，野外露营能够烧起一堆火，总让人感觉温暖与精神安定，甚至很多人喜欢烧烤的食物，追根究底，营火与烧烤食物，曾经与人类的遗传基因，共同存在几十万年，迄今难以割舍。猛兽吃剩下尸骸肌肉已不多，但是骨骼里面的骨髓，含有大量脂肪、蛋白质，非常可口又营养，人类可能因此发明用石头捶击敲裂骨骼，食用骨髓，今天中式餐点的大骨熬汤，还不是食用骨髓的具体重现。意大利菜有道横切牛膝盖的炖煮料理，既能吃到牛膝的筋肉，其中骨髓更是整道料理的精华，具体呈现远古人类吃骨髓的悠久传统。远古人类因此由素食者渐渐改吃肉类，烧烤后食物利用效率提高，肉类食物的能量更多，推动人脑有多余的能量思考，促成文明演进。在这一段时期，人类可能已知利用岩石的锐利面切割，但是典型的刀还没有出现。

↑远古人类使用石片器切割鱼兽肉（上图），使用石砍器砸碎兽谷（下图）。

登山溯溪活动到了夜晚，身体通常感觉寒冷，在营地焚火炊爨（cuàn），通常让人觉得既温暖又舒适。

新石器时代

经过打磨变得锋利、尖锐的石器出现了，刃物的雏形已经拥有强大的杀伤力。

旧石器时代人类的石器以捶击钝器居多，有利刃的器物较少。距今约 5000 至距今约 4000 年前的新石器时代晚期，人类的石器，逐渐变成具有狭角度锐利面的切割、刺穿用利器，其中以敲击、撬挤燧石（火山玻璃）剥制的利器最具代表，大约 4000 年前，开始出现装设在投掷长矛上的燧石矛尖以及扇贝状剖肉利器，燧石矛尖后来缩小演变成为箭镞。装上了动物骨、牙、角等手把的燧石矛尖，变成人类最早的匕首，算得上是典型的概念刀。有趣的是，因为矛尖、箭镞必须左右、上下对称才能平稳飞行，所以由此演变成的匕首也是两刃对称设计，与今天的多数猎刀单刃设计截然不同。与旧石器时代相比，人类已经由食腐动物蜕变成为吃鲜肉的掠食者。因纽特人迄今还在使用扇贝状的剖肉利器，形状与构造都没有变，只是材料改成了钢铁，因为它不需要使用砧板就能切大块肉，完全颠覆了一般人对于刀的想象。但无论如何，利器的发明确实代表了人类文明的一大进步。

燧石制的利器十分锋利，现在多数的钢铁制品都比不上。美国医学研究人员发现，燧石刀的锋口锐利光滑，制成手术刀切开人体，伤口工整平滑，伤口愈合速度比 440C 不锈钢的手术刀切口快 1/3。燧石匕首十分锋利，人类发明之初和随身携带的同时，应该也发明了刀鞘，只不过适合制刀鞘的皮革和木材易腐，迄今在发掘遗址处还没发现实物的残迹。今天中南半岛、喜马拉雅山山麓、马来西亚丛林、非洲刚果森林的少数民族，为了方便吃坚韧的兽肉，同时防止牙齿侧蛀，还保留有敲凿修整门齿使其成为角锥齿状的特殊行为。兽肉与家禽畜肉的最大差别，在于野兽的肉十分坚韧，尤其经过火烤后更是硬得不得了，除非用大铁锅小火久炖，否则人类门牙的平板齿很难咬得动。但是石器时代哪来的大铁锅？新石器时代的人类开始学会打磨石器，不出产燧石的非洲部分地区原住民用象牙磨制匕首、矛尖，或利用质地厚而坚硬的牛腿骨等制作锐利器具。直到今天，中南半岛、南洋群岛的少数游猎民族还在用长条状的薄竹皮，如带锯般来回拉动切割生肉。人类祖先为了切割营养美味的肉类而绞尽脑汁，哪是今天轻松就能获得廉价钢刀的人们所能想象的。

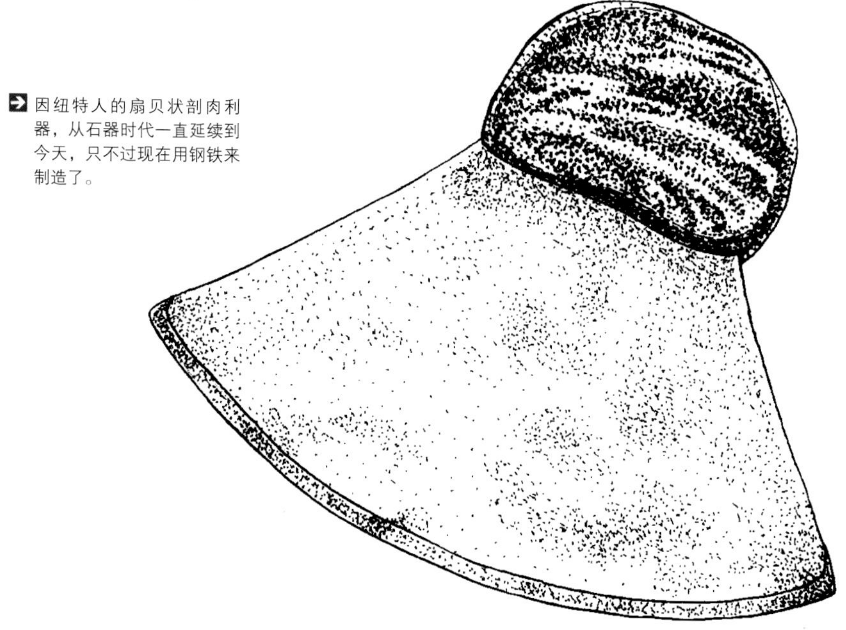

因纽特人的扇贝状剖肉利器，从石器时代一直延续到今天，只不过现在用钢铁来制造了。

青铜器时代

用红铜合金、青铜合金制作的刃物，渐渐接近今天中碳钢铁的锐利与强度。

人类到底是如何发现铜铁，铜又如何演变成青铜，目前并无定论。金属元素的铜，一般俗称为红铜，质地柔软，难以制成尖锐的利器。大约公元前 4000 年，早期建造金字塔的埃及人，虽然未发明青铜，但由于当地的铜矿含砷，铸成的铜器含有 1% 的砷，使得砷红铜合金的硬度不输给青铜，大约达到 HRC50 度左右，已经接近中碳钢，所以被广泛用于制作箭镞、长矛、斧头。推测人类发明青铜的过程，可能是首先发现了红铜，接着又发现了锡。这两种矿石被史前人类拿来围住营火堆，因为烤火的人数多，围成一大圈烧起盛大的营火，堆积了很多烧剩下的木炭，夜里刮起大风，吹来充足的氧气，帮助木炭持续熊熊燃烧产生高温。火堆中燃烧的红炭虽无火焰，温度却非常高，恰巧把铜矿石里面的红铜还原熔出，冷凝于地面即变成了红铜。森林大火也可能使红铜还原。锡也是在同样的情况下取得的。因为红铜、锡都很柔软没有太大的用途，有人想到把两者熔化混合会怎样，结果意外发明了青铜。青铜的硬度、韧性比红铜大很多，适合制作刀具。

大约完成于战国初期（起于公元前 403 年）的中国古籍《考工记》记载："金有六齐：六分其金而锡居一，谓之钟鼎之齐。五分其金而锡居一，谓之斧斤之齐。四分其金而锡居一，谓之戈戟之齐。三分其金而锡居一，谓之大刃之齐。五分其金而锡居二，谓之削杀矢之齐。

金锡各半，谓之凿燧之齐。"以上大致的意思是说："含锡量 16.6%，其余为红铜者，是制作钟鼎的青铜合金。含锡量 20% 是制作斧头的合金，含锡量 25% 是制作戈戟的合金，含锡量 33.3% 是制作大刃的合金，含锡量 40% 是制作削杀矢的合金，削杀矢指的是青铜剑、戈的锋口部分，或者是箭镞的材料，其中'削'字指的是剥、刮竹篾制作竹简的刀。含锡量 50% 是制作凿燧的合金，也就是凿石头之凿子的青铜合金。"里面比较难懂的是"大刃"两个字，当时中国还没有发明抗战大刀队那种大刀，所以大刃两个字，应该指的是斧斤的刀锋部分。人类进入青铜器时代以后，拥有的随身小刀、匕首，已经非常接近今天大家认知的刀。

近年来中国出土的青铜剑，剑身使用的含铜量很多都是 60% ~ 70%，比较柔软有弹性，不易摧折，而必须具有锋利性质的锋口部分，含锡量达到 30% ~ 40%。若先铸造剑刃、剑身的一部分，再铸造另一部分，两者如何紧密融合是一大问题，而且两种合金同时注入模具内，如何避免两种合金相互混合，又是另一难题。如此复杂的铸造工艺技术，迄今还没有现代科技能解决，所以青铜古兵器目前无法仿制，青铜兵器据此容易鉴定真伪。此外多数青铜器都含少量的锌，因为锌锡两种金属常常互相杂存在同一矿脉中。当时少数冶炼青铜的工匠，可能进一步掌握了高纯度锌矿的提炼，可以将红铜冶炼成锌青铜。因为

青铜鼎。

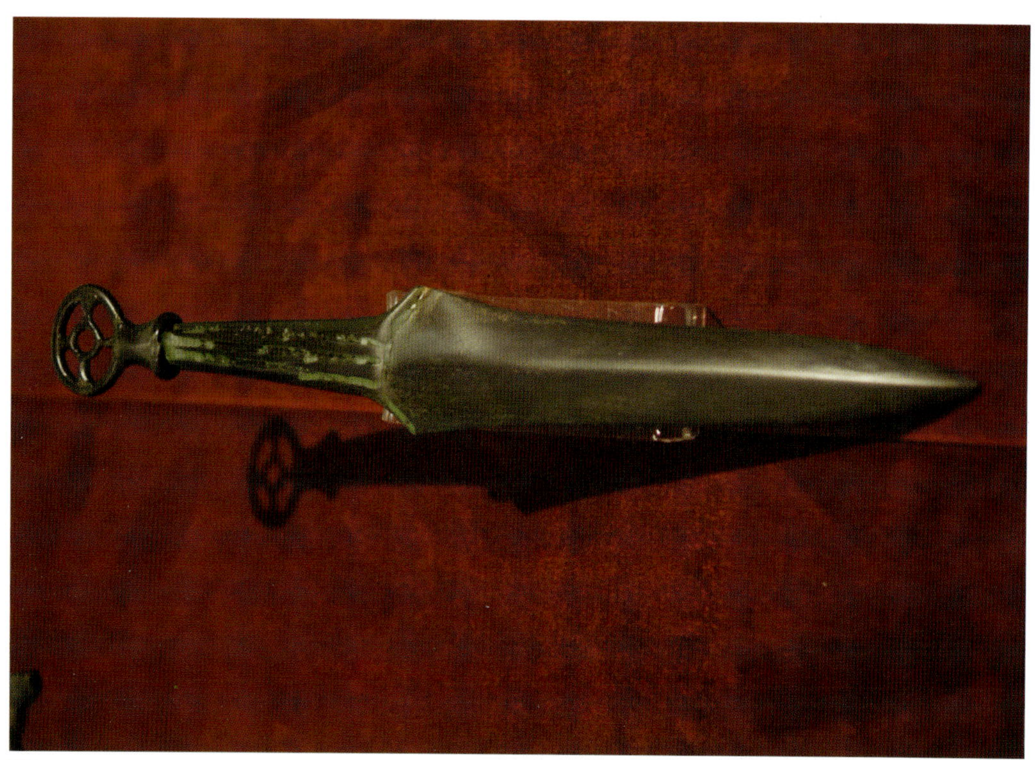

青铜古剑。

刚出炉便进行锻造的炽热钢料，温度近千摄氏度已接近熔化状态，与铸造青铜的温度差不多。

锌的活性大于锡，相对难以提炼。如果用高纯度的金属锌来冶炼锌青铜，质地会更坚硬、弹性更好，而且金属光泽更明亮，类似黄金，耐腐蚀性也更胜锡青铜。后来锌青铜又被称为海军青铜，大凡船舶的青铜配件多为锌青铜制品。

秦始皇的青铜剑外层镀硬铬，有可能是使用水果电池电镀而成。含有酸性成分的水果，两端各插铜板即可产生微弱电流，再将多数电极串联产生强大电流，即可进行电镀工程，西方直到 19 世纪初才发明此方法。二战法国情报人员就是用水果电池提供的电力向伦敦发射无线电电报，传递军事情报。铸造完成的青铜剑，还须经过冷锻，以提高金属的强度、弹性、韧性、硬度，最后一道冷锻的工序，多为考古学者所忽略，本书对此有独到的见解。台湾制作铜锣的师傅，必须将锌黄铜板冷锻塑型，重复多次冷锻使黄铜板变硬兼调音，敲击后声音更响亮，相关技术其实在青铜剑时代是最核心的工艺技术。

旧钢铁器时代

"趁热打铁"，钢铁在温度近千摄氏度时变柔软，最适合捶击，因而有了此俗语。

小规模的碳钢冶炼颇具地方特色，冶炼方法与锐利程度千差万别。

笔者认为工业革命之前的铁生产量小，尚未发明添加提升钢铁物理和化学性能的其他元素，例如：铬、镍、钒、钼、钨等，这一钢铁器时期应该称为旧铁器时代，与教科书的说法不尽相同。此时刀匠用的碳钢可能自己生产，或就近在产地的市集上取得，手工生产的特质明显。工业革命之后则称为新钢铁器时代，刀匠使用的钢材，大部分失去了当地的特色，很多都为舶来品。远古人类捡到坠落地面的陨石，部分陨石含有极高百分比的铁，此即为铁陨石，其中一些铁陨石含有百分比不等的锰、镍、铬等，如果后两者总含量超过 13% 以上且分布均匀，那么这颗陨石的物理和化学性质就接近不锈钢了。所以从石器时代延续到青铜器时代，人类可能已经知道铁，甚至不锈钢的存在了。铁陨石坚硬耐用，却没有很早成为人类制作利器的材料，很可能与铁陨石通过大气层摩擦产生高热而熔化，在内聚力以及大气层阻力作用下，被塑造成近似球体、长椭圆状，无法形成自然的尖锐器有关。裸露于地面的铁

↓ 铁窗使用熟铁，含碳量低约 0.2% 左右，所以不易生锈而耐用，但无法淬火或增加韧性和硬度。

↑ 铁窗、水沟盖使用生铁铸造，含碳量 4% 以上，质坚而脆，同样也不易生锈。

陨石经锈蚀后终致消失。青铜器时代，人类有可能持有少量的陨铁利器，只是长时间埋藏遗址地下，最终氧化锈蚀殆尽，所以人类在漫长的青铜器时期，很有可能是青铜和钢铁器并存。考古学界人尽皆知的一例：在一个公元前 2500 年的遗址上，曾出土了一把非常完整的陨铁剑，有可能是陨铁里含较多的铬而未锈蚀。人类发现铁的过程与意外发现红铜、锡的情况可能相同，只是铁器易锈蚀导致考古证物锈蚀殆尽，难以考证何时开始用铁。

由于冶炼铜矿、铸造铜器都必须在 1000℃以上的高温环境下进行，所以用这样的工艺水平来冶、铸、锻造铁器已经不太困难。中国的商朝（公元前 1600—公元前 1100 年）的斧头刃口部分夹有钢片，钢片的含碳量大约为 0.65% ~ 0.7%，已经具备相当的锋利度，可惜钢片已经严重腐蚀，无法得知热处理的工艺技术水平。钢片的锋利度表现，还需要淬火这个热处理工艺来画龙点睛。青铜斧头刃尖夹钢片，大大增加了青铜刃的锋利性。部分台湾打铁店使用船舶拆下来的废钢板锻造镰刀、斧头，含碳量只有 0.6%，刚好是适合做刀器的含碳量下限，可能比不上商代斧头的锐利程度。青铜斧头夹高碳钢片，增加斧头锋利度的想法与发明，直到今天人类的许多工业刀具，甚至一般的菜刀、折叠刀还有不少沿用着。人类进入钢铁器时代以后，冶炼铁矿——从各种铁矿石中将金属铁还原出来，相关的工艺技术种类十分复杂，很难用一篇短文来完整介绍，以下尽量简单扼要地说明。

不论是采用古老还是现代的冶铁技术，生产出来的铁都称为铣（生铁）。因为熔化的铁流出冶铁炉时状似汤汁，故又称为铁水。原始生产铁水的炉具与现代化炉具最大的差别，在于鼓风进入炉内的风量大小以及炉心的温度高低。至于目前现存的最古老的冶铁炉，多数研究刀剑的外国学者以及所有的日本学者，认为是日本现存的 tatara 者（汉字写成：踏鞴）最具代表。tatara 一词的大意是：多人在踩踏可以鼓风入炉的皮囊，此皮囊称之为鞴。踏鞴冶铁法是将一层木炭一层铁沙陆续放入用硬泥糊的短墙围成的长槽状炉中，炉下有几个通风口，由此鼓风帮助炉内木炭燃烧，再适时投入铁沙、木炭，维持炉心温度，增加铁水产量，约连续操作 3 天 3 夜，铁水沉降于炉底，工匠挖开炉墙下方，铁水乃流出，此即大功告成。待炉体降温，挖开炉体得生铁块于地面。踏鞴炼铁的方法，并非日本人首创，中国在战国时代就已发明，且使用较普遍。铁水铺地冷凝成厚块后，用大槌敲裂分割大块铣铁，方便搬运与进行精炼（锻打）成钢，因此中国称此法为块烧法，日本人也许在中国唐代习得此法传承至今。

市售山寨版电蚀加工，造成刀身表面凹痕，模仿陨铁纹路的折叠刀。

新钢铁器时代

在工业革命时期大规模炼钢已成主流，在碳钢中加入其他金属形成新钢铁器时代。

在刀刃钢铁中添加其他金属元素，与古代炼钢迥然有别，故称之为新钢铁器时代。块烧法炼得的生铁，因为鼓风量少，无高大烟囱帮助空气对流，炉心温度不够高，流出的铁水含碳量太多，其中含碳量在 4% ~ 8% 者，因为不适合制器，故被英国人称为猪铁（pig iron），日本人则称之为玉钢，是用传统工艺制作武士刀、生鱼片刀的钢铁原料。这种含碳多的铁在中国宋代被称为铣。今天含碳量在 2% ~ 4% 的铁称为生铁、铸铁，用于铸造水沟盖、传统大灶的生铁锅等。中国到了宋代，已经懂得将铣投入冶铁炉中再炼，流出来的铁水含碳量降低了，成为更有实用价值的生铁。人类工业化史上第一种大量生产铁水的炉称为高炉，高耸的烟囱为其特征，烟囱产生对流效应，机器强力鼓风增加高炉进气量助燃，炉心温度比传统的冶炼炉更高，铣铁中多余的碳大部分被烧掉，流出来的几乎都是生铁，但还不是用途最广的钢。日本的玉钢，经过约 20 次的炽热高温锻打，在高温下碳的活性远大于铁而被氧化燃烧掉，得到含碳量约 0.8% ~ 0.9% 的高碳钢，即可用于锻造武士刀。在高温锻造过程中，钢铁所含的碳燃烧丧失的现象称为失碳，是锻造任何钢铁器物都必须慎重考虑的变量。荀子《劝学篇》的“百炼钢成绕指柔”，就是指失碳的现象，因为高温锻造时间太长，次数太多，钢铁内碳元素耗尽，变成熟铁而失去热处理变坚硬的物理性质，简单讲就是钢铁变熟铁了！

含碳量在 0.02% 以下的铁称为低碳钢，无法以热处理的方式增加其硬度、弹性等物理性质。含碳量在 0.4% ~ 0.6% 的铁称为中碳钢，用于制作古帆船的船钉、螺丝，含碳

《天工开物》中很难搞懂的生熟炼铁炉图，有兴趣者可能得思考效率多年或可能解开谜题。

各种不锈钢锅具，无法淬火使其硬度提升至适合制作刀具。

量 0.4% 的铁热处理后的最大硬度约 HRC50 度，后者多用于制作铁轨、轮船钢板，热处理后勉强能接受的最高硬度大约为 HRC57 度，用此程度的钢制作刀具刀口容易产生微小缺口，所以台湾打铁店一般价位的镰刀锄头都不耐用，原因就在于此。含碳量在 0.7% ~ 1.1% 称为高碳钢，0.75% ~ 0.85% 含碳量的刀具刀口最锋利，刀口韧性最佳，不易产生小缺口，防锈能力也相对最好。含碳量超过 0.9% ~ 1.1%，刀口更锋利，但更容易产生小缺口，刀口也相对容易生锈。用生铁高温锻打制成钢的效率太低，中国古代有多种生产高碳钢的方法，例如东汉《太平经》记载有炒钢法，之后的文献多有提及，而英国到了 18 世纪中叶才发现怎么炒钢。炒钢的原理大致如下：将高温铁水剧烈搅拌，让碳和杂质被空气氧化而得到钢，但炒钢制得的钢质量不稳定，可能炒得熟铁、中碳钢、高碳钢。另一制钢方法称为灌钢。北朝东魏、北齐间（公元 550 年前后），有位叫綦母怀文的人首创一种灌钢法。他把生铁加热到熔化（铁水），浇淋在他称为的“柔铤”上面，应该就是今天的可锻铁上，浇淋几次就能制成钢，他称为“宿铁刀”，再用动物油脂、尿（现在用碳酸氢钠水）淬火，能斩甲 30 札。

南朝梁代陶弘景、沈括《梦溪笔谈》也曾提及灌钢。其中宋应星撰写于明末崇祯年间（约公元 1635 年）的《天工开物》提到：“生铁片放在上面、熟铁片放在下，生铁先化，渗淋熟铁之中。”灌钢制法先收集各种重复锻造多次，已经严重失碳的铁器（低碳钢、熟铁），与高质量的生铁按一定的比例，一层含碳量在 0.2% ~ 0.4% 的中低碳钢，一层含碳量约 2% 的生铁相互堆放，外面包上黄泥，放入高温火炉中持续加热，用黄泥包住生铁能阻隔空气，当内部温度高达 900 ~ 1200℃时，碳不会燃烧，反而游离侵入低碳钢内，使得各层生铁、熟铁含碳量达到均匀，此物理现象是非常重要的钢铁制作工艺原理，称为渗碳。等到时机恰当，夹出黄泥包，敲掉黄泥，迅速将钢铁块锻打成型，分块凿制斩断做成所需坯体，用于进一步锻造其他器物。用这种方法生产高碳钢器物，特别是农具、刀剑等，其效率是日本传统锻打法的数倍。高效率生产高碳钢的灌钢技术若以宋代为标准，至少领先西方世界七八百年。

用高炉冶炼的大量生铁必须再冶炼成钢，才能制作铁轨、桥梁、轮船等，因此陆续有多种炼钢炉问世。其中常见的有平炉炼钢法：炉内铺上石灰，用于吸附硫、磷等杂质；朝平炉内高温的铁水喷吹氧气，使平炉内一层薄铁水中的碳燃烧，降低含碳量而得到钢。其他还有多种类似的方法，限于篇幅就不在此一一介绍了。由于目前碳钢刀的钢材绝大多数都采用工业制钢，因此日本武士刀的文化价值在于，从最基本的矿砂、木炭、冶铁（玉钢）、锻造、研磨、制作刀把和刀鞘等，几乎与 1000 年前的方式一样，如果深究其技术源头，七八成来自于中国，确实有点令我们尴尬。目前锻造刀具的碳钢在台湾几乎买不到。原因在于工业的炼钢炉每冶一炉最少可能 10 吨，一把中型猎刀只需 200 克碳钢，一炉钢可制刀 5 万把，商家囤一炉钢的话，要存货到哪一年才能用完？因此，世界各地的碳钢锻刀工匠，无不绞尽脑汁地发掘适用制刀的原料，例如大型锉刀、吊桥的钢缆、气钻的长柄凿子（钻尾），乃至于炮弹钢等，不胜枚举。

此外，采用电渣重熔法还原制得的钢，废铁原料含较多细微杂质，多数用于厚重的钢构材料，不适合做刀。日本刀具店从瑞典进口锻造用高碳钢，称为黄纸钢，采用瑞典高质量无杂质，用木炭精炼的海绵铁，供玩家锻制碳钢刀器。海绵铁质地稀疏，高温锻造失碳均匀，能获得刀口含碳量均匀的高质量刀具。同样采用海绵铁的还有日本日立制钢的黄纸锯材、黄纸 2 号、3 号，含碳量分别为 0.9% ~ 1%、1% ~ 1.2%、0.8% ~ 0.9%。美国工业规格编号 1095 的高碳钢钢材，广为美国刀匠采用。1、0 两字说明碳素钢不含其他金属，9、5 两字代表含碳量 0.95%。因为锻制刀具必须在高温中反复加热，这样就会造成失碳，所以含碳量稍多于 0.75% ~ 0.85%，给刀匠预留出根据经验调整的空间，比如在炉火中烧多久会失掉多少碳。美国刀匠多喜爱采用含碳量在 0.85% ~ 0.9% 的钢，若提高淬火温度，制作出来的刀刃非常锋利，堪称吹毛可断，但是刀口的锋利持久性比日本刀略差，这是日本和美国刀匠喜好不同所致。近年来美国手工刀匠名人辈出，碳钢锻刀成为潮流，高碳钢编号扩增为 1090、1085、1080、1075 等多种，数字的意义如同 1095。

19 世纪末人们在碳钢中添加各种元素，例如：锰、铬、镍、钴、钒、钼、钨等，以增加工业刀具在高温下维持削的锋利度，因为经得起高速切削摩擦导致红热，而称为高速钢，常见的有各种钻尾、圆锯片。二战期间，各交战国担心海洋受到军事封锁，各种制造工具钢、合金钢的元素无法取得，便开始研究如何在尽量减少合金钢添加其他金属的情况下，获得更好的刀口物理性质，自此低合金钢的研发制造与利用，获得了长足的进步。以日立制钢在日本安来这个地方生产制造得名的安来钢为例，其中历史悠久，在中国台湾和日本很多刨刀、木工凿子都采用的青纸 1 号、2 号，含碳量依次为 1.2% ~ 1.4%、1% ~ 1.2%，铬含量 0.3% ~ 0.5%、0.2% ~ 0.5%，钨含量 1.5% ~ 2%、1% ~ 1.5%，其他杂质含量少，最佳硬度在 HRC60 ~ 62 度之间。含少量铬的目的在于降低含碳量，以免钢铁容易生锈。钨可以增加刀口切削软材质的锋利度和锋利持久性能，为了避免添加太多造成刀口脆性增加，还需要添加钒、钼以提升刀口的韧性，这其实又违背了低合金钢研发的本意。同样的例子还有美军二战期间的几款军用短刀，因为锋利又耐用，迄今还有很多人购买后用于户外活动。

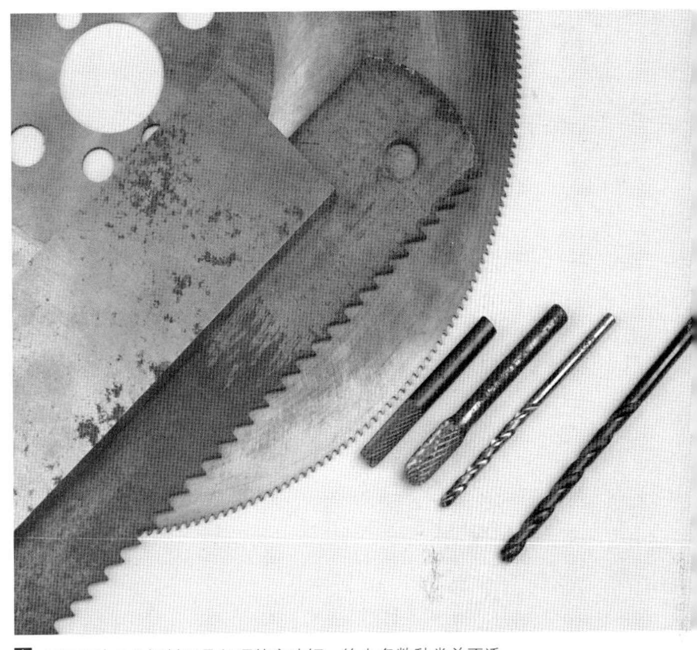

↑ 市售各种工业切削刀具坚硬的高速钢，绝大多数种类并不适合制作典型的刀。

含钨的高速工具钢在进行打磨时，产生的火花极少，几乎多为颗粒状喷溅，不会拉长尾巴，火花颜色十分暗红。图中的火花属于中碳钢。

不锈钢、钛合金、陶瓷刃物时代

钛合金的户外活动餐具，因为重量轻、耐锈蚀，已成玩家新宠，但餐具的钛合金不能制刀刃。

刃物材料的三大主流形成，难以猜测将来的发展方向。

钢铁两字到底怎样区分与定义？若经过热处理，增加了韧性、弹性、硬度等物理性质者称为钢，否则称为铁。根据这个定义，生铁、熟铁（低碳钢）、SUS304、316 的白铁（不锈钢）不能称为钢，因为热处理后提升的物理性质有限。铁是一种化学元素，通常钢还含有其他非金属元素，例如：硅、碳等，或者含有锰、铬、镍、钴、钒、钼、钨等金属元素。

19 世纪末 20 世纪初，人类除了在碳钢中添加其他金属元素，发明高速钢以外，还同时发明了不锈钢，在碳钢中添加 13% 以上的铬以后，防锈能力明显提升。最常见的制刀所用的不锈钢 440C 中铬的含量已高达 18%，但到底钢铁中含有多少铬，才够资格称为不锈钢，目前并无定论。稍微比 440C 少见，但也算常用的刀具用不锈钢 420J，含铬量只有 13%。20 世纪到 21 世纪这 100 年期间，人类发明不锈钢的速度突飞猛进，尤其 20 世纪末期发明了粉末冶金的技术，可以均匀混合不锈钢的各种成分元素粉末，以油压机重压结块之后，放入真空室中加热使粉末熔化凝结，再经过高温热锻辊压，冶炼出各种预想的结合了不同金属成分的不锈钢，所以可以迅速开发出多种以前想都不敢想的含有特殊成分的不锈钢。科技发展的脚步并未因此停住，后来日本又发明了真空高温、多种金属粉末喷混融合的不锈钢制作技术，想添加什么成分就加什么成分，高温混合后的多种金属粉凝结，堆积于机器底部，在真空室反复热锻辊压即可取出。这种新技术在试验研发新钢种的同时，能立刻生产少量的特殊不锈钢，结合实验与量产，引领不锈钢的硬度，由 HRC58 度提升至 68 度，让人再也无法想象不锈钢会发展到一个什么样的高度。

推升不锈钢研发生产速度的最大动力，竟是来自 21 世纪的新金属钛。钛合金的重量约只有钢铁的 1/2，纯钛非常耐海水腐蚀，广泛用于核电、食品的热交换器鳍叶，以及食品和药物的搅拌槽。在越战中美军发现直升机的驾驶舱没有装甲板，驾驶途中中弹后飞机就会坠毁，生存性太差，如果加装钢铁防弹板则太重，因而发明了钛合金防弹板，这种合金坚硬又有韧性，其成分大致为：钛 76%、铬 8%、钼 8%、钒 4%、铝 4%，这种钛合金现今被用来制造高价折叠刀、格斗刀、有鞘短刀的刀刃，或者各式折叠刀的刀柄。例如：美小学工

市售不锈钢刀，很多都以特殊不锈钢含糊带过所使用的钢材种类，存在标示不清的虞虑。

厂 WARREN THOMAS 有多款钛合金格斗刀，其中 T-REX 折叠格斗刀全部为钛合金制造。美国 MISSION 刀厂曾为海豹特种部队开发制作出了无磁性潜水刀，其中有军用钛合金短刀，编号为：MISSION KNIFE MPK。著名的钓具商 gamakatsu 出品的 CM-1576 钓鱼猎刀等也是此类刀。钛合金刀虽然重量大幅减轻，方便携带，却失去了开山刀劈砍效率所需的重量，玩家必须考虑清楚。

透明的氧化锆粉末烧结后，变成硬度仅次于钻石的人工水钻，又称苏联钻，现在氧化锆也已用来制作菜刀、各式短刀了，例如：博克（BOKER）在 1991 年就推出了陶瓷折叠刀。陶瓷刀虽未看出喧宾夺主的气势，但不锈钢确实面临着前所未有的竞争压力，说不定各位手头上的几把颇具玩赏价值的不锈钢刀在不久的将来就变成了上一个时代的古董，正如钢铁兵器将青铜兵器推入了历史的尘埃一样。

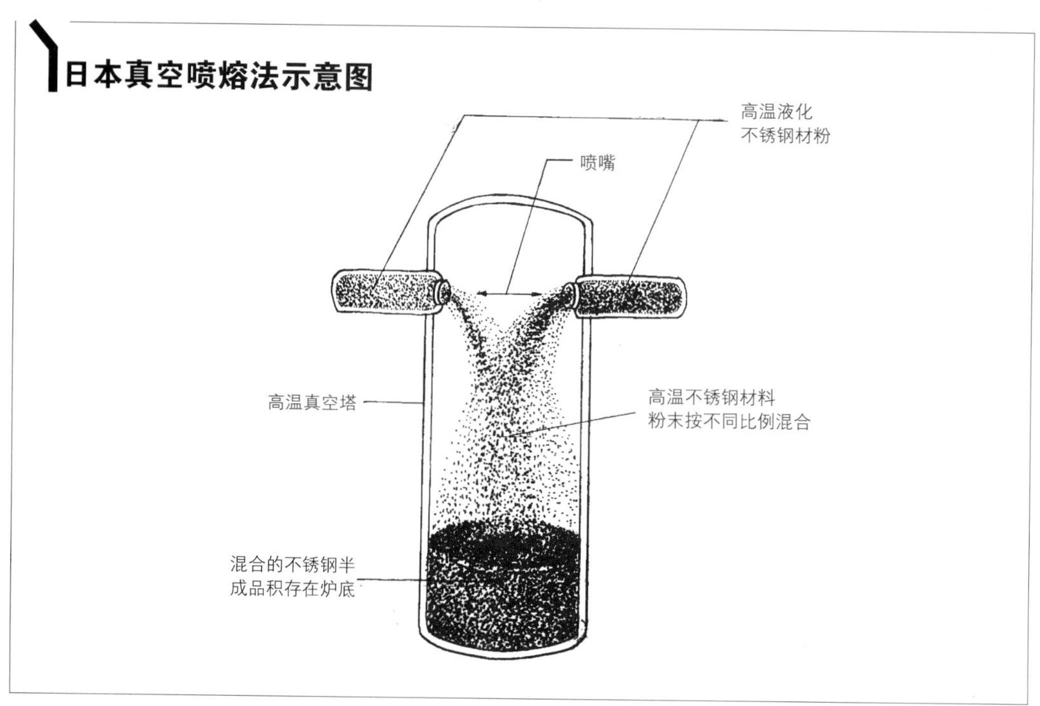

碳钢刀具没落，不锈钢刀具方兴未艾

20 世纪中叶是产业与娱乐用途刀具的分水岭

在20 世纪中叶以前，很少有不锈钢刀具在市场上流通，除了瑞士刀、二战美军的四功能小刀以外，大多数的刀具都属于碳钢、低合金碳钢。从人类发现钢铁到 20 世纪中叶之前，在这长达 2000 多年的漫长时期，碳钢一直是军事武器、农具、木工工具的担纲材料。碳钢制造的刀具，多数属于军、农、猎、木工业务的谋生工具，只有很少很少的户外活动刀具属于娱乐嗜好用途。比方说猎人的猎刀，在分水岭之前有很多以狩猎谋生的猎人佩带猎刀，与今天非狩猎谋生、嗜好户外活动的猎人有些不同，职业猎人基于成本考量，不太可能添购昂贵精致的猎刀。而娱乐休闲狩猎者一般不计较成本因素，只要经济情况许可，就有可能选购精致的猎刀。20 世纪中叶前娱乐狩猎人数少，之后职业猎人淡出舞台，休闲猎人变成主流。多数手工打造、精雕细琢的猎枪都属娱乐狩猎，随着不锈钢冶炼技术渐渐普及，不锈钢猎刀具开始划分为碳钢和不锈钢。同样的变化也发生在猎枪上，军用枪支目前几乎没有不锈钢制品，但中高价位的猎枪很多都是不锈钢制造的，甚至钛合金枪支都不算稀奇。

20 世纪中叶以后，全球性的传统碳钢农具如锄头、镰刀等被耕耘机取代，森林伐木的斧头、锯子被引擎带动的链锯取代，厨房的厨刀角色也越来越无足轻重。超市出售的禽畜肉很多都已经切成片、剁成块了，厨刀已从家庭烹饪的主角变成配角；装潢、家具木工用的刨刀、凿子、锯子，要么被能大量生产家具的工厂机器取代，要么就是被电动工具取代。碳钢文明发展至此，几乎将传统碳钢刀具推入历史的灰烬，但是出乎人们意料的是，碳钢刀具文明几乎消失的同时，户外活动领域却为它打开了另一扇窗！ 20 世纪中叶以后，种类繁多的户外活动逐渐兴起，项目越来越多，随着经济的发展逐渐变成了大众活动。由于户外活动随时随地可能有太多想不到的小事需要用到刀具，例如：野餐时切面包、水果，垂钓后处理渔获，登山开路、削树枝以弥补营钉的不足等，难以一一列举，于是除了传统的猎刀、瑞士刀以外，各种折叠刀、军用格斗刀、求生刀，以及侧重于排解机械问题的折叠钳工具刀等不断登上舞台，很多好用、锋利、多功能的刀具，都是一般人未曾听闻的好工具、好帮手。因此，本书除了本章绪论以外，另有七大章介绍各式刀具，外加古董刀与收藏刀，以及手工制刀等，尽可能包罗万象、分门别类，系统且深入浅出地介绍刀具，充当你添购刀具的顾问，帮你挑选在关键时刻派得上用场的刀具。

ALL ABOUT THE KNIVES

正吉号

中国台湾桃园县大溪镇中央路52号

传承三代百余年的老店，除了锻造各种农具之外，尤其擅长锻造各式原住民刀具。因为镰刀、开山刀采用包钢锻造，因此价钱约为一般未包钢锻造品的2倍以上。接受委托锻造各种农用、休闲用刀具。

(021)
22014363
TRADE MARK
DP
Japan Steel
VG-10

Chapter 1

「厨刀」

人类利用食物时永远离不开的刀

食物在烹调炊煮之前，不同种类的食物要剁切削片，需要用到不同种类的厨刀，随着餐饮料理的国际化，厨刀种类也在国际化。

切西瓜是对具体而微的厨刀功能的大考验

不管哪一种刀具，重量、长度、宽度、刀背刀口厚度，以及锋口斜面是否左右对称，均属刀子的生命要素。切西瓜是最佳的解题范例。

如果你家中经常开伙，或者观察经常开伙的亲友的厨房，菜刀架上通常有多把厨刀，有类似长方形的中式菜刀，或者尖刀造型刀身窄长的西式、日式厨刀。很多人分不清楚西式、日式的厨刀，只听说日式厨刀比较锋利就买了。新买的刀固然很锋利，用一阵子钝了后却不会磨利，然后就闲置在刀架上了。等到哪次看见广告推荐再买一把，然后也是用一阵子，用钝了后就摆在刀架上吃飞尘了。因为不懂得什么样的厨刀有什么用途，也不懂得怎么把钝刀重新磨锋利，并且也没有把钝刀送回请刀剪五金行再磨的习惯，所以台湾各地刀剪五金行一家接着一家歇业。磨一把刀要 100 元（台币），菜市场地摊上卖的菜刀一把也只要 100 元（台币），就是锁定那些刀用钝了以后，不会再拿出来请人磨利的家庭主妇。而且坊间几乎没有教人怎样磨刀的书籍，菜市场的鱼、肉贩现在都会代客切鱼剁肉。不知道磨利厨刀、不知道不同式样厨刀的优缺点与特定用途，可能是现今多数经常开伙家庭的共同困扰。

即便你少有机会亲自下厨操刀，但是一定用过水果刀、中式菜刀、西洋式厨刀，甚至日式生鱼片刀，切开西瓜分给家人或者亲友享用。使用不同式样的中式、西式、日式厨刀会碰到不一样的问题。如果你有机会分别使用上述三大类厨刀切开西瓜，可以仔细感受一下：①切得工不工整？②有没有切得有大有小？③刀口齐不齐？④刀子有没有被夹住动弹不得？⑤推刀下切时西瓜有没有裂？⑥推刀时能不能照自己设想的方向走？有了上述体会，就会发现各式厨刀的特点。坦白地跟你说，只要将上述体验清晰整理成为法则，其实你已经有资格当设计厨刀的大师了。可能你没打算从事厨刀设计工作，但至少你绝对有能力做到。为什么

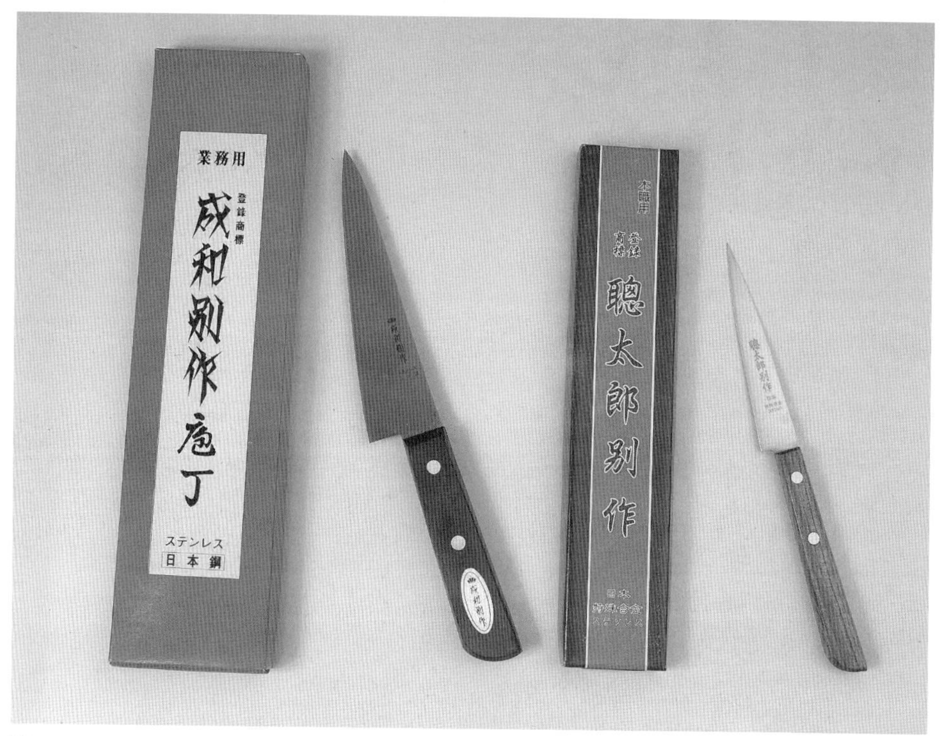

这是十分锐利的蔬果雕花刀，很多人拿来当水果刀用，难免会意外造成皮肉伤。

中式、西式、日式厨刀要这样设计，高级刀和廉价刀如何轻松辨别？弄清楚这些问题也有利于以后挑选厨刀。

今天 50 ~ 60 岁的中老年人可能都记得，小时候上理发店理头发，理发师会拿出西式刮胡刀帮助修鬓角，刮胡刀要先在一条挂在墙角的宽皮带上来回刮五、六次，然后才开始修鬓角。这是西方独有的维持刀口锋利度的一种方法，英文称为 Touch up，中文应该怎样翻译实在伤脑筋，姑且译为“增锋利”吧！这样的画面也许在老电影中还看得到，现在台湾的理发店大多用的是需要换刀刃的刮胡刀，要不然就是一次 10 把、20 把一起磨。以前理发店里用的宽皮带上，要抹上极细微金钢砂粒混合软蜡油的软膏，刀刃在上面反复刮磨，金钢砂粒使刀锋变得更光滑、更锋利。现在菜市场的肉贩在磨刀时都会用到一根灰色钢棒，称为摩擦棒，刀子在上面轻轻刮几下，刀锋两面都刮，片肉刀很快就变得十分锋利了，那个动作也叫 Touch up。其实每一个经常用刀的家庭，都需要备一根摩擦棒，至少在把厨刀送去刀剪店磨利之前，能自己提升 5 ~ 6 倍的锋利持久度再用一阵子。本章节只谈一般常用的厨刀，像武士刀那么长的黑鲔鱼大剖刀，猪肉摊的剁骨刀，读者一般用不到，所以不在本文的讲解范围之内。

西式的摩擦棒，能迅速将刀锋磨利，尤其对牛肉刀效果显著。左边的刀为西式蔬果刀，常被当成牛肉刀用。

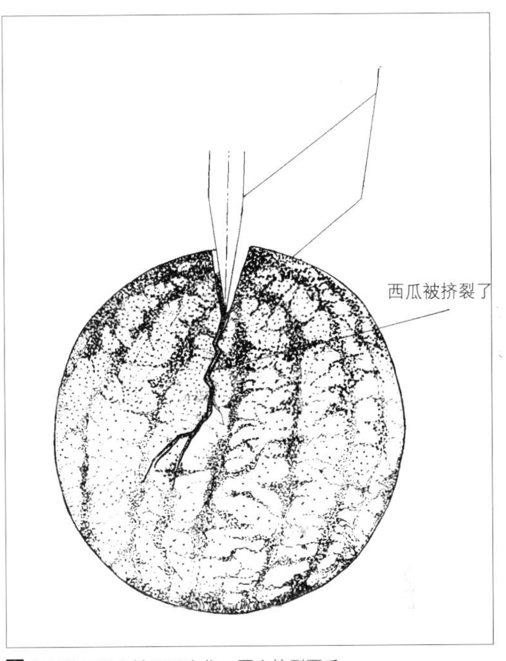

太厚的刀要么被西瓜夹住，要么挤裂西瓜。

特别弯曲的刀刃将力量集中在一点，所以猪肉摊剁骨头都用这种刀。

生活饮食习惯影响厨刀的设计

一直到二战以后商业化的海空运兴盛起来了，饮食习惯才开始国际化。进口的食物增多了，厨刀也被迫国际化了。

直到最近几年，才开始有西式厨刀大厂生产中式厨刀，中式厨刀厂生产西式厨刀。之前一些老厂都只专注自己传承了百年的产业，由于厨刀的设计与发展与该国、该地区生活方式有极大的关联。中、西、日三类厨刀地域化生产的特点明显，日式厨刀坦白地讲最不适合国际化，因为那些厨刀追根究底，就是为了吃鱼而发展、设计的，很专业化。比方说杀淡水鳗鱼有一套专用厨刀，在日本的不同地区大约有 5 ~ 6 种不同款式，若要国际化得整套移植。台湾吃淡水鳗一般是炖，完整的活鳗灌酒后再炖，根本不需要鳗鱼厨刀。西方人大多数不吃淡水鳗鱼，还谈什么鳗鱼厨刀。西方的厨刀大体不脱传统的猎刀，切肉能力强，切蔬果稍弱。

长方形的中式厨刀，长宽比大约是 2 : 1，家庭用的刀长约 18 厘米、宽度约 9 厘米，专业大厨用的长 21 ~ 24 厘米，宽度约 12 厘米。中式厨刀的差别关键在刀背的厚度，一般厚度约 1.5 毫米的称为片刀，专门用于切姜丝、笋片、肉片，烹调中式料理用途非常广。厨师通常要两把，刚磨利的切肉，用钝以后切蔬果，这样切伤自己的机会较小。第二种刀背中等厚度约 3.5 毫米的称为剁刀、鸡刀，或者万用刀。刀背厚度增加，刀子就会变重，落刀时除了大厨的手劲之外，还有重力加速度的作用，师傅切大量的圆白菜包水饺时，都用两把剁刀像舞动鼓槌一样切，不用片刀的原因是它太轻效率差。如果剁刀的锋利度维持得很好，刀口

左、中二图是日式的生鱼片专用切肉刀，又称为柳刃，刀刃比一般的日式厨刀较窄。右图是杀鱼专用的剖腹刀。

很多人不根据料理选择特定用途的厨刀，认为每一把刀都是万能刀，所以切菜的刀工永远不长进，厨艺当然也就乏善可陈了。

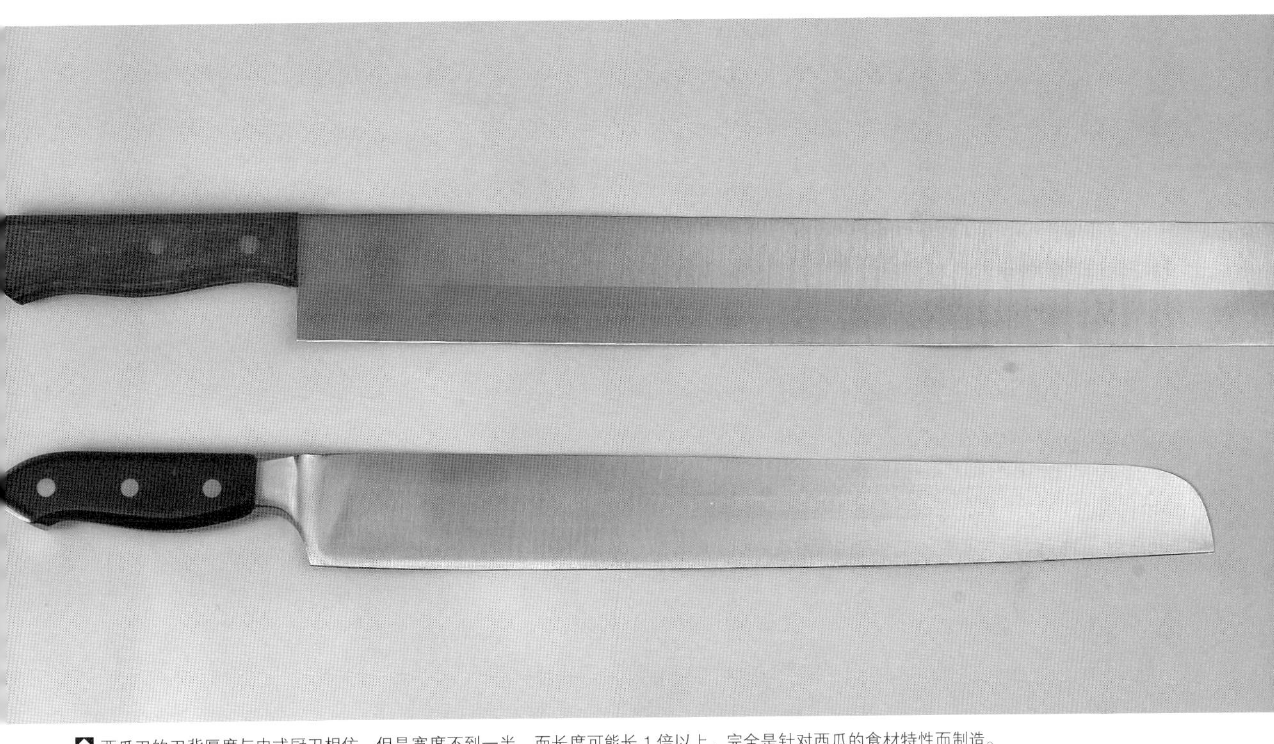

西瓜刀的刀背厚度与中式厨刀相仿，但是宽度不到一半，而长度可能长 1 倍以上，完全是针对西瓜的食材特性而制造。

比较薄的话也能当片刀。鸡骨头有点硬度，需要适当的手劲与刀口锋利度，刀口还要有一定的厚度，比如俗称“九斤鸡”的大阉鸡骨头硬且厚，厨刀的重量、刀口厚度都要够，否则不好剁，或者剁下去刀容易有缺口。很多初学厨艺者不知箇中缘由，用片刀剁鸡，把片刀剁缺了口而缴了一笔学费。剁刀即使刀口有一定的厚度，如果够锋利也能当片刀用，很多大厨都是用一把刀剁鸡、剁鱼、切姜片，因此又被称为万能刀。还有一种厚度约 5.5 毫米的刀，原本是剁骨专用，但是现在剁大骨的粗重工作通常由供应商代劳，所以骨刀在一般家庭、餐厅用得少。有些广式烧腊店要求厨刀工厂将骨刀刀口磨薄一些，变成极为厚重的烧腊刀，既能剁鸡又能切肉，但是把骨刀的厚刀口磨薄变成专业鸡刀，加工成本高，一般厨房也嫌太重不好用。也就是说，刀背厚度 5.5 毫米的骨刀，有一种刀口特别厚，仅限用于剁骨头，另一种刀口适当变薄，蜕变成为广式烧腊的专用刀。有些烧腊刀刀背厚达 7.5 毫米，一方面，方便大厨用手掌拍刀背，增加精密剁切的能力，另一方面，重量增加了，使用起来效率更高。

切西瓜验证厨刀的基本设计原理

骨刀和专业鸡刀和刀口太厚，切不了西瓜。如果用剁刀切西瓜，大概切进去深度达到刀刃宽度的一半，约 5 ~ 6 厘米深，刀子就会卡住再也推不下去，或者导致西瓜乱七八糟地裂开。如果选用片刀，可能情况好一点，刀子推进深达刀刃宽度的 2/3 时，刀子也会卡住但卡得不是很紧，在刀背上拍两三下，西瓜就会沿着切口的引导线裂开。西瓜虽然是松脆的材料，但是刚性很强，如果用片刀切进去 5 厘米再拔出来，你会发现切口又合拢了，这就是刀子会被夹住的原因，萝卜、番薯、胡萝卜、高接梨、富士苹果都有类似的问题，所以切上述食材的刀身厚度不能太厚。反观切鱼肉时，畜肉绝对不会夹住刀子，但是畜肉的牛、羊肉块里面微小的筋很难切断，以畜肉类为

2 牛刀小试

图中这些一般都通称为牛刀，其实不完全正确，左侧两把是蔬果刀，右侧两把才是牛刀，因为牛刀的刀棒和刀把比较坚固。

主食的西方人发明了摩擦棒，利用上面微小坚硬的氮化硼颗粒，刮磨刀口产生极微小的锯齿状，以此勾断肉块里面的小筋，切肉就变容易了。鸡是中式料理常用到的肉类，为满足群客要求剁成小块以便分享，因此有了断小骨的鸡刀，这也成了中式料理的一大特点，传统的日式料理吃鸡少，没有所谓的鸡刀，而西式料理吃的是大块鸡，切鸡断小骨用的是骨剪。

刀身薄的片刀切入西瓜达刀身宽度 2/3 后，刀身被西瓜咬住，如果刀身稍微再薄一些，约 1 毫米厚，是不是咬住的情况可以得到改善？将刀身减为 5 厘米宽，只有中式片刀宽度的一半，长度变成 40 ~ 50 厘米，刀身宽度减半后被西瓜咬住的力量也随之减半，刀身加长切入西瓜后刀身露出一截，供另一只手按压，西瓜就很容易切开，不会咬住刀身，不需要硬压刀子把西瓜挤裂！西方的发达国家多数都位于温寒带气候区，适合栽种的蔬果类少，而冬瓜、西瓜、木瓜都是亚热带、热带蔬果，他们以前没办法栽种这些蔬果，也吃不到，直到二战后国际贸易兴盛起来才有机会吃到，当然也就有了用刀的问题，所以他们将传统肉类尖刀改成较薄的刀背，厚度大约为 1.5 ~ 2 毫米、长度大约为 30 厘米，刀身的钢片延伸到手柄，像中式片刃一样，由刀背向刀口收缩磨薄，切西瓜、南瓜、萝卜、胡萝卜，落刀利落，不会挤裂食材，切小丁很好用。刀厂为提升生产管理效率，采用与切肉刀一样的钢材、热处理技术，所以也很锋利，于是很多厨师用一把刀既切蔬果也切肉，将其作为西式料理的万用刀。但是切肉后没洗干净，肉类的血腥味会污染蔬果，做生菜沙拉时尤其要注意。肉类常常要用力切，刀身钢料太薄，与刀柄连接处不够坚固，长时间下来刀柄就会与刀身断开。

不管中、日、西式厨刀，刀刃厚度都分最厚、中厚、薄刃三大类，对上述厨刀最基本的概念都没有的掌厨人可能十之有八九。

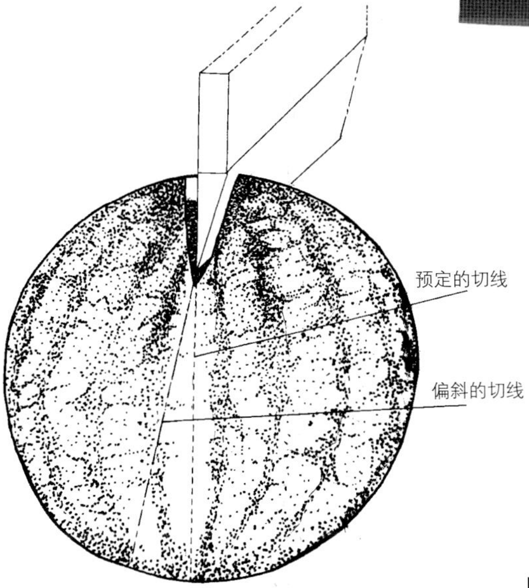

预定的切线

偏斜的切线

日式单陡斜面的刀，刀身两面受力不均，刀身往往斜向一边。

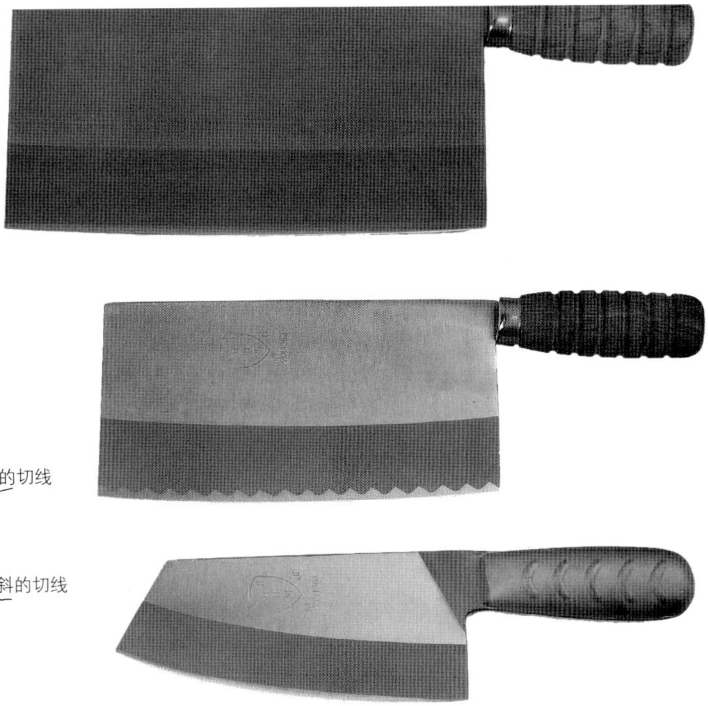

大厨用的中式厨刀通常刀身又长又宽，一般家庭用的稍短且窄。最下面的刀是家庭主妇爱用的万能刀，刀柄一体成型，与刀刃焊接，完全没有藏纳细菌的空间，多为食品厂指定用刀。

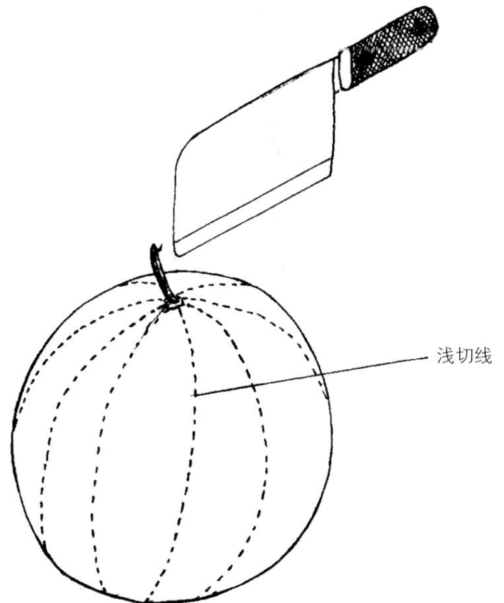

先在预计切开西瓜的切口位置划刀痕，然后沿着这些刀痕来切，西瓜就不会裂得乱七八糟。

用西瓜刀切西瓜，由于刀刃比较长，另一手可以压住刀刃前端往下切。

3 谁与争锋

食材种类大增，厨刀生命元素随之骤变

食材种类大增，西式料理风貌剧烈改变，厨刀结构也随之变化，日式料理刀改变的程度次之，中式剁毛刀等渐被西式刀具取代。

西式畜肉刀与西式万用蔬果刀的外观差不多，刀身宽度可能相差不多，但是刀背厚度、刀身厚度都较大，以刀刃长约 30 厘米为例，刀背厚度约在 2.5 ~ 3.5 毫米者，属于较高级的万用刀，将刀背的厚度延伸到手柄，刀榫头不仅不易折断，而且还能增加刀子的重量，可以像中式剁刀那样用来快速剁碎姜蒜末调味料。刀背越厚，刀子就越重，切各种肉类薄片也越轻松。原因何在？这是一个简单的惯性原理，一把厚重而且很长的刀，朝固定方向切时，可以产生一个恒定的方向感与重量感，若稍有偏移（切歪了）就容易感觉得到，所以适合切薄片。以切牛排为例，由于需要精确掌握切割的方向，否则牛排切得厚薄不均，所以分切牛排的刀子通常都很大，或用机器代劳。虽然长方形的中式片刀也能用来切牛排，但是生牛肉块黏性大，如果用狭长尖刀设计的西式厨刀深切肉块，被粘黏的面积比中式片刀少，更能精确掌握所切肉块的厚薄均匀度。

当然，用刀技巧到达了一定程度，两者不会有太大的差别。西式畜刀的刀背近柄处较厚，越近刀尖处越薄，刀尖变窄，刀尖更薄，几乎所有西式料理厨师都用畜肉刀刀尖切姜片、大蒜，既不会被夹住，也不会把蒜挤碎，切葱段利落的程度不输中式片刀，只是如此切法只适合少量切，大量快切还是得用中式厨刀。至于用西式畜刀切西瓜，很多人发现用刀尖段深切西瓜时刀子容易移动，但是因刀身窄，落刀方向不好控制，而且刀身不够长，无法一刀穿透瓜体，西瓜常常切得歪七扭八，想切得精准得经常练习。

操作中式片刀、剁刀的熟手，一手按压刀背前端，一手握刀把，利用刀口的圆弧重复起落刀，能迅速有效剁碎姜蒜等调味料。仿中式的日式长方形厨刀（日文：庖丁）也能如此操作。西式、日式刀当然也可以按压刀前端，使用同样的操刀方式，但西式、日式刀需要有较长、较宽的刀身才容易操作，不像中式的任何片刀、剁刀都做得到。世界各国的料理在最近

日日用打铁百年老店镌刻在厨刀上面的注册商标。

中式片刀兼用蔬果肉类，西式片刀主要针对蔬果，特别是后者如果要切蔬果用于沙拉时，就更不能同时用来切肉了。这种错误普遍可见。

100 多年才呈现今天的面貌，唯独近千年以来，中国菜早已发展得相当繁复，与今天的差别不大，其中最大的功臣竟然是一把四四方方，没有典型漂亮弧度的刀。中式厨刀发展至此的关键，起因在于中国历朝历代都严格管制刀械，促使厨刀蜕变成为没有刀尖的样式，以避免招惹麻烦。其次，中式料理中要用到大量的瓜果、根菜，要想将它们快速切成薄片、细丝，需要特别的刀，所以才产生独有的中式料理片刀。你可以简单做一个试验：手握刀保持切东西的姿势，让刀尖向前、刀身垂直朝下、手部放松，此时运用手腕使刀口向左、向右微微偏歪。如果是中式刀很容易感觉到刀口的偏歪，而西式刀要刀身越长、刀背越厚的才越有感觉，日式刀要刀背越厚重的才越有感觉。刀口稍微偏歪斜即有感觉，说明精准切薄片、细丝的能力非常佳。中式片刀、剁刀面积大拥有适当的重量，落刀时在重力加速度的作用下，可以大幅提升精准的剁切能力。如果想把西式畜肉刀、蔬果刀当中式剁刀使用，刀刃长度大约得超过 30 厘米，宽度超过 5 厘米以上，重量足够才好使用。

其他特殊用途的中、西、日式料理刀太复杂，本文在此不一一介绍。

中式厨刀切姜蒜末

较厚重的厨刀能发挥惯性迅速剁碎食材调味料。

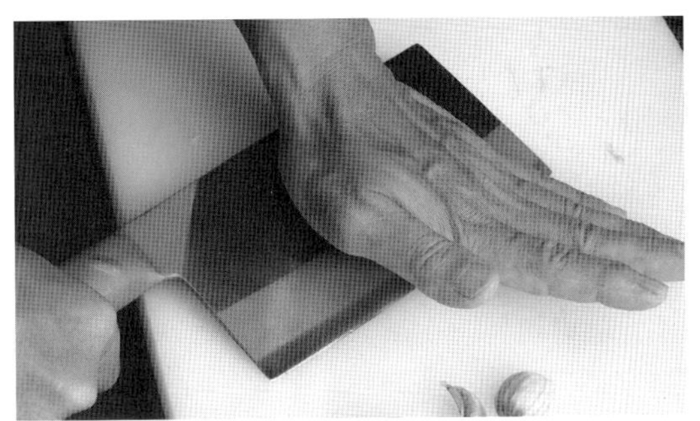

中式厨刀避免直接以刀身拍蒜，蒜头压在刀身下以拳头（掌根）捶拍刀身，否则刀榫很容易断掉。

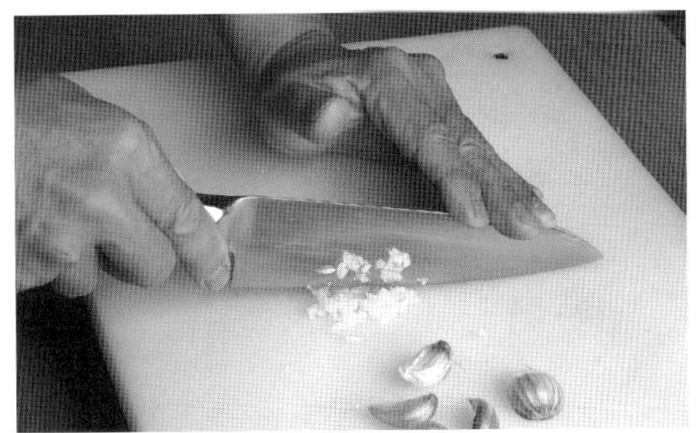

西式、日式厨刀切姜蒜末，压住刀尖与握刀的两手交替成为支点与施力点，好像摇动跷跷板，能迅速切碎葱姜蒜。

认识厨刀刀身最基本的几何构型

厨刀的刀身结构，大体以最简单的斜平面结构（日文称为平造）为代表，例如，中式长方形厨刀就是最基本的斜平面结构。刀身从刀背的最厚处向刀口微斜变薄，刀身两面都是如此，如果两面微斜的角度不同，刀身切入西瓜后，刀口前进方向会自动偏斜，很难控制方向，如果用来切肉类、笋子会没有感觉。斜平面几何结构设计广泛运用在中式、西式的厨刀上，中国古代的大刀广泛采用这样的设计，而西式、日式兵器较少使用。今天比较强调切削、劈砍功能的各式西洋猎刀、折叠刀，甚至世界各地原住民的开山刀，多数都采用这样的构造。斜平面构造以往采用古老的锻造方式制造。制作中式厨刀时，由刀背往刀口方向锻打钢料，使刀口方向的钢料变薄，钢料变薄后面积就会加大，刀口部分的钢料朝前后两端延展，长方形钢料渐渐变成近似斧头的梯形状，将多余的部分切掉再呈长方形状，再把刀身两面磨平、磨光滑，片刀的刀身就算完成了。刀口锻薄钢料向四方延展，极薄的钢料若锻打太用力，钢料留下与刀口垂直的隐藏裂缝，很难检查出来，这种片刀用一阵子后刀口就会裂。若慢慢锻打，反复烧红失碳，又有刀口变得不够锋利的问题，所以以前中式片刃的造价极为昂贵，大厨的宝贝片刀别人绝对不能碰。

近年来中式片刀多数采用三层钢热锻技术制造，刀厂向大钢厂订制三层钢，在刀身两面的中间夹一层适合热处理变锋利的精钢，外面两层使用适当坚固的钢料。在用同样温度热处理时，中间的夹钢会变坚硬，而外层钢会变坚韧，如此可刚柔相济，刀口不容易产生碎裂与锯齿状小缺口。台湾打铁老店称此技术为“夹钢”“牙钢”“包钢”，属于非常古老的技术。从工厂拿到订制的三层钢板后，钢料先裁切成适当尺寸，烧红放入热锻模具，一次或多次热锻成前述手工锻打的斧头状毛坯，再把多余的毛料裁掉。用精密模具热锻的刀没有手工锻打造成厚薄不均而产生的隐藏裂缝。外层钢延展性佳，大幅减少了产生裂缝的可能。由于热处理使刀口变硬了，所以刀身热处理后多有翘反的问题，但是三层钢很容易冷轧校直。校直后的毛坯放在平面磨床的三维（三度空间）强力磁吸座上，磁吸座可调整刀背到刀口、刀柄到刀尖的斜度，以及整体刀身的厚薄，所以新科技制造的片刀，完全没有上一代片刀可能产生的各种制造缺陷。

有些片刀的钢料薄，连热锻的过程都省掉了，直接用磨床磨成刀。有些廉价片刀不是三层钢，而是用单质钢料磨成均匀的斜平面，刀子易产生缺口，为降低生产成本，只在刀口两侧 2 ~ 3 厘米范围内磨成窄斜面，用这种刀切西瓜咬刀较严重，切新鲜的绿竹笋丝时会挤压笋片产生细小裂缝，切出来的笋丝毛毛糙糙。选购前带一把钢尺，跨压在刀斜面上观察斜面，可以知道刀子的斜平面宽度，越宽越均匀的越好！菜市场地摊上卖的最低价的厨刀，采用不能淬火硬化的白铁制作，刀锋部分用激光烧过，白铁材质在过热时会产生一层极薄的坚硬薄膜，刀锋变得十分锋利，通常持续切大约 1 周后，刀锋上面的硬化膜被磨损，刀子就会变钝，除非再用激光烧一下，否则永远无法再变锋利。

新北市新庄区日日用打铁百年老店，持续生产至今的大厨用片刀。

刀身全部是三层钢（包钢）

软钢

硬钢

刀身夹一小片硬钢（牙钢）

硬钢

软钢

左图为三层钢示意图，即所谓的包钢。右图称为牙钢，但一般都没细分。

西式牛刀、蔬果刀的宽度小，刀刃压住蒜头后用掌根拍打时，要小心手受伤。西式料理中的蒜头大多是切片或剁碎。中式料理喜欢用拍蒜，将拍碎的蒜头过一下油，味道会很香。

用直尺检查刀身的斜面。通常在图中直尺 8 ～ 10 英尺（如图所示，1 英尺 =0.3048 米）范围内，刀身与直尺之间贴得越平，剁切效果越佳。

中式厨刀锻造的过程

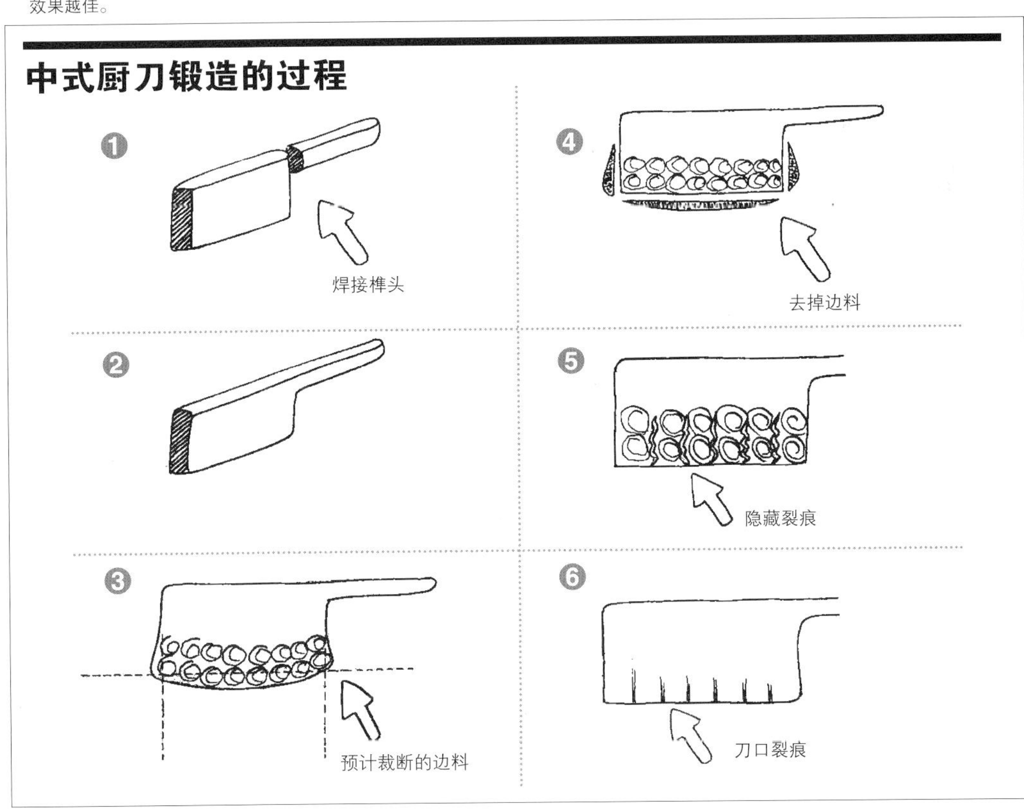

4 独占鳌头

切工各有所长难分高下

➔ 传统猪肉摊的圆刃尖刀，剁骨刀重达2千克，刀身都是微凸研磨。薄刃者当剃毛刀、片肉刀，中等厚度者当剁切肉刀，刀身都是平面研磨。

↑ 台湾的夹钢鱼刀，通常用于轮切大块的鱼肉。

日式刀的单陡斜面结构相比中西式厨刀来说显得有些怪异，厨刀的外形与刀刃构造与当地特殊的生活饮食烹调习惯相关。现今中、西、日式三类厨刀各自在适合的食材领域独占鳌头。

日本式的单陡斜面构造，最早是仿效中国，从古代一直持续发展到今天。将这种刀的刀口朝下、刀尖向前放置时，单一的陡斜面在右侧，左侧是垂直或缓斜平面。刀的两面几何构造差异极大，读者可能马上想到，应该是为多数右手者设计，那少数左撇子怎么办？若刀身两侧几何构型对称，就没有左右撇子使用的问题了。左撇子的问题其实很简单，右撇子同样要面对两面不对称，只不过熟能生巧罢了！自古日本铁矿产量少，多由同中国贸易取得，并且也没发明如《天工开物》所记载的，简单大量获得钢的“灌钢”制法。将很多废钢铁回收再锻造熔接成器物，必然因为失碳变成硬度不足的钢铁，日本当时无法再把熟铁恢复成高碳钢。“块烧法”（参考附录一）取得的珍贵玉钢，主要优先用来锻制武士刀。民生用途的厨刀、山林伐薪的开山刀（山铊），被迫持续使用单陡斜面结构。不论山铊还是菜刀都需要有适当的长、宽、厚度，但是为了保证锋利需要用到的钢只有刀口小小一块，如果只在刀口镶贴一小块钢，其他部分用多次回收锻造失碳后的熟铁、低碳钢，这就解决了由玉钢锻造高碳钢的来源困难问题。以山铊为例，刀口镶的钢片，只有厚重刀身的1/8左右，节省了大量的玉钢。山铊需要相当的重量，刀身用熟铁能适当增加重量，既能提升劈砍效率，又能增加山铊刀身的坚固，考量各方面因素，只好持续使用单陡斜面的设计。日式单陡斜面结构菜刀也是在同样的背景下产生的。

单陡斜面构造的刀经过淬火处理，刀口必然变形偏向微斜面的这一侧，日本研究刀的书籍车载马驮，迄今没见过提到如何解决淬火后刀口偏斜的问题。原因很简单，因为刀身是低碳钢，刀口所用的高碳钢淬火硬化的温度约为850℃，而低碳钢要1000℃以上才略有硬化

误 今天仅少数老店还有手工包钢刀，绝大多数都是炼钢厂出品的夹钢钢板直接研磨热处理制成厨刀，名牌产品不输手工打制厨刀。

千祥
(03)
3803444
800-

效果，也就是说刀口淬火够硬了，山铊的刀身还是柔软的顽铁。既然刀身还是顽铁，所以山铊、日式单刃厨刀在贴好刀口的钢片后，对粗坯先进行热处理，再冷凿削制刀口的陡斜面，最后用砥石磨制完成，如此即可避免淬火造成的刀锋偏歪。贴刀锋分为硬贴与软贴两种方式。铁质刀身与钢片烧至白热，约 1100℃时，在熔接面上均匀地涂上硼砂以清除氧化物，再按部就班锻打接合，锻接落锤要挤出硼砂，使用此方法熔接的钢片很牢固。钢片、铁刀身接近熔点，两者几乎可以完全熔接。这种贴法通常称为硬贴钢、熔贴钢，适合用力劈砍的山铊。另一种方法是在硼砂中加入用锉刀修饰陡斜面掉下来的铁粉，采用一样的锻接方式，将铁粉当焊接剂，能在较低的温度约 900℃时锻合，相比前一种方法可以避免失碳，精准掌握钢的质量，但刀口不耐大力剁削，通常适合生鱼片刀，此方法称软贴钢。

以刀长 24 厘米，刀宽 2.5 ~ 3 厘米，刀背厚度约 2 毫米左右的薄刃日式生鱼片刀为例，这种刀通常用来从完整的鱼体剖下肉片、切生鱼片，刀的价钱较低，很多人拿来当万能刀用。由于这种刀是单刃构造，有陡斜面，如果用来切西瓜，就容易将刀刃往微斜面的一侧推挤，所以西瓜会切歪，刀刃陡斜面这一边的西瓜会切得偏大。而切生鱼片时，鱼肉可以贴着窄而陡的斜面，因此不会受到挤压而变形。如果用这种刀切大鱼骨头，因刀口薄两面受力不均，刀口缺损的概率非常大，所以，日本料理厨师通常选购刀长 24 厘米，刀宽 4.5 ~ 5.5 厘米，刀背厚度约 4.5 ~ 5.5 毫米左右的专业级刀。如果刀刃陡斜面这一侧的宽度约占全部刀宽的 3/4 左右，属于从鱼体上剖下肉块的剖肉刀，也适合切肉块。因为陡斜面变宽，刀锋的厚度相对变薄，而且鱼肉松软，不会有夹住刀刃的问题；陡斜面占刀宽 1/2 的刀，通常是骨刀兼剖鱼肉、切鱼肉用，类似中式鸡刀的概念；如果陡斜面只占全部刀宽的 1/3，这就是专用的骨刀，一般比较少见。至于专门分切生鱼片的柳刃刀，刀身更薄更窄，可以避免挤烂松软的鱼肉，其原理在前文讲解西瓜刀、分切牛排刀时已经讲过了。此外，研磨日式单刃刀时，要想维持陡斜

刀刃各部位名称图

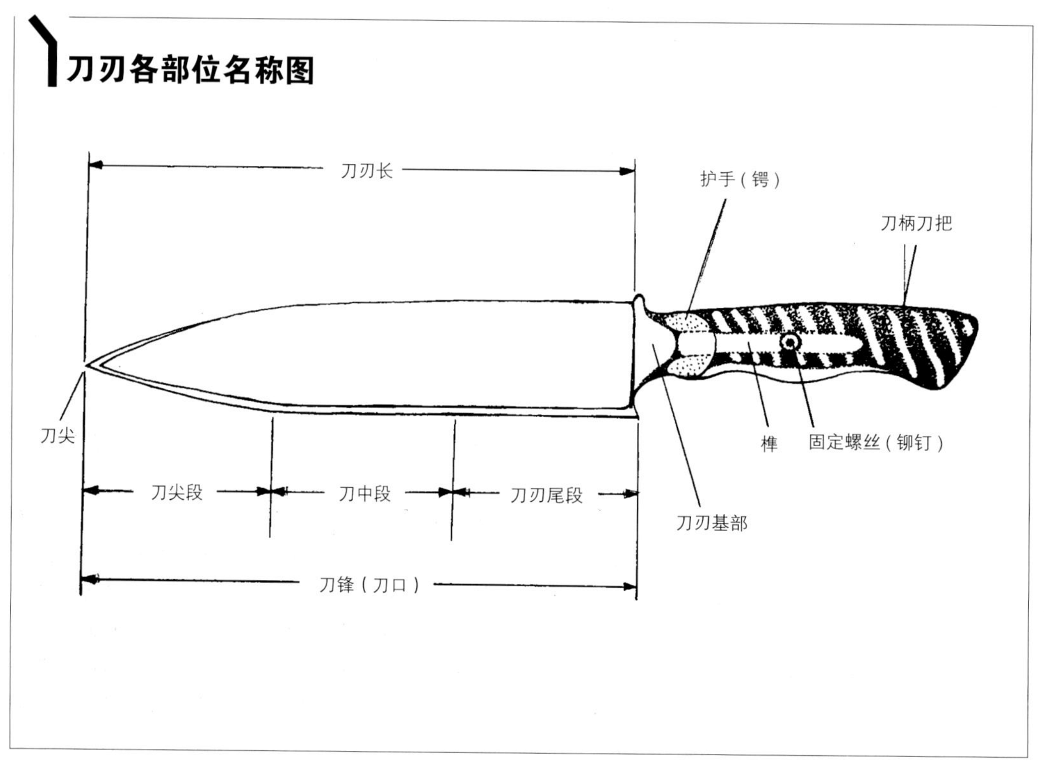

检验中、日、西式蔬果鱼肉刀的厚薄是否合适，最简单的方法就是用它将绿竹笋切成薄片再切丝。如果笋子不咬刀、薄片细丝不毛糙，就是厚薄恰好的刀。

单陡斜面刀的锻打

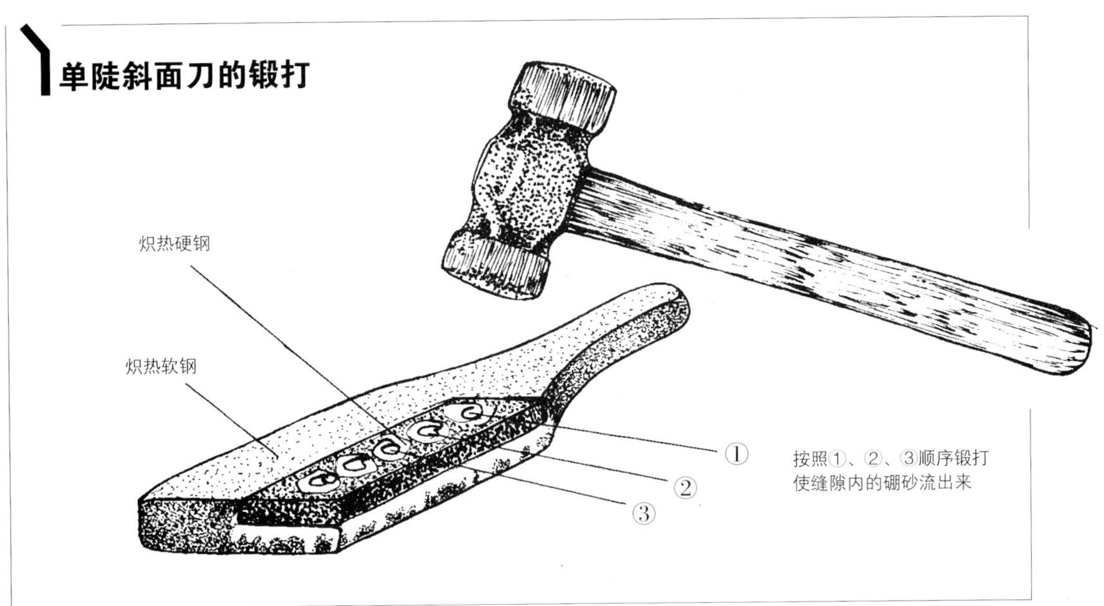

单陡斜面刀的磨削

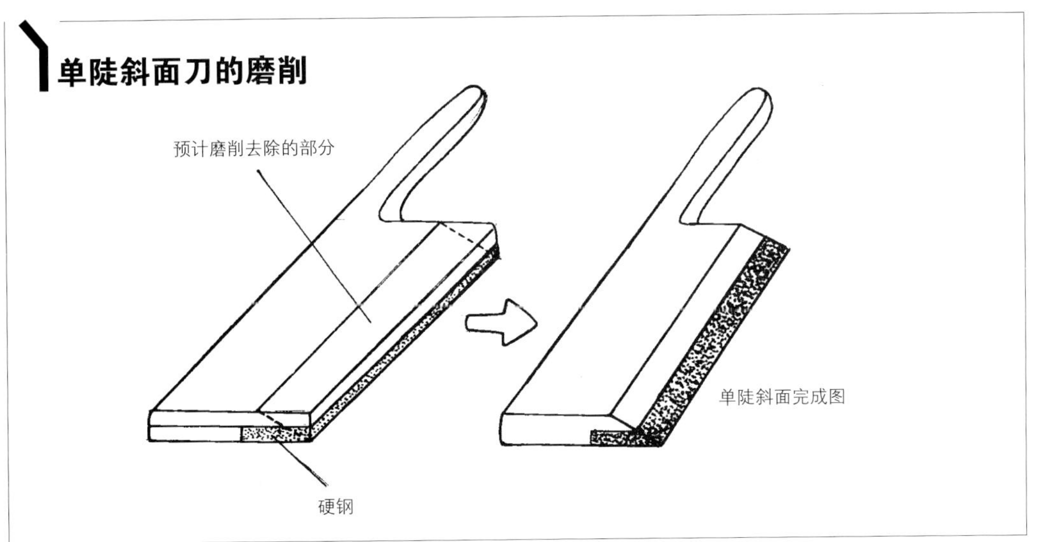

面的宽度不变是很困难的，磨武士刀的师傅专精此道。通常陡斜面都越磨越窄，刀口距离棱线越来越近，所以磨这种刀需要找专门的师傅磨，以维持陡斜面的正确宽度。研磨日式单刃刀时，一般陡斜面磨 7 下，另一侧微斜面磨 3 下。

刀身平面的微凸平直与微凹研磨

上文提到的专有名词——棱线，是指刀的陡斜面有条明显突起的立体线条与结构，闽南话称为“棱”，与泉州的龙字同音，日文称为“镐”，所选的字大致没有错，意思是金属面高起的地方，但中文古书中尚未找到相关用法。铜剑时代，剑体有左右对称的两个斜面，中央突起的一条棱线称为“脊”或者“剑脊”。下面大致介绍一下刀剑截面的四种几何结构，分别是：①斜平面构造，日文称为平造；②单陡斜面构造，日文称为片刃造；③棱线构造，日文称为镐造；④剑脊构造，日文称为两刃造。以上是 4 种最主要的刀身几何构型，在研磨、锻打、刨制刀身各个斜面构成的平面时，其实还细分为以下 3 种工法：① Convex Grind，平面微凸的意思，中译为：微凸研磨，日文称为平肉富。中式骨刀和量产廉价的原住民开山刀常采用此研磨法，这种工法的优点是刀身变重、坚固不折，缺点是比较难深切、开山刀剁不深。② Flat Grind，中译为：平面研磨。需要精密切削的凿子、刨刀刃，一面是陡斜面、一面是斜平面，都采用平面研磨，好的中式剁刀、片刀也是平面研磨，如果砥石的平面修整很平，这种刀非常容易磨，只需刀面稳稳贴住砥石即可。③ Hollow Grind，中译为微凹研磨，日文称为平肉枯。以往需要轻灵好使而减重的马刀、宝剑，多采用此方式研磨，单刃构造刀的微斜面也常见到微凹研磨。越战后世界各地的手工刀匠越来越多，新一代的砂带研磨机问世后，刀身平面通常磨成凹面状后，再开刀锋斜角，刀子钝了只需磨刀锋斜角，因此成为各种小刀研磨方式的主流，不过镜面一旦生锈、受损，没办法用砥石磨了，必须用包住小木棍的砂布磨，给玩家增添了不少麻烦。

有经验的玩家，大致看一下刀身平面，就大概知道刀身是微凸、平面、凹面研磨。日式单陡斜面构造生鱼片刀属于传统工法制造，所以陡斜面都采用平面研磨，完全看不出来西式砂带机研磨的凹面，如此更加肯定，避免淬火导致单刃构造的刀口偏歪，其秘诀就是淬火后再凿（铣）制陡斜面。如果经验尚浅，无法凭直觉判断斜面研磨的种类，则用直尺压住刀的斜面再观察。也许你见过很多大厨、生鱼片摊主，甚至亲友中擅长厨艺者，操使中式片刀、西式万用刀也能利落剖下生鱼片，这说明技巧可能比刀子的设计更重要。若深入分析，用日式专用刀、西式万用刀剖鱼、切肉块要比中式片刀好用些，因为用中式片刀剖鱼肉，粘黏鱼肉的面积太大，松软的鱼肉被宽阔的刀刃黏住，刀子滑来滑去会导致鱼肉表面不够光洁紧致（闽南话称为没有金头）。日式单刃生鱼片刀最厉害的地方表现在剖小型鱼，例如：俗称沙肠、沙鲮、虎鳍、竹筴等小鱼，要先用生鱼片刀将中骨、腹刺、各鳍刺片除，然后裹粉油炸，属于常见的日式小型鱼料理，由于需要精密用刀快速去掉骨、刺，厨师会挑选极短、背极厚、宽腰的细尖短刀进行作业。使用厚背、厚刃的短刀，操刀的方向感非常好，最适合精细作业。用日式鱼刀解剖小型鱼优点突出，这其实也说明了日式单刃构造刀在鱼刀领域独占鳌头。在以牛羊为主食的西方国家，西式厨刀独占鳌头。中式厨刀在瓜果、根茎、筋相对较少的猪肉类精密切工领域独占鳌头。

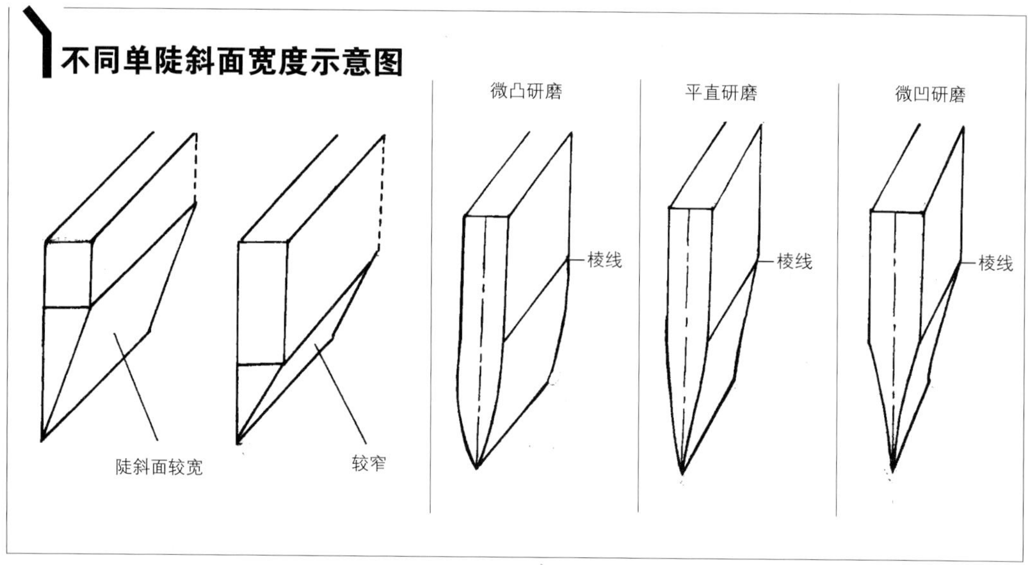

现代人全面缺乏研磨刀锋斜角、蛤刃的简单概念，很多人都觉得钝刀很难再磨利，所以宁愿换刀也不愿请工匠研磨。

厨刀跨国互通的时代来临

刀柄倾斜收尾必须运用模具，从刀柄就知道不同牌子的刀，应该是同一家工厂生产的。

工业革命后跨国贸易兴起，但是厨刀乃至于各式刀刃的种类太复杂，市场无法垄断，区域性小铺老厂兼做磨刀服务者仍然占有一席之地。

工业革命前交通不发达的时代，不管哪一国的厨刀大都就近供应给产地附近的地区，没有产生大范围的国际流通，以至于今天几乎找不到什么国际性大厂牌能够同时供应中、西、日三大主要的厨刀。以西式厨刀为例，工业革命后欧洲大陆上出现了四通八达的铁路，在这种条件下才有若干跨国的西式厨刀制造厂诞生，例如：德国双立人牌（ZWILLING J. A. HENCKELS）、瑞士刀（VICTORINOX）等，并且才有机会晋身为综合性的制刀大厂，这些工厂生产的多功能工具刀、厨刀闻名于世。双立人近年来还生产几款中式片刀、剁刀、骨刀，其他还有很多欧美的厨具、锅具制造厂因资源便利也生产了许多厨刀，通常在大的商场专柜售卖，至于刀口锋不锋利，请参考本书第二章，利用刀口轻轻切指甲的方法分辨，并且要分清楚是骨刀、剁刀、万用刀等。如果还想更清楚地了解产品，记得带一把直尺压在刀平面上，看看刀具的研磨平面。以厚刃西式厨刀为例，刀刃与刀柄结合的刀尾部分，通常由于刀刃太厚、刀子太重而变成累赘，于是一些刀厂在刀尖、刀身中段采用平面研磨，到了刀身近柄的刀尾段，则采用凹面研磨，切大块肉时这里不会夹刀，这一道工序多数人看不出来，不过用直尺一压瞄一眼就很清楚。如果在细微处都如此用心，刀的质量应该值得信赖。如果再加上有品牌做后盾，应该不难买到好用的刀。

日式单陡斜面厨刀、鱼刀，其实与欧美的市场环境差不多，在一战之前，分工更精细。日本的锻冶行业分两大类：一般锻冶者是指从事武士刀、长矛等武器锻造的工匠；在乡间从事农具、菜刀的锻冶者，日文称为野锻冶。长期处于封建诸侯国的日本，各地锻冶的刀枪、农具菜刀都就近销售，因为各地产业形态不同，靠海地区烘柴鱼时有专用的整套刀具，山区林场则有削侧枝、砍草的专用刀等。日本是全世界刀具种类最复杂的国度，再加上日式鱼刀有着根深蒂固的传统，很难国际化，即使二战后日本成为工业经济大国，不少刀具厂成为国际品牌，仍然无法充分供应世界三大类的厨刀。近年来日本的KAI老厂开始提供多款高级中式厨刀的制作。

磨利厨刀的服务是消费者的首要考量

KAI工厂的刀之所以容易辨认，在于刀柄的末端采用斜角、有弧度的收尾，必须靠模切、研磨才能制作，每一款的刀柄都需要一组模具，每一款刀至少达到几千把的产量才划算，所以尽管刀的品牌和造型不同，只要手柄尾端相同，就能认定是同一家工厂生产的。其他多数刀柄都是截平收尾，工序简单适合小量生产。台湾也有很多小规模的老厂牌，例如台北士林区大北路的百年

日式仿中式厨刀的青菜刀，刀身为单陡斜面结构，切葱花和青菜还不错，切萝卜则切口常常歪斜。

误 台湾市场较小，很多著名品牌的厨刀都是委托代工生产，有人因此认为刀厂失去了自己的特色，实际上大量生产能使质量更稳定。

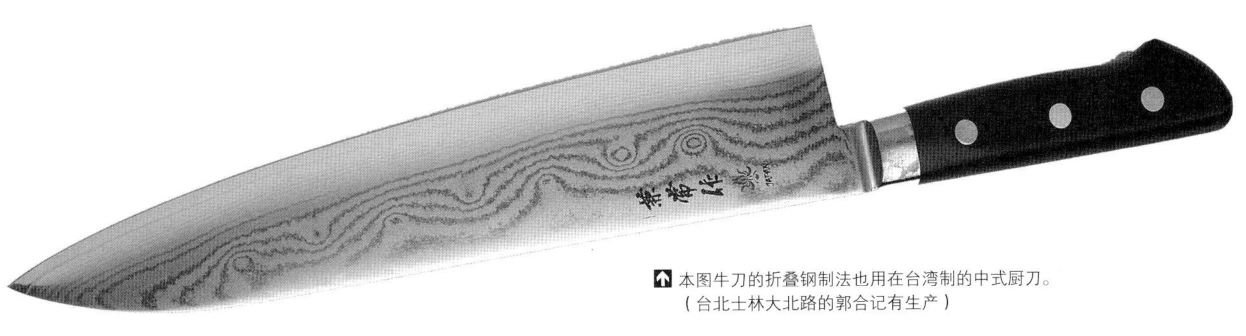

本图牛刀的折叠钢制法也用在台湾制的中式厨刀。（台北士林大北路的郭合记有生产）

刀刃白色者是陶瓷刀，下图的刀好像是生鱼片刀，又好像是西式牛刀。

老店郭合记，台中市复兴路三段 491 号的三益菜刀，刀刃质量相当可靠。其他厂牌太多，无法一一枚举，确实有遗珠之憾。以现今的数位控制生产机械，再向大钢厂订购三层钢，厨刀非常容易做到高质量。如果你按照本书的要诀挑选，坦白地讲要买到耐用的好刀，根本不是问题，真正的问题在于刀子钝了，谁帮你研磨？一次百元的研磨费用和往返磨刀店的时间划得来吗？所以本书建议你买一根摩擦棒，可以减少前往磨刀店的次数与开支，当然如果太钝了还是要送去刀剪店磨刀。现在磨刀店已不多，选购刀具可以前往有提供磨刀服务的店家，必要时送回去磨，能长保厨刀的锋利。

日制高档折叠钢牛刀，有些生鱼片刀也会采用这种技术。

除了锋利之外人们很少谈到正确的握刀法

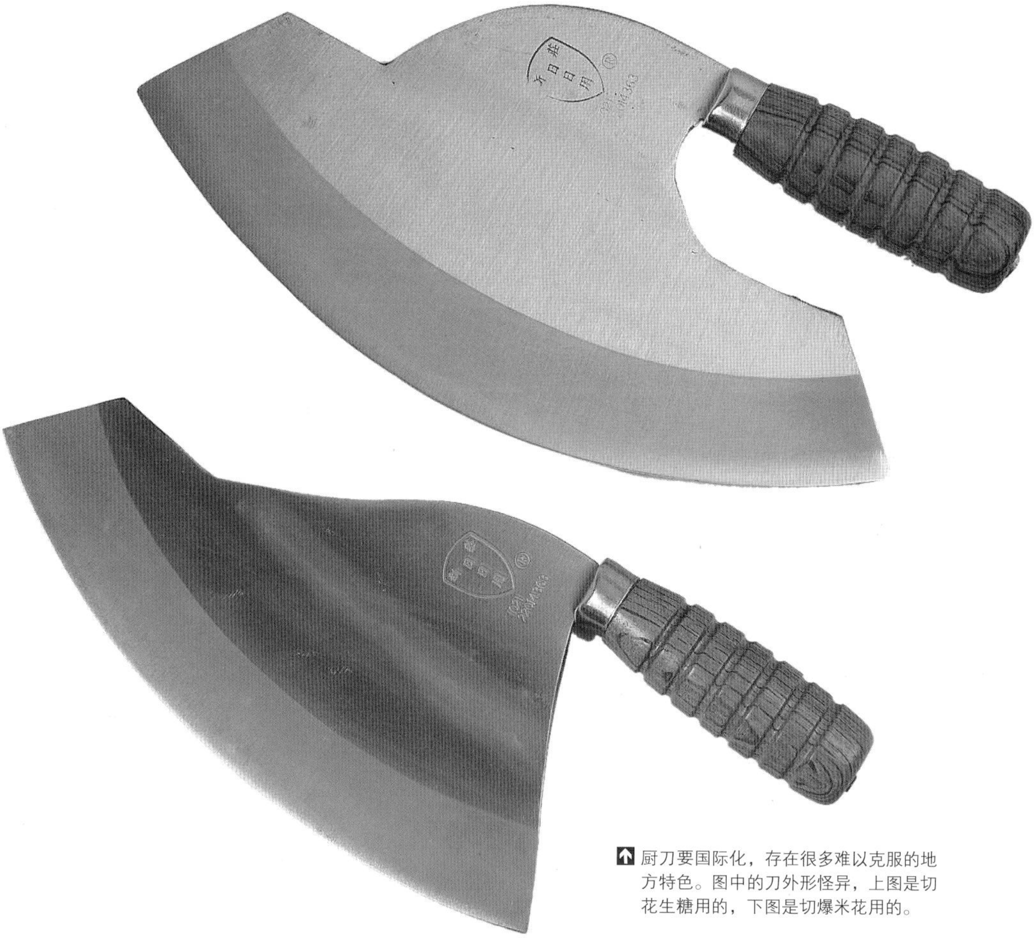

厨刀要国际化，存在很多难以克服的地方特色。图中的刀外形怪异，上图是切花生糖用的，下图是切爆米花用的。

长方形的中式厨刀外观最简朴，但是用刀的技巧最深奥，刀工技巧也最繁复，正确握刀是熟练掌握中式刀法的基础。

厨刀的用法不同，刀把的设计也不一样，日式、西式刀剁切时出刀角度较复杂，比较像猎刀的用法。中式厨刀通常在砧板上落刀，即使有流理台也会配上一块大砧板，与日式、西式刀的用法有极大的不同。中式厨刀握刀方法有点复杂，不过本书会尽量提示，读者需要慢慢体会。中式厨刀切软硬薄片时需要用力握刀，才能精准引导宽阔的刀身方向。所以，中式厨刀绝大多数都配有一个圆柱形粗大的木头柄，如果是用在日式、西式刀上会感觉碍手碍脚。女性的手掌小、握力不足，使用粗手柄的刀会感觉很不好用，应该买手柄较细的刀。

还有一种刀身前端略收缩的特殊造型的中式万用刀，切硬薄片时用接近刀柄（刀尾）的刃口位置，切姜丝时用刀刃中段，削皮时用刀身前段，属于非专业的中式厨刀。使用圆柱粗柄的厨刀连续剁碎、切细丝时，真正握刀只用中指、无名指、小指这三个指头，食指和大拇指合成圈状用来控制刀口的方向，女性用起来还是比较困难。有些较短窄的长方形小号剁刀，圆柱刀柄比较细，适合女性使用。不论哪一种厨刀，榫与柄的连接处有些裸露缝隙，尤其日式刀最严重，血水、洗涤水由榫头进入木柄会滋生细菌，挑剔的日本人怎么会忽视了这个潜在的问题？可能是他们习惯好，刀子用完立刻洗，插入刀架刀尖朝下，所以脏水不会浸入木柄，但是在台湾可能不是这样，请使用日本厨刀的读者不要忽视了这个细节。

中式专业厨刀特别排斥手掌小的厨师，所幸仿竹节的木把容易修改。自己动手修改时可以先用胶带贴住刀锋，然后用锉刀把刀柄锉磨变细！

中式厨刀大都在刀柄与刀刃之间包上黄铜片，黄铜的杀菌能力很强，又能阻止脏水渗入木柄，算是很不错的设计。西式薄刃万用刀和一部分中式小号片刀、剁刀的刀柄采用简单的两片夹木，通常相当耐用，但是夹木柄的榫头部分，里面大有玄机。高价位的刀，榫与刀刃用的是同等级的完整钢材，加木柄固定之前会涂抹防水胶，所以非常耐用。中低价位的产品榫头多半镂空，而且焊接的是不太防锈的劣质钢，浸水之后镂空部分就会积水长锈，半年或一年铁锈膨胀挤松夹木柄，刀子差不多就报废了。其实，加上修柄的工钱，就等于当初买高价刀的支出了。西式厨刀也有同样的问题。大部分中高价位的西式厨刀的木柄与刀刃之间有一块熔接的实心隐藏式护手刀柄，用来阻隔脏水浸入夹木柄与榫头的缝隙，坦白讲，这块隐藏护手能使夹木柄的寿命延长很多。一些不良厂商使用易生锈的劣质钢来制造榫头，结果榫头内部长锈就会挤松夹木柄，很难找到店铺帮助修刀柄。总而言之，刀子不要浸泡在水中，用完之后要马上用带柄的棕刷刷干净。有些人喜欢用手擦洗，试问这是想突显你的刀子不怎么锋利吗？刷洗后还要用抹布拭干。为了居家安全着想，厨刀用完应该收放在自家人容易取得，而对外人来说隐蔽不好找的角落。

由右而左，分别是最高规格的刀柄构造到最低阶的两片夹柄。

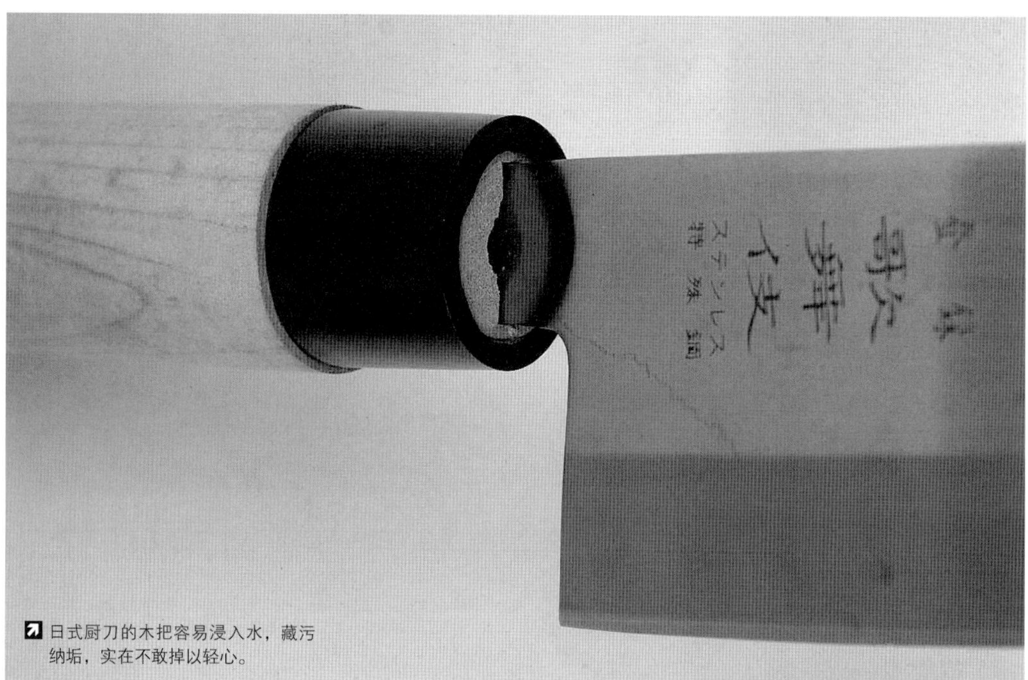

日式厨刀的木把容易浸入水，藏污纳垢，实在不敢掉以轻心。

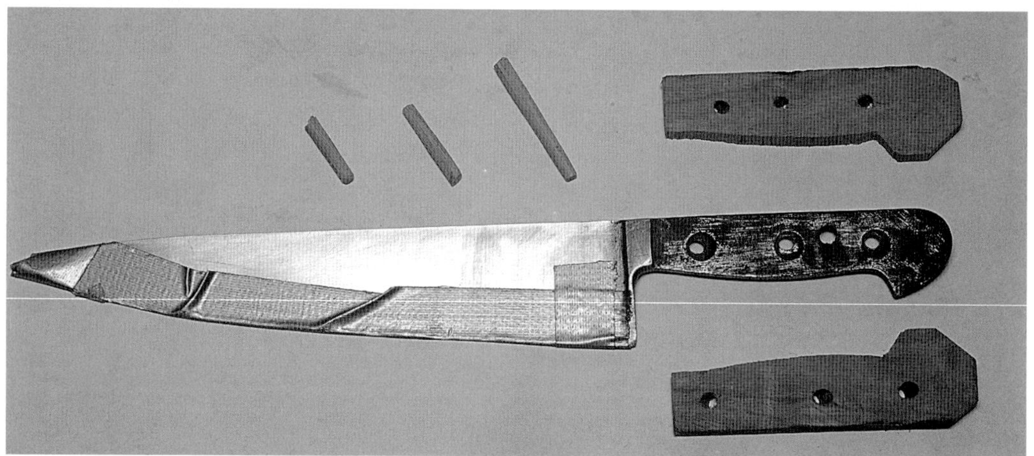
笔者被朋友赶鸭子上架，帮他修理牛刀的木柄。刀柄采用高级红木。

最后再谈一谈东方和西式的磨刀方法吧！东方的磨刀法是利用极细的砥石，在刀口一侧轻磨 5 ~ 8 次，再换另一侧，总共 4 ~ 5 个来回，刀子就会变得很锋利，而且锋利度更持久。但是采用东方式磨刀法后，刀子变锋利了，指甲被切掉的风险将大幅度增加，而采用摩擦棒的西式磨刀法则几乎不会。使用各种菜刀切姜丝、葱花时，一般用刀面顶住中指、无名指的第二指节，用指甲尖压住姜片、葱段，基本不会切到指甲。但是在姜片、葱段切得只剩一点点的时候，通常都会瞄一下锅是不是够热，稍一分心指甲就会被削掉一块。除非你将菜都切好备妥才热锅，不是一边热锅、一边备料，这样就不会切到指甲。总之，东方式磨刀法要谨慎使用。

中、日、西式厨刀握把都有藏污纳垢的缺点，合乎卫生法令的大型食品加工厂，都要求使用全不锈钢密封握把。

上图的厨师用刀，刀柄只有一层薄钢，容易受损。

日本制的中式厨刀在“台湾”少有人买，原因是夹木刀柄不太坚固。下图为中式万用刀，仿竹节状的握把即使沾了油水也能握牢。

ALL ABOUT THE KNIVES

日日用

新北市新庄区新庄路414号

传承三代的百年老店，店面陈列有厨刀、料理刀、锻造农具等多种产品，并且代客研磨、修理刀具，接受委托定制各种刀具，除擅长包钢锻造之外，尤其专精贴钢锄头，所生产的锄头能长久保持锋利，锄草效率高。

HIGH CARBON
Stainless

「有鞘短刀」

山野活动中代替厨刀的入门刀具

西式猎刀在台湾虽然不普遍，却拥有悠久的历史，属于野外活动的万能刀具类，通常在野餐野炊时当厨刀使用，甚至是当开山刀用，是入门玩家必备的刀种之一。

1 初露锋芒

劈柴取火的考验比想象中严酷

要了解清楚硬度与锋利度不同的刀，分别是为哪些薪柴种类制造的，剁肉切菜的厨刀亦是如此。思索玩刀理论的第一课由此开始。

短刀、猎刀等算是很普遍的刀，由于长期存在人类悠久的历史中，不太容易简单地去定义它们到底是什么概念。根据中国台湾的枪炮弹药刀械管制条例：只有一个刀刃构造，总长度不超过 45 厘米者称为短刀，若两侧都有刀刃，即属违法的匕首。中国台湾的汉人在日据时代（1895—1945）、光复初期狩猎使用西式猎刀，因此社会上还在使用“猎刀”这一词汇。直到 1975 年政府立法管制枪支，悠久的狩猎传统无以为继。欧美也有猎刀一词，但事实上短刀种类远比猎刀多。全世界各民族使用的配刀鞘单刃短刀，不管是皮革还是木头或金属刀鞘，也不管刀身刀把的设计与结构如何，欧美通通称为 Sheath Knife，或者 Fixed Blade，即手柄、刀刃构造固定的刀。所以本文翻译为“有鞘短刀”，而不称为含义较狭隘的猎刀，或者刀刃构造固定的短刀。很多肉贩的切肉短刀、日式生鱼片刀都没有鞘，不适合随身携带，不像有鞘短刀适合随身佩戴或放在背包里，适合山野活动人士使用。军用刺刀、潜水刀、格斗求生刀等都属于有鞘短刀，前两大类实用性低或太专业，本书未收录，后者另文详细说明，本书在第六章另辟一栏有专门讲述。

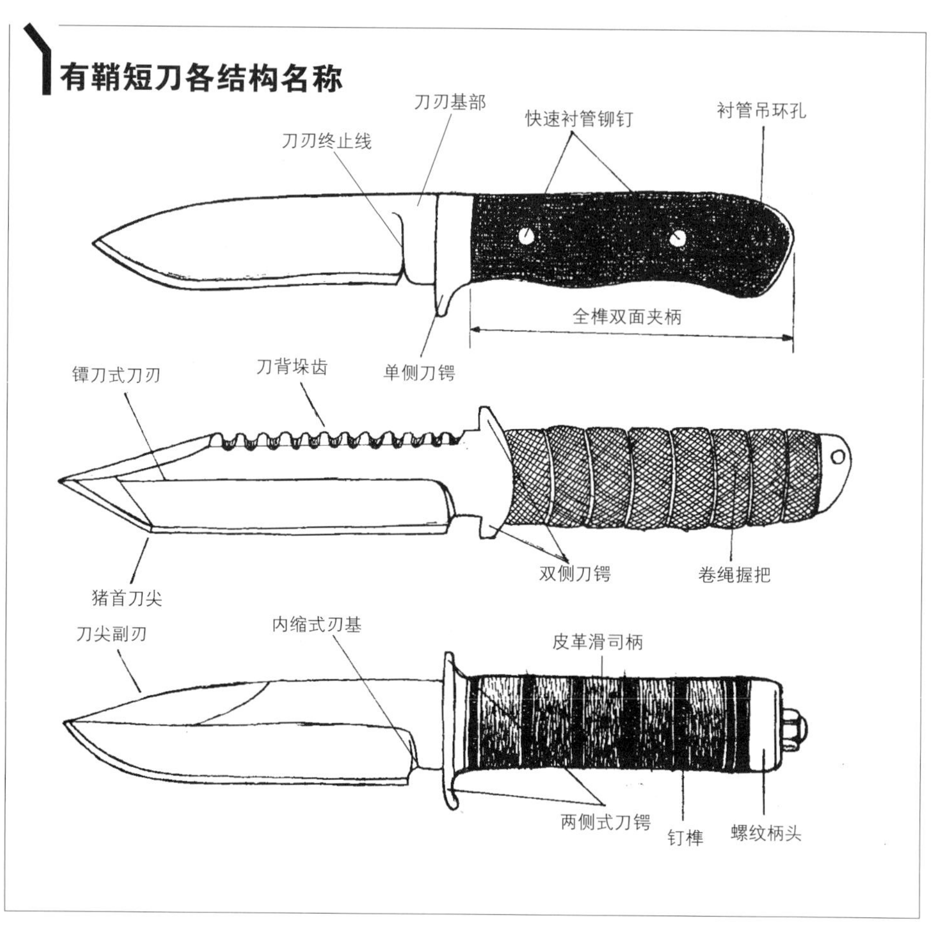

使用小刀切割引火的细竹柴，只需顺着竹子直走的纤维割裂开即可。

1972 年中国台湾开始严格管制刀械，大约是我读中学二年级时全台开始禁止贩卖各式刀械。在此之前，台北市延平北路二段尾有十几个夜市摊专卖刀器、各类五金。我在读中学一年级时，隔两三个月就会到此逛一逛，淘到了几把学习用刀的好“教材”，其中“无印良品”童军刀曾带去露营溪钓，想起当时使用这把刀还激发了我对刀具的思考。国一暑假我们 4 个同学结伴，前往今天淹没在新北市翡翠水库底下的干沟村北势溪畔，露营垂钓一个礼拜。当时尚不知有汽化炉之类的野炊器具。随便捡来木柴生火，4 天只有三餐热食，餐餐饼干配汽水。经洪水冲刷后，溪畔的干柴稀少，两岸树林都是湿木头，虽是青山常在，却没干柴烧。苦寻不得时才发现搭建遮阳帐篷的竹丛里，夹杂着几根枯竹。初次野外露营面对未知的不安，于是随身带着自己做的双节棍用于壮胆。没想到这个双节棍竟然还派上了用场，用它很顺利地就敲裂了竹竿用来当柴火。后来心疼双节棍的漆面被敲得坑坑疤疤的，才想到用石头来砸裂竹节。

童军刀根本削不动竹子，但要去找引火的细柴枝更麻烦，后来小心地将竹子劈成细长牙签状，总算点燃了。其他低山带次森林常见的先锋树种枯木——山黄麻、构树、野桐等，虽然稍微容易削，却很难削成细长木屑，不太容易引火。从枯木分辨树种和好不好引火，需要长期积累经验。台湾中海拔和高海拔的树种不一样，辨认易引燃的树种干柴是一门长期的功课。市售的大部分刀口硬笔者舍不得丢弃这把高龄近 40 年的不太锋利的日制不锈钢猎刀。刀鞘采用立体剪裁，虽然体积特别大，皮鞘却不会接触刀身引发锈蚀。

度为 HRC58 度的不锈钢刀，主要适合削取针叶树的松软木柴，这是针对欧美温带自然环境发展的用刀选钢逻辑，若不慎造成切割伤，伤口比较浅小。今天从事登山、溯溪等活动的玩家，如果公开测考，自备或提供合适锋利的刀、打火机，自己捡拾挑选生火木柴，很可能 90% 的人在晴天 30 分钟内无法生起可以取暖的火堆，更别提在急需焚火取暖的刮风下雨天了。如果在中高山带迷路无法生火取暖、点燃狼烟用火光示警求救，逃生获救的机会就很渺茫，这一直都是山难致死的主因之一。直到今天台湾的所有迷路失踪者，没有一位曾经在迷路期间点燃火堆。此事凸显迷路者必须不停走动，因为停下来就会失温必死，结果走到体力耗尽还是死，除非能生火取暖，否则挨不到获得救援的时候。

严格管制刀械对社会治安有帮助，至于害死了多少需要熟练用刀才能自救的人，虽然无法统计分析研究，但大家可以从不同角度来思考和想象一下。

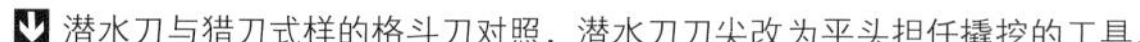

潜水刀与猎刀式样的格斗刀对照，潜水刀刀尖改为平头担任撬挖的工具。

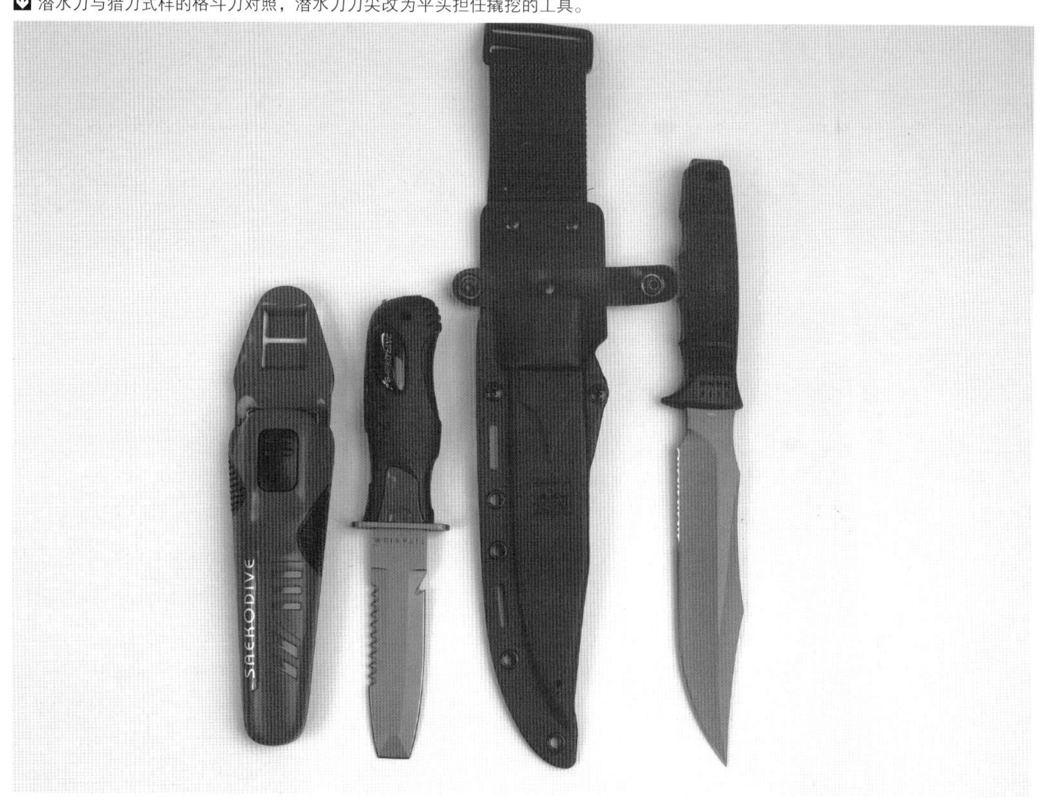

伴随人类生活方式改变而演化的有鞘短刀

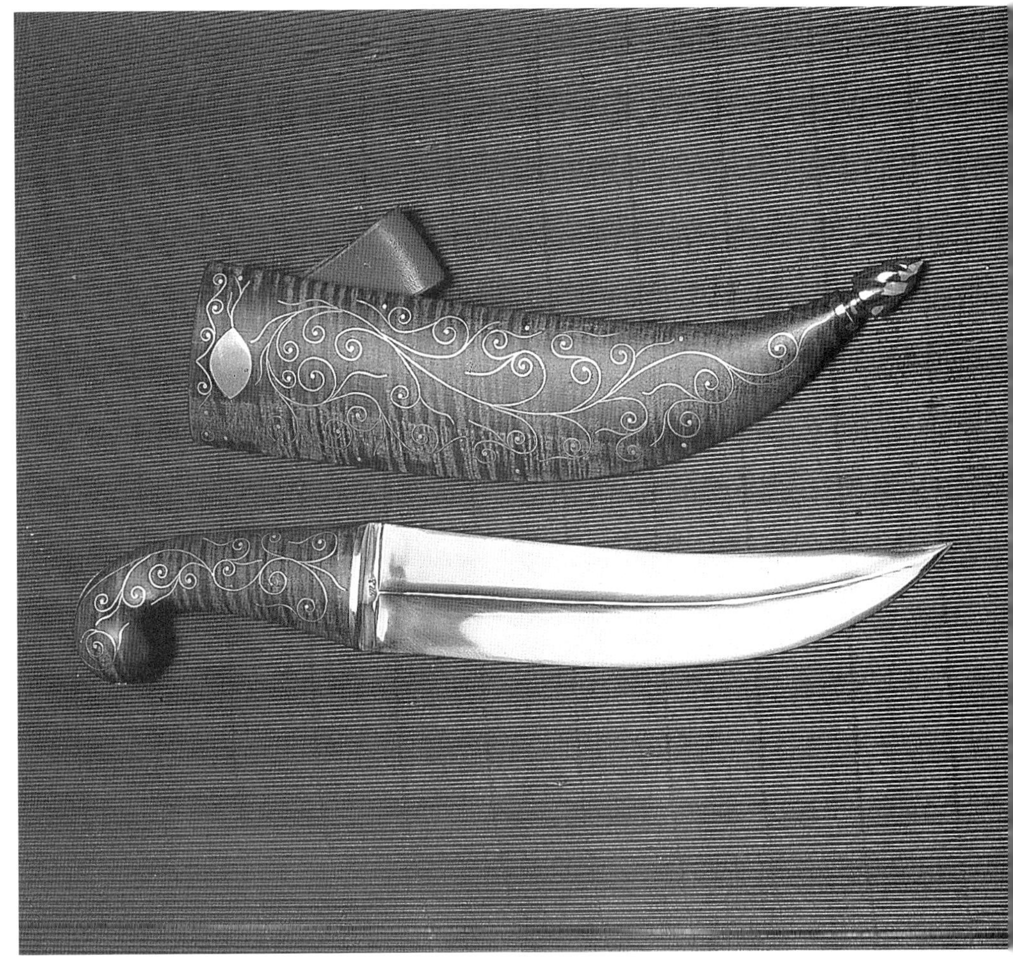

古典猎刀的刀鞘尾端弯曲，可以防止坠马时伤到自己。铁刀木刀鞘，原产国、民族不详。

经济发达后，户外活动变成现代社会的必需品，近年来户外活动的发展，台湾既无传统便携式有鞘短刀传承，全盘西化的过程也不顺遂。

有鞘短刀的范围很大，难以个别讨论。在蒙古地区、阿拉伯语地区游牧民族的主要肉食由畜产提供，他们会随身携带配鞘的屠刀。根据长期积累的经验发现，万一从骑兽身上跌落到地面，坚硬的刀鞘末端撞击到身体时，常会造成不小的伤害，所以也门、安曼当地游牧民族使用的佩刀的刀鞘末端大幅弯曲呈钩状，这种刀既能勾住腰带有利于迅速拔刀自卫，又能防止刀子遗失，而且在牧民不小心跌下骑兽时，极度弯曲的鞘尾也几乎不会造成伤害。在与生活习惯长时间磨合的过程中，刀鞘的设计凸显了非常明显的地方色彩。蒙古的刀鞘也有类似的小幅度弯曲。欧洲不少民族移民美洲成为美国人，直到 20 世纪中期，很多牧民、猎人的吃肉习惯与阿拉伯、蒙古的游牧民族大致相同，多是腰间悬挂着有鞘短刀，随手抽刀切下烤熟的肉块，或放入自己的餐盘再切成小块，或直接放入口中，最后演变成今天吃西餐用餐刀切牛排。如果上溯到约 100 年前，那时欧

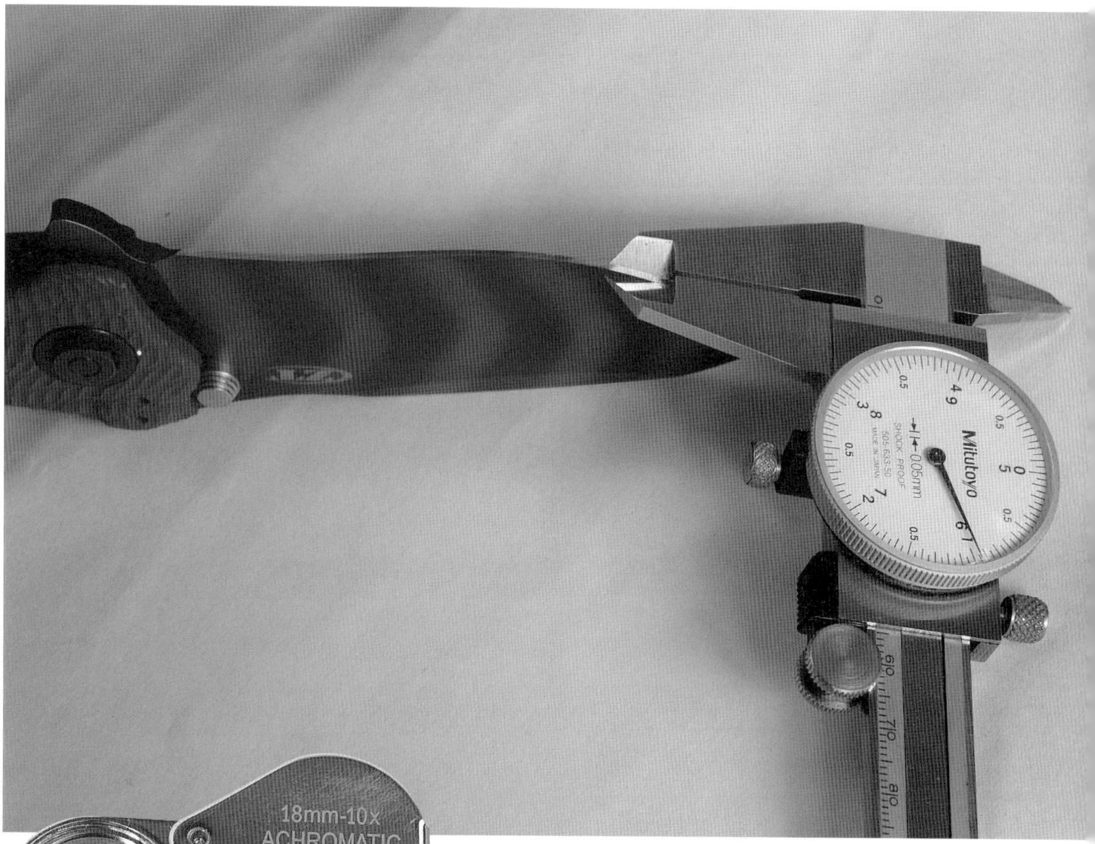

以游标卡尺夹住刀锋部推估刀口厚度。

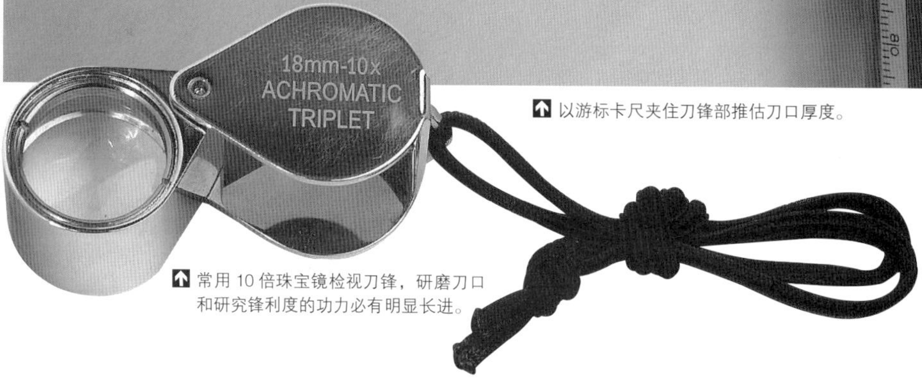

常用 10 倍珠宝镜检视刀锋，研磨刀口和研究锋利度的功力必有明显长进。

美的多数饭馆不提供餐刀，得从腰间抽刀切肉吃。美国人初抵美洲、英国人初抵新西兰，不少人通过狩猎取得兽皮、羽毛牟利。腰间的刀既是剥兽皮的屠刀，又是进餐切肉的餐刀，说它是猎刀也对，说是有鞘短刀可能意思更完整。

百年传承淬火秘诀原来这么简单

笔者在初中一年级的那次露营，体验到童军刀的功能不够强大，于是开始积极物色合适的刀。政府严格管制刀械后，市面上还有 3 种刀半公开贩卖，其中关于士林刀、电工刀等折叠刀的介绍详见本书第三章。当时买猎刀则要找门路，台北迪化街有很多刀剪专卖店，登山用品店则在台北中山北路头。笔者曾经买过三把刀，每一把都耗掉几个月的零用钱，却买到一堆烂刀！其中有一把是仿冒美国 CASE 厂 20 世纪 40 年代猎刀的构造。德国老牌名厂 HUBERTUS 和美国 LINDER 厂迄今还在生产此种设计的猎刀。那些经典简单的热处理秘诀是所有刀剑类必需的一个锻造过程，有着画龙点睛的作用。由刀刃部分收缩变成

有鞘短刀其中一大类的猎刀，细分很多不同用途类，例如兼做开山刀的大猎刀、剥皮猎刀、多用途猎刀等，购买前得想清楚自己的用途。

较细的榫钉（刀柄部分）要有相当的弹性与韧性，太软易弯曲、太硬易折断。工匠必须对热处理技术理论有高度的认识，而且还要有熟练的热处理技巧。烧红后炽热的刀坯插入淬火液，刀刃先淬火，等刀背变暗红色或暗红色消失后稍等片刻再淬火处理刀背（使刀背心部也降温），随后再将榫钉淬火。最后检视热处理后的刀坯，若刀刃部分的灰黑色氧化膜脱落后，钢铁表面呈现灰白色，说明温度大约在 800 ~ 900℃，这个温度下的刀口硬度很强，很锋利；若刀背部分黑色的氧化膜未脱落，大约是 500 ~ 600℃的高温，这种刀背有相当的硬度，并且不会因为太硬而易折断，如果想用较大的切削力量砍粗枝丫，在砍伐时借助硬木来敲刀背，刀背不会受损。刀的榫钉热处理温度大约为 400℃，氧化膜的颜色是蓝黑色，经过热处理后榫钉部分变成了弹簧钢，不易折断变形。

品管师傅要先查看氧化膜的颜色，再用锉刀试锉来感觉硬度，剔除次品后，将榫头套上中空的鹿角就是一把猎刀了，轻易解决了制造刀柄复杂的问题。我买的一把猎刀，朋友拿来当飞刀示范使用，结果血槽部分裂开了，很可能是刀刃和刀背一起淬火，导致刀背太硬变脆了。第二把榫钉也被折断了。后来买第三把日本制的不锈钢猎刀，供在家中迄今将近 40 年，刀把与刀刃一体

钉榫猎刀的连续淬火过程图

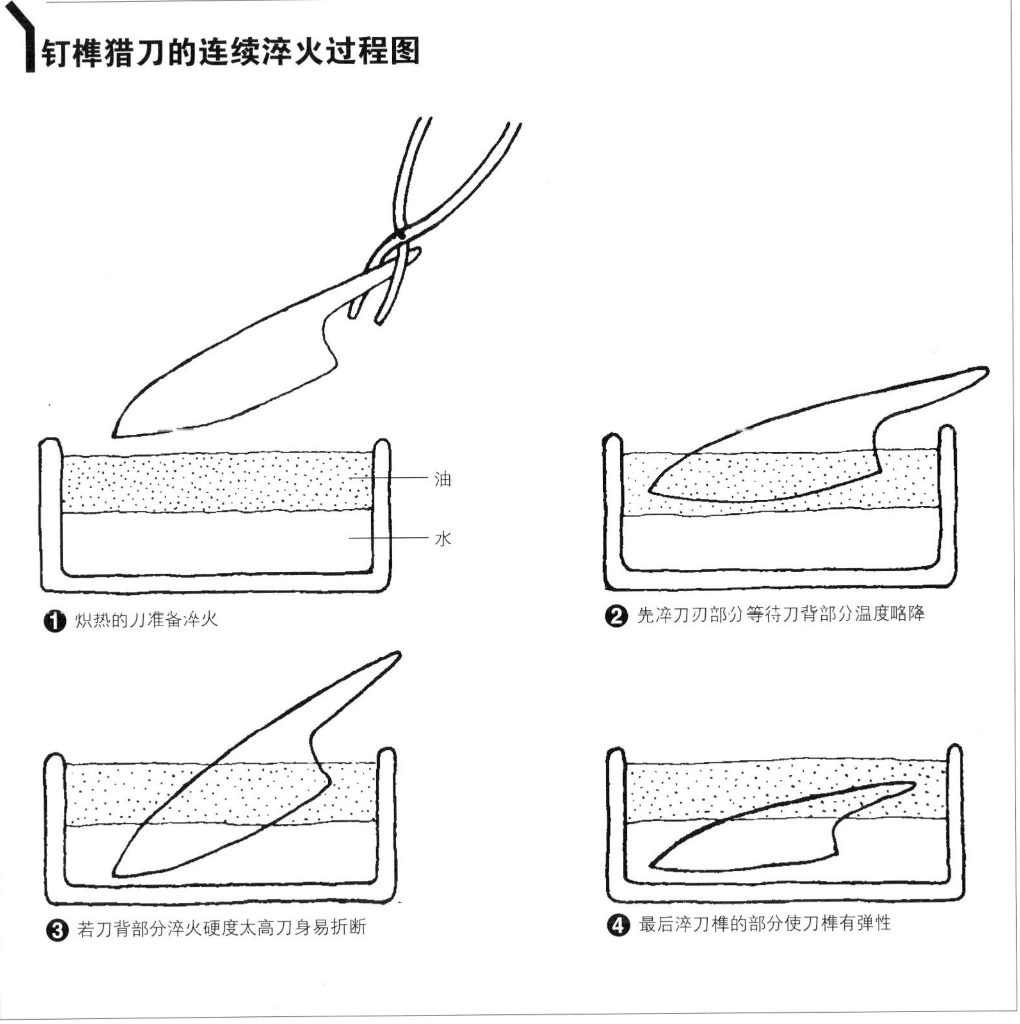

❶ 炽热的刀准备淬火

❷ 先淬刀刃部分等待刀背部分温度略降

❸ 若刀背部分淬火硬度太高刀身易折断

❹ 最后淬刀榫的部分使刀榫有弹性

成型、宽度相当，树脂浸木两片夹柄设计，这种刀榫虽然不易折断，但是刀刃却一点都不锋利。后来我一直选择士林刀搭配泰雅族开山刀来使用。西式猎刀原本是用来切开兽体的腹部，以及划开皮、肉之间的筋膜结缔组织，刀口较厚（约0.8毫米），并非为了削刨木屑引火专用。所以，必须设法自行磨成日本式的蛤刃，才更适合削刨细长的木屑（参考本书第三章）。削刨效果好的刀，刀身最好是微斜面构造，钢料不能太厚，大约是：刀刃1厘米宽、刀背厚度1毫米；刀刃2厘米宽、背厚2毫米；刀刃3厘米宽、刀背3毫米厚等等。但多数猎刀刃宽3厘米、刀背厚4毫米，或者刀刃4厘米宽、刀背厚5毫米。传统西式猎刀都是棱线结构，棱线到刀口的微斜面更窄，刀口厚度不易磨薄。刀口是整个刀具最硬的部分，磨成蛤刃的话就要把刀口磨薄，既费工夫，又破坏刀身镜面，而且常见品牌都用刀口硬度HRC58度的不锈钢制造，如果使用泰雅族的方法（见第七章）来剁削引火碎木屑，虽然很方便，但需要很大的手劲，再加上猎刀刀身不够厚重，削剁效果并不佳。并且，刀口不够硬，剁一次刀子就毛口了，回去还要再磨（请用10倍珠宝放大镜观察刀刃），当然这是很好的练习，却增加了不少刀具保养维护的负担。

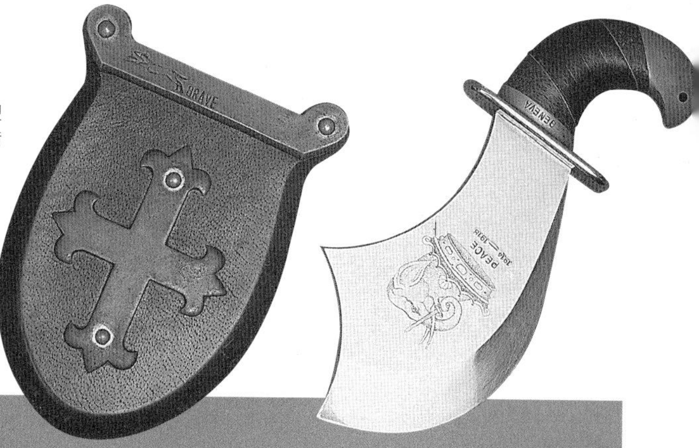

矮胖版的阿拉伯风弯刀，造型有创意，实用性低的典藏版猎刀，原产国、民族不详。

古董猎刀的刀刃设计既像匕首又像猎刀；皮革刀鞘是再配制的新品。

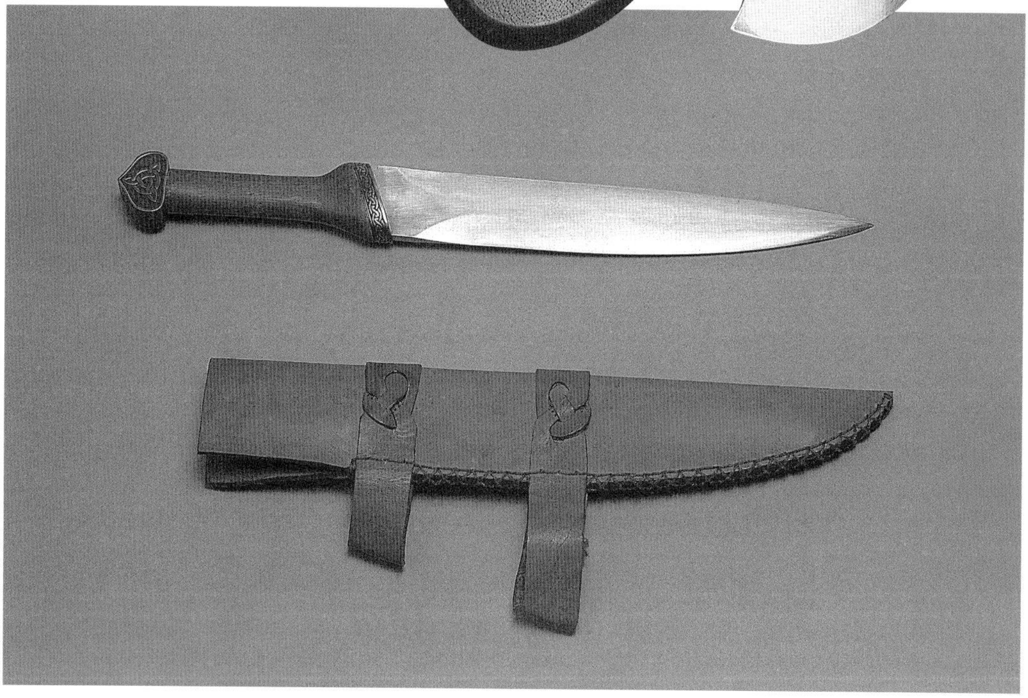

直到今日钉榫猎刀在各国的观光区艺品店还很常见，若无法确定品牌的可信度，就要盘算钉榫折断能否修理。

多年以前脍炙人口的有鞘短刀套组，可更换不同用途的刀刃、骨锯。

典型的刀刃各细部说明图

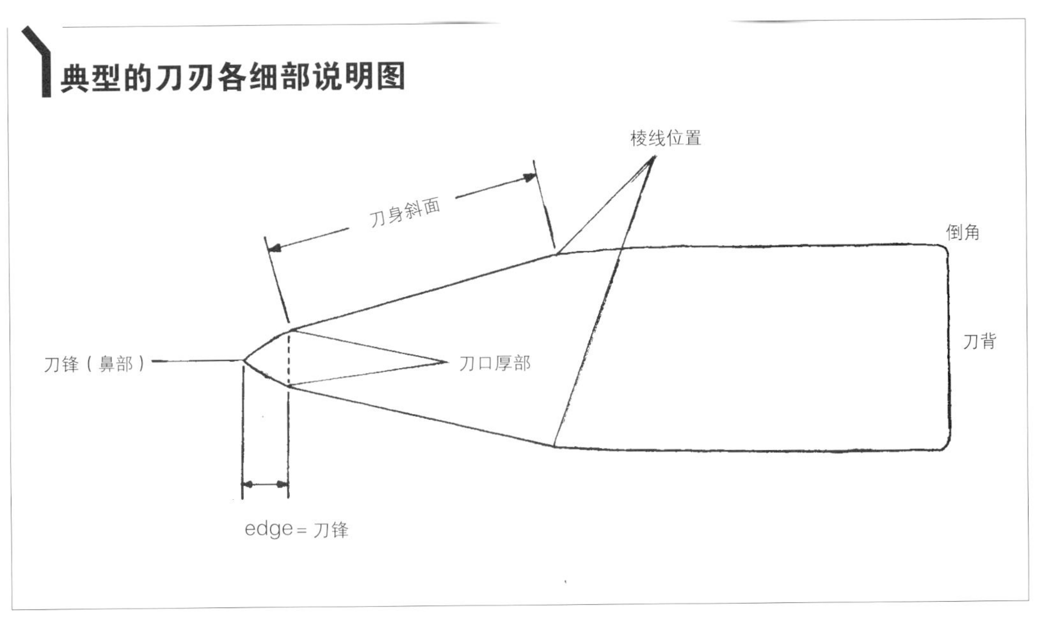

测试刀的锋利度与锋利持久度

懂刀必先懂钢材，懂钢材就要弄懂如何测试刀的锋利度与锋利持久度，要懂得这些知识，就要学会如何将刀子磨得很锋利，让锋利度更持久。

若要讨论谁是有鞘短刀第一品牌，确实是有点难取舍。欧美不乏百年老厂迄今还在持续生产销售。有些则是个人工作室定制的高价品，还有不少是因为个人兴趣，自己手工完成与朋友分享的，市场上买不到。以下会列举若干厂牌，供玩家参考。有几个要点事先说明一下，希望读者能多掌握这方面的知识。有些刀厂会在刀刃与手把紧临的部位打上钢印，载明所使用的钢铁种类，如此读者便能推测刀口的硬度了。常见的不锈钢的物理性质、成分等资料，本书附录二都尽可能搜集摘录。一些刀厂使用罕见的钢，极少数是自己采用坩埚冶炼，提供给自家刀厂专用的。有些刀厂强调是自有钢种，其实多数都是委托其他炼钢厂代劳，刀厂也不愿意说明钢铁的成分。有些型录、说明书多会提到刀口硬度，玩家应该注意这些信息。制刀产业已非常古老，长久累积下来的经验近乎定律，例如本书强调的入门刀的刀口硬度 HRC58 度，就是众多刀厂都遵守却又不愿说清楚讲明白的定律，所以特定厂商专用不锈钢的成分即使有些许差异，但实际硬度、防锈能力，其实与常见大量流通的不锈钢材大致相同。

刀厂众多，良莠不齐，有些新厂牌根本不知道从哪里冒出来的，钢模镌字说刀刃是 440C，但事实呢？到底硬度够不够？与另一家著名刀厂的独家专用不锈钢相比，硬度差多少？锋利度是否一样持久？即使是玩刀行家，也有可能吃闷亏。在此介绍一个简单的测试方法。首先准备一根五金装潢材料店常见的白木条：南洋白柳桉树干经锯刨而成的方形木长条，

留意刀刃与刀柄接合的部分，可能镌刻着刀刃的钢料种类、产地、厂牌等相关信息。

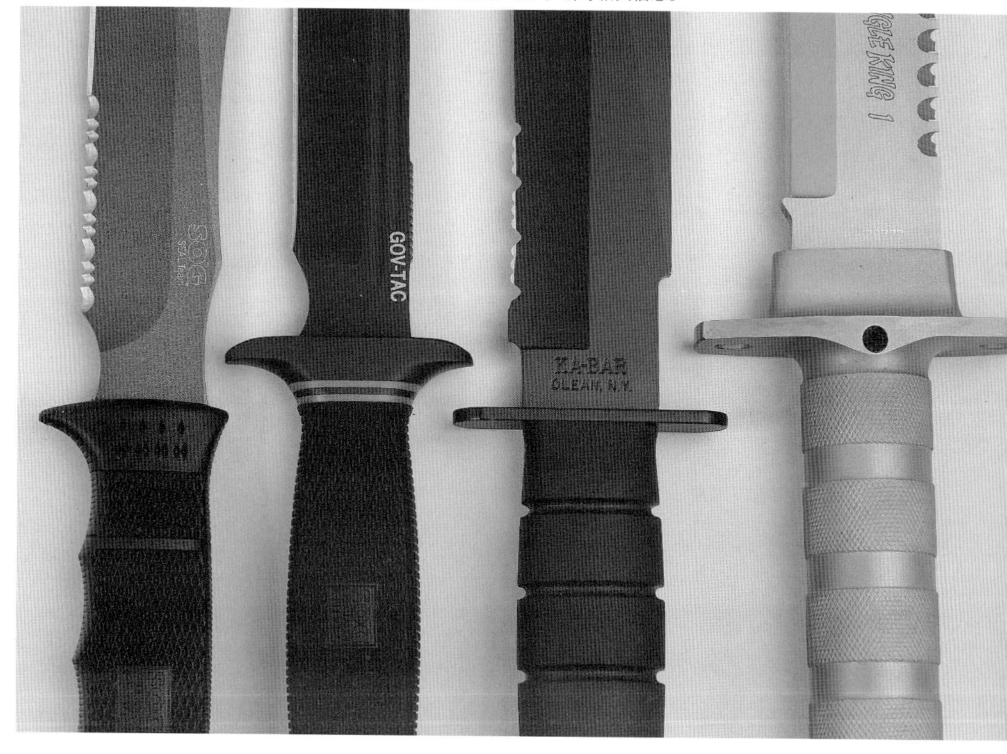

误 选购任何一把刀的错误第一步，就是没有搞清楚刀具是什么钢种。

有鞘短刀式样的短小格斗刀，刀身斜面宽，适合切削木柴，刀尖采用猪首切先设计，能承受粗暴穿刺使用。佩带于腰间的便利性不输给折叠刀。

格斗刀式样的细小短刀，工程塑胶鞘容易保养。

右侧这一把，是美国海豹部队专用刀。

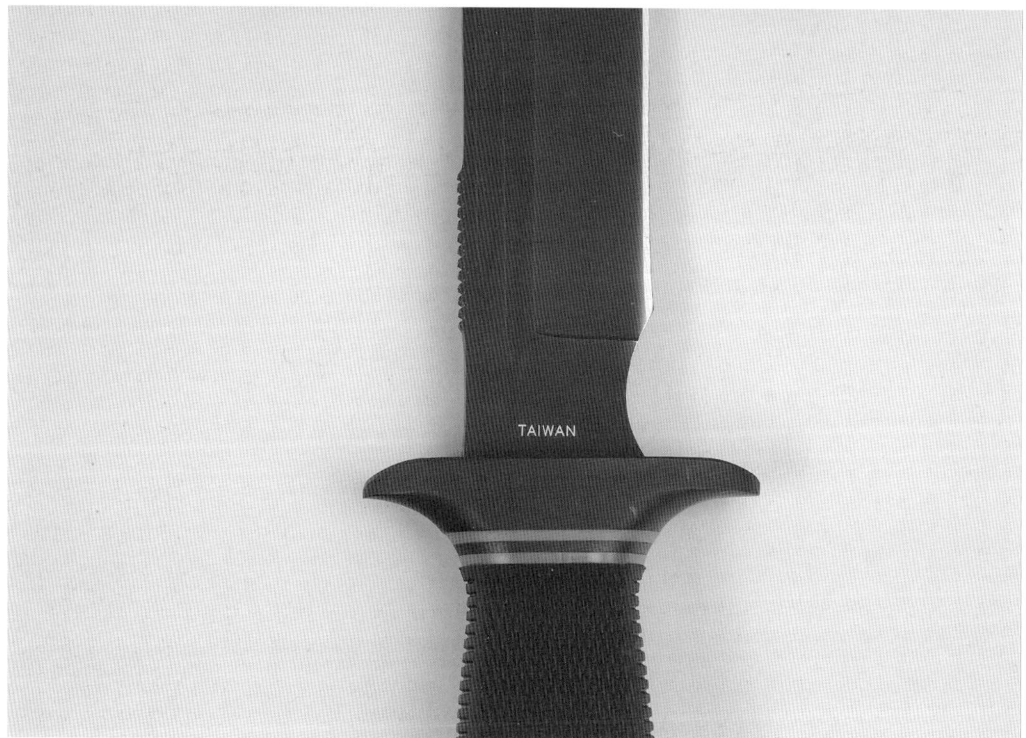

刀刃与刀柄接壤的部分常镌刻有各种记号或文字，用以说明刀刃的钢种、厂牌、型号、生产地等。

学会削白木条测试刀口的锋利持久度，才开始有资格谈论刀的锋利度。当然，绝大多数人根本不具资格。

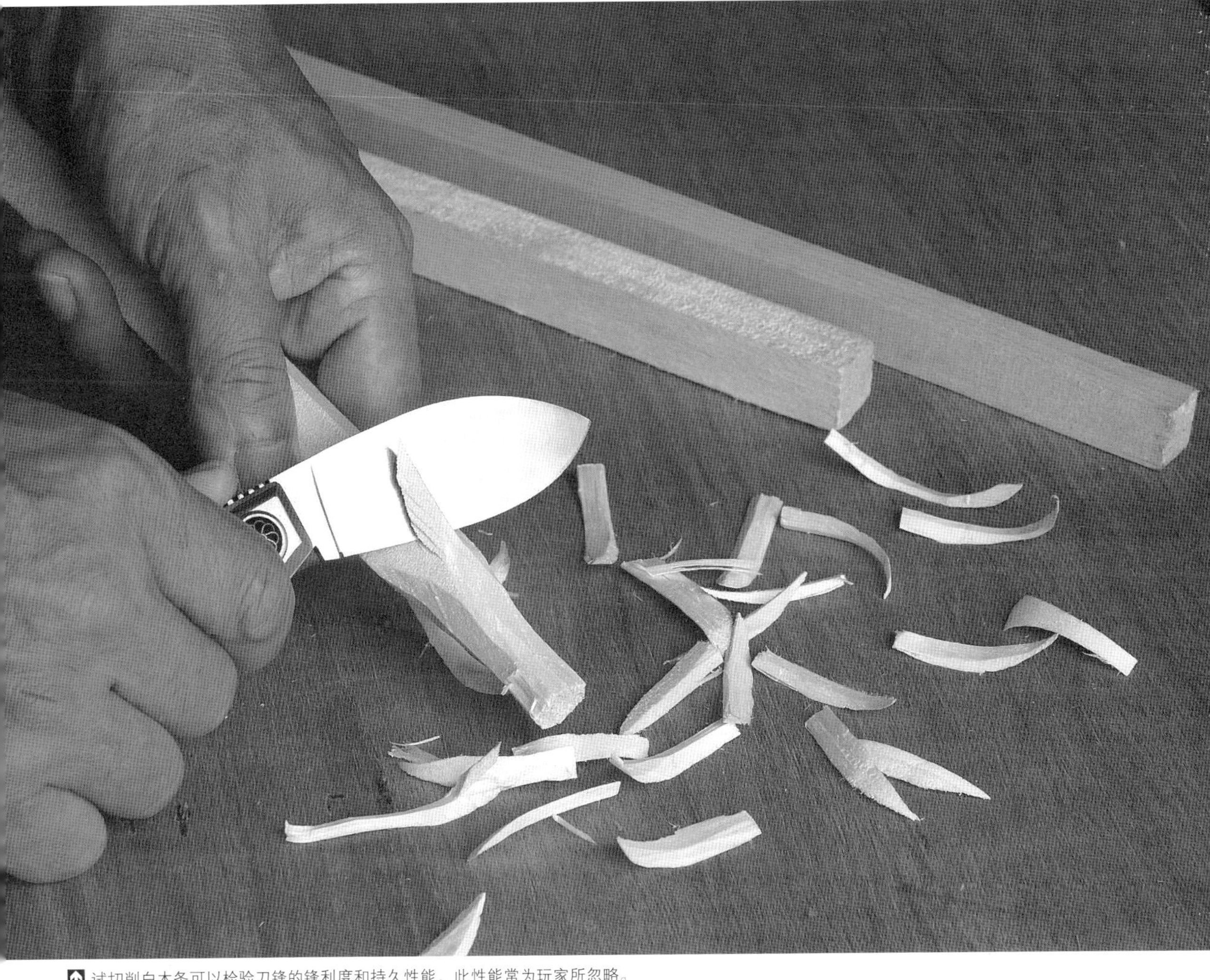

试切削白木条可以检验刀锋的锋利度和持久性能，此性能常为玩家所忽略。

大约宽 1.2 厘米的较适合。白柳桉在闽南话中被称为“白柳安、白木条”。白木条松软，质地均匀，类似欧美的一般针叶树木材，适合初学者测试刀的锋利度与锋利持久度。用新买的刀试削白柳桉，每一片木屑削成长 2 厘米、厚约 0.2 厘米、宽约 0.5 厘米，一定要用同一个刀口位置削。若刀口硬度达 HRC58 度，最多大约能削 100 次（上下误差约 20 次），就感觉刀口钝了。刀子钝了后自己磨，能够达到原先新品锋利度的 80% 就很厉害了，即在原先试削的次数上打 8 折。新出厂的刀最后都由熟练的师傅用钻石砂带机开锋，因为砂带跑的速度很快，开锋后的刀口被极细小的钻石沙迅速刮磨造成浅表层变形，金属表面产生薄薄一层的硬化现象，所以刀口比 HRC58 度更硬更锋利，专有名词称此为冷（常温）间（状态）加工硬化。若用磨刀石慢慢磨，不可能有冷间加工硬化效果，锋利持久度自然变差。钻石砂带的钻砂粒径、砂带跑的速度是核心技术，外人难窥其奥秘。欧美的户外活动产品大卖场多提供有投币式的钻石砂轮磨刀机，非常容易体验出机器磨和手工磨的差別。如果你买了两三把，可以分别测试比对试削、试磨，应该也能很快出师。

4 独占鳌头

碳钢仍然独占锋利与锋利持久性的高峰

当原厂军规的 MARINE COMPACT 断货以后，陆续推出的后续刀种称为 KBAR，用碳钢锻造而成，刀口十分锋利，台湾有很多户外活动玩家添购随行。

除了高价的不锈钢，目前一般的不锈钢的硬度、锋利度与锋利持久性能都略逊于高碳钢、高碳低合金钢，因此后两种钢料最适合制造野炊厨刀与兼用开山刀。

目前还有几个百年名牌老厂，持续使用高碳钢、高碳低合金钢制作有鞘短刀（高碳低合金钢，请参考附录二。），有些厂的产品和价格相当诱人，其所用碳钢的锋利度、锋利持久度远胜于一般不锈钢，以下列举的几个厂都位居前列。最具代表性的非美国的卡美卢斯厂（CAMILLUS）莫属。第一次世界大战和第二次世界大战期间，该厂总共提供 1950 万把刺刀、十八斩刀等军用刀械给美国政府，如此辉煌的纪录在全球业界首屈一指。很多四、五年级充员兵（台湾对服役者的一种称谓）上劈刺课所用的刺刀，就是这家工厂的产品。笔者读中学时在台北万华老松小学旁巷子，俗称的“贼仔市”，购买到该厂的全不锈钢 USAF ARMYKNIFE 折叠工具刀，共有小刀、尖锥、开罐器、开瓶器四大用途，其他功能都很好，就是刀子不锋利。该厂另一个比较知名的产品有 MARINE FIGHTINGKNIFE、MARINE COMPACT KNIFE 两款刀，两者外观几乎相同，都附带有皮革鞘，但前者的刀把为皮革滑司，后者为黑色电木，全长约 30 厘米。由太平洋战争的海军陆战队设计制造的这两款刀，几乎是每人一把，现今在台湾有很多人买。

将制作皮鞋、皮箱剩下的碎皮料用模具切割成椭圆形状，中间留下刀刃榫头通过的

误 不锈钢只是比碳钢多了一项防锈功能，若撇开防锈问题，有不少碳钢或者低合金碳钢刀锋利异常。

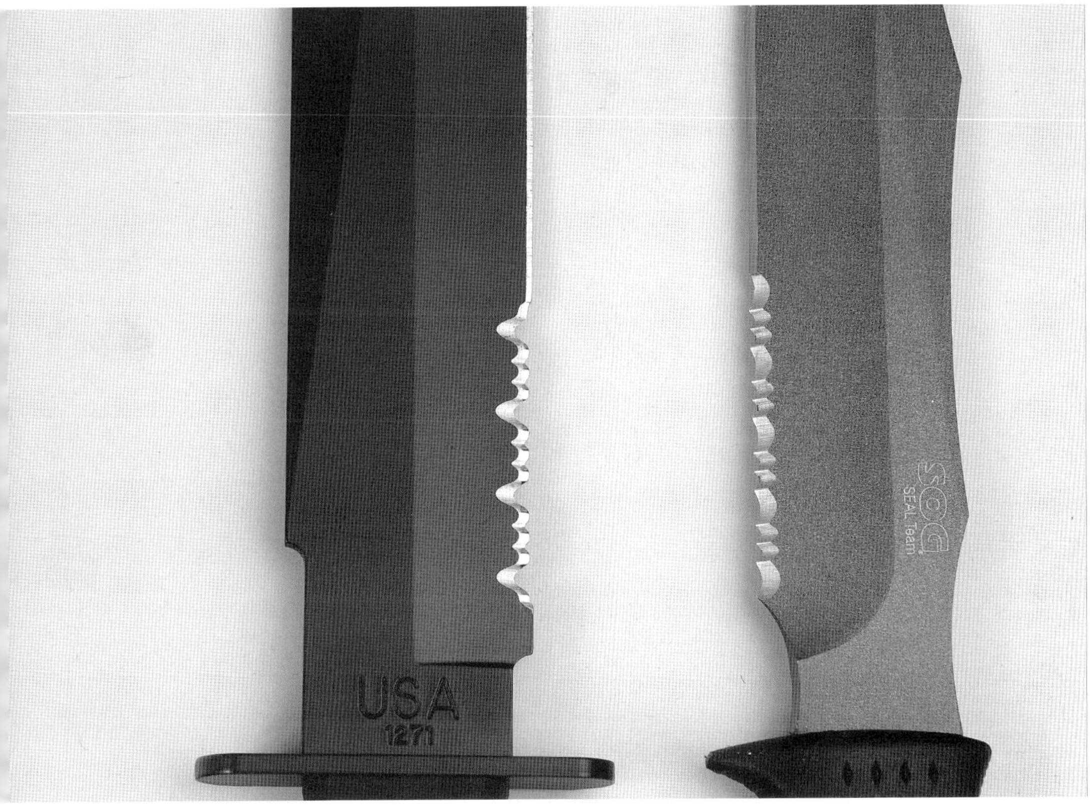

刀尾处的一小段锯齿刃，具备强大的切割高分子绳索功能，近来广为有鞘短刀所采用。

长方形孔洞，这一个完成的小皮件就称为Leather Washer，然后把每一个小皮革的滑司两面都涂上胶水，一个接一个穿入榫头，经过加压，在榫头末端用金属柄头固定，等胶水凝固后，再将皮革滑司群组打磨整形，刀柄就做好了。因为皮革柔软，久握刀柄的手不会起泡，而且皮革吸汗、吸油，刀柄不滑手。但皮革滑司手柄在潮湿的气候中容易长霉失去美观，近来逐渐式微。卡美卢斯厂另有一款皮革鞘的PIOLET SURVIVAL，是朝鲜战争和越南战争期间配给飞行员的求生刀，笔者高中同学的父亲有一把，曾经多次借来把玩。手把柄端可当铁锤，刀背的锯齿用于飞机迫降后锯开飞机蒙皮逃生，后来这一设计用在了兰博刀上而广为人知。这三款刀使用了含少量钒的高碳钢低合金钢，刀口既锋利又持久，估计硬度有HRC61度，因为这种钢早已停产，也许再过几年就没有存货了。卡美卢斯刀身的哑黑保护层不是大家熟知的四氧化三铁，而是独家配方热浸含锌防护层（Zinc Phosphate），特别耐海水腐蚀，除了研磨后刀口失去防锈层，需要留意刀锋生锈以外，在其他方面，这种军事规格的刀十分坚固耐用。

1889年创立于纽约的安大略（ONTARIO），迄今为止生产了种类繁多的碳钢猎刀、有鞘短刀、军用格斗刀、十八斩刀、开山刀等，刀口锋

图中为复制版高碳钢的MARINE COMPACT，刀尾处加上锯齿刃，刀榫比Tang Pin略粗，以便于装设握把的皮革滑司。刀鞘为非立体剪裁的简易式两片缝合。

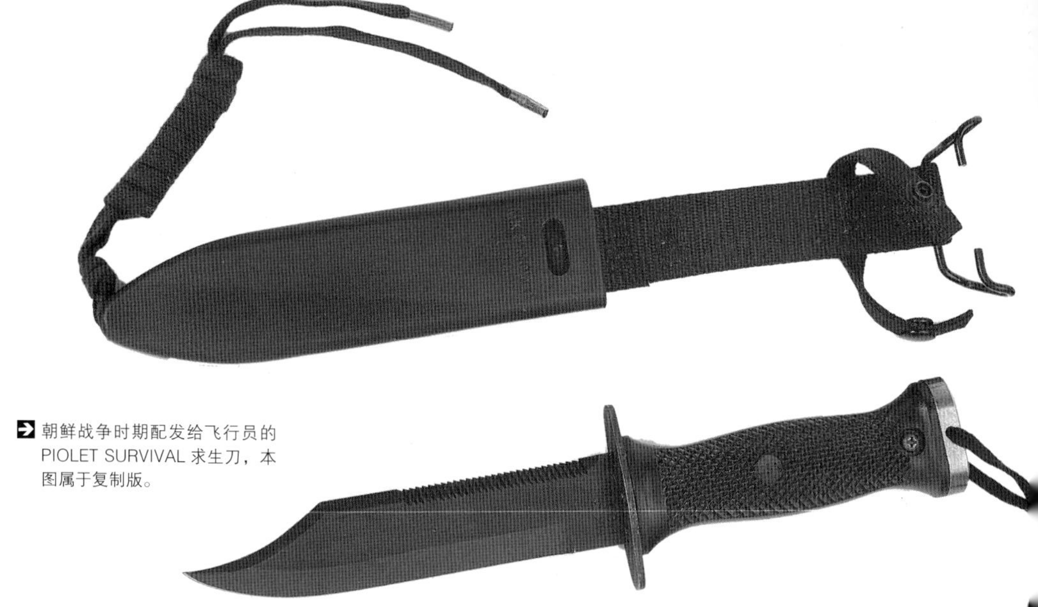

朝鲜战争时期配发给飞行员的PIOLET SURVIVAL求生刀，本图属于复制版。

利、坚固耐用，就是防锈能力差一些，在美国现在还有广大的支持者，原因就是碳钢的锋利与持久度，可惜这些产品在台湾必须前往专业刀店才能买到。1984年由手工刀匠制造转为量产品牌的克里斯里夫（CHRIS REEVE），原本在南非生产，后来在美国设立了工厂。高碳钢圆棒切削一体型的刀（Integral Knife）是这个厂产品的一大特色。这种刀的刀把被钻成中空管状，附设螺牙锁柄头盖，空心刀把里面可放置钓鱼线、鱼钩、火柴等求生小工具，产品有军用格斗刀造型，猎刀型，还有一把刀刃宽阔的狩猎剥皮刀，编号 UBE JANE，系列产品在台湾的刀店曾经很常见，售价在2万台币左右，相当高昂。近几年，美国刀厂和中国的台湾刀厂生产了几款山寨版，都是一体成型，但钢材如何就很难说了。克里斯里夫刀厂搬到美国后，将原有的名称改成小字，底下加上新商标沙本莎（SEBENZA），开始生产多款钛合金刀柄的折叠式格斗刀，颇吸引玩家的注目。还有，可能为委外代工生产的冷钢（COLD STEEL）品牌，也生产有少数几款碳钢有鞘短刀、开山刀，甚至还有原住民式的管仔刀，台湾曾有进口，或许在刀店能买到。

“台湾”制山寨版的一体成型碳钢求生刀，原版已在台湾一刀难求。

误 碳钢刀的保养和防锈很麻烦！但是初学者买一把实际操作玩赏，能培养防锈保养的好习惯与正确的使用方法。

挑选适用的刀难免需要尝试错误

西班牙 AITOR 厂的求生刀，刀身斜面窄，切削能力不佳，刀柄护手处的螺丝松开后可以换刀刃，显然是预留粗暴使用刀刃的设计。

早期的格斗刀由猎刀蜕变而来。西式猎刀并非针对台湾野炊兼用开山刀的用途而设计，从本土热销的相关产品寻找合适者能减少尝试错误。

工厂在日本的一个品牌 AL MAR，中国台湾玩家称其为马国森，算是比较早耕耘不锈钢军用格斗刀的厂商，主要使用 440C 钢材，生产的 SOFT ATTACK 系列，最大的款式全长 32 厘米，配精美皮鞘，虽然适合当猎刀，但刀尖有两刃、锯齿刃设计，可能违反台湾的法令。美国著名刀厂巴克（BUCK），继承上一代的农具、刀具锻造店，于 1961 年创立这一知名美国品牌，生产有几款猎刀，最大的全长 32 厘米，采用自有的 425M 高碳不锈钢制造，售价平民化，属于该公司的长寿产品。其他多数为折叠刀、格斗刀等，与前者的产品线类似。1889 年创办的美国品牌凯斯（CASE），其代表作 JIM BOWIE 全长 35.8 厘米，因为刀尖两刃开锋，有违反法律法规的疑虑，若购买最好取得合法许可凭证。这个产品销售迄今已超过 200 年，采用斜平面构造，刀刃宽阔、重量长度均足够当小型开山刀使用，也适合削木屑引火，可惜使用的是 440A 钢材，剁木头时硬度稍嫌不足，原设计使用 440A 钢材，是想利用它不易沾黏血肉的特点来制作猎刀，未考虑到台湾的木头较硬的情况。虽然凯斯的产品种类不及前两家多，但折叠刀的种类不少。冷钢品牌有两款 TRAVEL STAG 采用鹿角柄，以及 TRAVEL MASTER 树脂浸布柄，总长度大约都是 37 厘米，附皮鞘，刀身都为含钒的高碳低合金钢，刀身为适合削剁的平造设计，刀口十分锋利，售价为巴克牌同级不锈钢产品的 3 倍，中国台湾地区售价约 15 000 台币，不难猜测这样锋利的产品应该是针对需要更锋利猎刀的玩家而设计。

其他还有日本大厂 IC CUT，自 20 世纪 40 年代即以输出刀具为主要营业目标，有多款开山刀、猎刀，可能与他们以欧洲为主要市场的关系，材质上采用 6A 不锈钢材，部分产品有 6A 不锈钢材及高碳钢材两种供玩家选择。美国亚利桑那州的“疯狗”（MAD DOG）厂，由退伍特种部队人员创立，主要产品多为有鞘短刀类的格斗刀，有少数几款猎刀，使用美国常见的 0–1 TOOL STEEL 非不锈钢钢材。以全长 34.5 厘米的 BAYOU HUNTER 猎刀为例，售价要 3 万台币以上。1937 年创立的个人品牌兰德尔（RANDALL），以锻造 0–1 TOOL STEEL 钢材制作猎刀，主要产品多为有鞘短刀，适合台湾用途的大猎刀，总长度大约为 32 ~ 35 厘米，售价 2 万台币以上，同系列 440B 不锈钢材则要贵 1/4，主要供玩家收藏或斟酌使用的实用刀，但因日本人炒作，该厂刀具价格早已暴涨。以制造潜水刀而闻名的 RESQVIVAL，有 4 款大猎刀兼开山刀，全长约 33 厘米，采用 8AM 钢材，售价近万台币。RUANA 这个品牌是由美国已知最古老的手工定做刀匠于 1944 年创立，多数使用高碳钢锻造，以有鞘短刀、猎刀为主要产品，多数产品不到 30 厘米长，MEXICAN BOWIE 式样的猎刀全长 38.8 厘米，售价高达 3 万多台币。美国戈搏（GERBER）生产的高速钢猎刀称为 Big Hunter，刀口十分锋利，可惜早已停产多年。

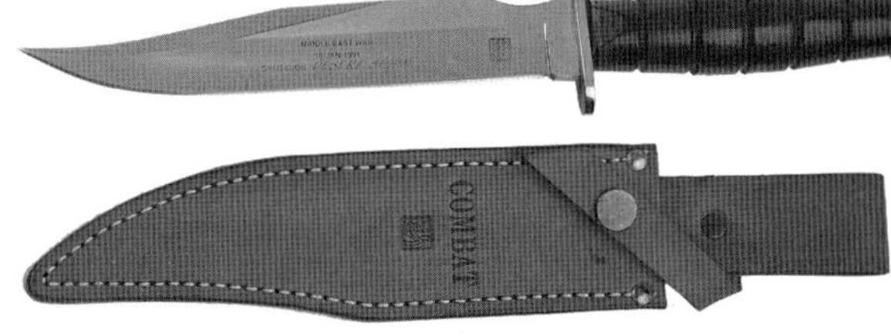

马国森的猎刀，刀刃镌刻有“海湾战争结束纪念”等字样的刀，收藏价值倍增。

许多著名的刀厂有感于相对锋利的碳钢猎刀需求量大，纷纷生产相关产品以满足市场需求。

将西班牙 AITOR 厂的求生刀与其他猎刀相互比较后，您就不难想象腰间挂一把刀是何等负担。

用拇指刮刀口测试锋利度，触摸刀身的亮面，都是鉴赏刀子的错误方法，不管是借给他人或者鉴赏自己的刀子，要尽量避免这么做。

测试刀口硬度与锋利度的绝密高招

笔者手工制作的猎刀，刀鞘上有腰带扣环，绳扣有防止刀刃遗失的作用，是目前最方便且耐用的设计，希望能有机会与原住民分享。

刀口钢料硬度通常只能猜测，锋利度与锋利持久度不难自行测试，再加上自学的磨刀本领，如此综合起来反向再验证？此时需要简单却是绝对机密的测试法。

读者一定很好奇上一节介绍的几款大猎刀，为什么有质感的不锈钢刀售价反而比低质感、会生锈的碳钢刀便宜？原因还是本章一直在讲的刀口硬度 HRC58 度，属于一般入门级的刀口硬度，能省掉保养防锈的麻烦，却经常需要将钝刀再磨利。反观高碳低合金钢虽容易生锈，却能持久保持锋利，不需要经常研磨。在台湾经常要削砍各种竹类，以及杂木林的相思树、九芎等，硬度 HRC58 度的刀口很容易变钝，但是优质碳钢的锋利度比较持久。很多国人借用他人的刀子玩赏时，喜欢用大拇指刮一刮刀口，用皮肤来感觉刀口的粗糙感，越粗糙越锋利。其实这种测试刀口锋利度的方法非常不合国际玩赏刀的礼节。吃完饭、摸了汗渍、小便后未洗手的话，手指就会残留盐分，刮一刮刀口后，特别是碳钢刀，明天再拿出来看，刀口就会长锈花而毛口，若用力猛砍硬木，起毛的刀口可能会产生微小锯齿状。如果有人这样摸了我的碳钢刀，等一下我会把刀拿去冲水再拭净。

刀口锋利度要用眼睛看，眼睛与刀口成一直线，查看刀锋尖的线条是不是消失了，线条消失了就说明是非常锋利的刀，察看刀锋线的方法请参考附图。如果征得了刀主人同意，目视之后还可以将刀锋轻轻压在指甲上，刀锋能黏住指甲就说明刀口十分锋利。不过也要看各人指甲的硬度，另外也要看刀口是怎么磨的。这样的刀口硬度在 59 ~ 61 度之间，这种刀适合切生鱼片。如果刀口只是卡住、咬住指甲，没有轻轻一碰就黏住的感觉，说明刀子还算锋利，钢的硬度大约是 57 ~ 58 度，适合切肉，切生猪皮就有点难了，可能切几刀就钝了。如果刀口轻轻一碰就停在指甲上，却很容易滑走，说明硬度大约只有 55 度，只能切青菜水果。

微斜面构造的猎刀，不论切肉削柴火都非常类似西式牛肉厨刀的功能。

刀口越容易从指甲上滑走，就说明刀子越钝，反之就越锋利。如此试刀锋，就不会因为失礼而弄锈别人的刀口。

如果你经常在野外活动煮东西，就要备一把可以代替菜刀的猎刀、有鞘短刀。全长大约 30 厘米左右的猎刀是不错的选择，尤其要选斜平面构造的刀，万一要削木屑引火的话会很方便。虽然也可以挑选折叠刀，但是折叠刀有支轴、刀柄构造缝隙，一旦血水卤汁渗进去，清洗保养就会很麻烦，而且保养油从缝隙中渗出来后，会影响料理的口味。当然，一些构造简单的折叠刀、折叠格斗刀没有这个问题。在台湾的低山、中级山，一场季节雨后竹子、藤蔓、芒草就会长出来掩没小径，常常是原住民和老练的向导在前面用大刀开路，后面跟着的第二人再用小刀修饰去掉小枝细、刺藤，否则后面的队员就会被细藤树枝绊住，队伍拖得太长的话山路就会“大塞车”。全长 30 厘米的中型猎刀也能担任开山角色，只不过要握住把手末端甩着砍，所以刀很容易脱手飞出引发虚惊，而且一般人没经过锻炼，手腕、手臂常因此产生运动伤害。正因为如此，笔者建议选用全长 35 厘米的大猎刀，当作小开山刀和二把手断藤修枝刀使用，挥甩起来比较容易。除此之外，还能当菜刀和料理刀使用。在欧美地区，大猎刀当小开山刀使用时，因为操作者一般会戴手套，所以刀把做得较细小，如果不戴手套，刀子容易

笔者手工制作的兼具开山刀功能的微斜面构造的大型猎刀，其实与小型的开山刀大小重量相仿。

猎刀皮鞘是大陆性干燥气候的产物，虽有收藏价值，但在多雨潮湿的台湾，实用价值低，刀子在皮鞘内容易锈蚀。

用眼睛沿着刀口直线笔直瞄过去，刀口是否锋利、有无毛口和缺损，当下就能判断；如果是小刀，不妨靠近点观察。

飞离手，请玩家留意此细节。选斜平面构造的猎刀修磨保养比较容易。

最后还要提醒的是，大猎刀的皮鞘吸收雨露水很难晾干，沾染肉汁卤汤的刀如果没擦干净就插入刀鞘，久而久之刀鞘里面会很脏，而且没法清洗，刀子在里面极容易沾染污渍而生锈。用皮革保养油保养皮革鞘后，刀子抽出来切菜会将保养油的味道带到料理中。所以，建议定做一个防弹背心尼龙布刀鞘，这种刀鞘能用清洁剂浸泡，还能用小刷子刷里面，洗干净后晾干即可。把碳钢刀子插在这种刀鞘里很安心。如果刀子长时间不用，可以用干净的塑料袋包起来再插入皮鞘。笔者自己做的木头刀鞘，鞘内涂了 6 小时硬化型 AB 胶，解决了防水的问题，刀鞘浸水后要晾干再插刀收纳。

ALL ABOUT THE KNIVES

郭合记

中国台北市士林区大北路74号

创立于1870年的百年老店，主要以厨刀、料理刀、剪刀等为营业项目，士林刀多半接受预约生产，目前质量、装饰最佳的士林刀多出自该工厂。

08/2012
09878
Japan
S30V

Chapter 3

「折叠刀」

随手放口袋的折叠小刀

常见的削铅笔刀、士林刀、电工刀都属于折叠刀，瑞士军刀和最近兴起的折叠式格斗刀是折叠刀类的两大类，只是你不知道原来这些刀被称为折叠刀。

已传承百年的士林刀

从公元纪年开始即有折叠刀了，直到 17 世纪，刀的结构渐渐繁复，工业革命后多种今天常见的折叠刀陆续被发明，士林刀就诞生于这个时代。

说起折叠刀，多数人可能已经普遍使用过。折叠刀简单地说就是刀柄中空、一侧开口，刀刃与刀柄以支轴联结，刀刃沿支轴转动，可以展开刀刃或折叠起来收入刀柄内，这种刀柄等同有鞘短刀的刀鞘，折叠刀通过这种设计可以缩小携带尺寸，又能减少另外配制刀鞘的麻烦。想必很多人小学的时候铅笔盒里面都有一把削铅笔专用的“手牌”超级小刀，不像今天大多数学生都用自动削铅笔机。现在很多钓鱼的朋友需要细切鱼肉、蚯蚓等钓饵的时候，会买一把很便宜的“手牌”超级小刀，此即为折叠刀最基本的设计。士林刀是另一种构造略为复杂的折叠刀。

我读初中一年级时买了第一把 3 寸碳钢廉价版士林刀，因为刀子特别锋利，又懂得挑选不太硬的软桧木削制，所以上童军课在完成削煤火棒作业时，所以得到了满分，从此士林刀几乎是初高中时期出门钓鱼必定放在口袋的工具。当时正处于士林刀的全盛期，卖青菜、竹笋、水果的小贩，几乎人手一把。当时士林刀的刀柄夹黑塑胶和刀柄薄铁板者属于廉价品，也有

士林刀的大小规格以刀刃的长短区分，从最短的 3 厘米到最长的 18 厘米，不过厂牌众多，实际刀刃长度并不十分准确。左图为不锈钢刀刃。

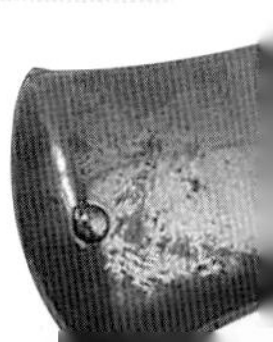

折叠刀各部名称

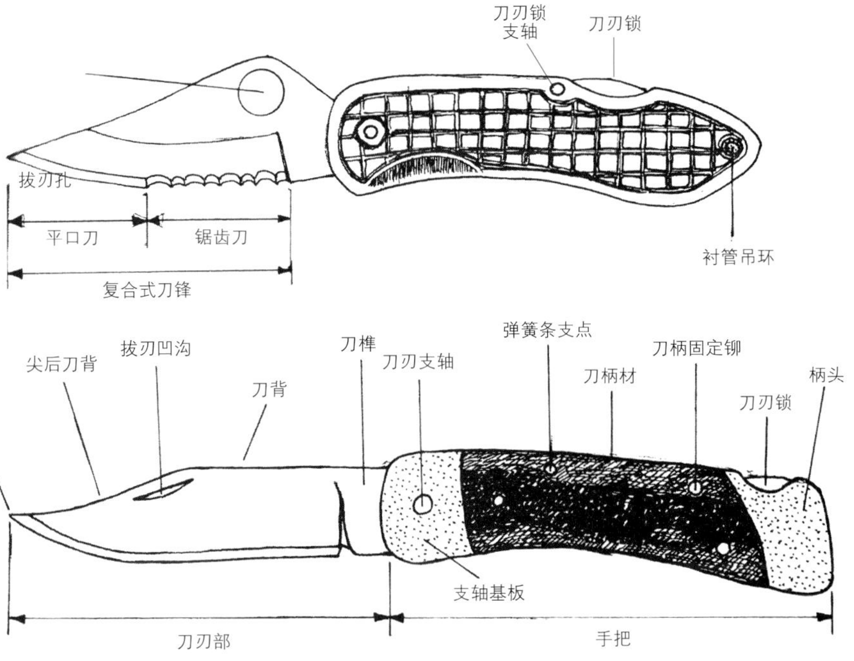

刀刃锁支轴
刀刃锁
拔刃孔
平口刀
锯齿刀
复合式刀锋
衬管吊环

刀尖
尖后刀背
拔刃凹沟
刀背
刀榫
刀刃支轴
弹簧条支点
刀柄材
刀柄固定铆
刀刃锁
柄头
支轴基板
刀刃部
手把

刀柄用黄铜制包水牛角的高级品，刀刃长度可达 18 厘米。卖冬瓜的小贩切冬瓜时用的是特制的薄刃士林刀，而不是今天的冬瓜刀（西瓜刀）。

折叠刀出现在人类史上的时间，没有有鞘短刀那么早，据可信的考证，大约在公元 1 ~ 500 年间的罗马帝国时代应该就有折叠刀了，西方到了 17 世纪后刀的整体构造与功能才有明显的进步。当时开始出现缝有口袋的衣裤，人们渐渐舍弃挂在腰间的有鞘短刀，改用更方便的可以放在口袋的折叠刀，作为吃饭用餐的工具。当时的饭

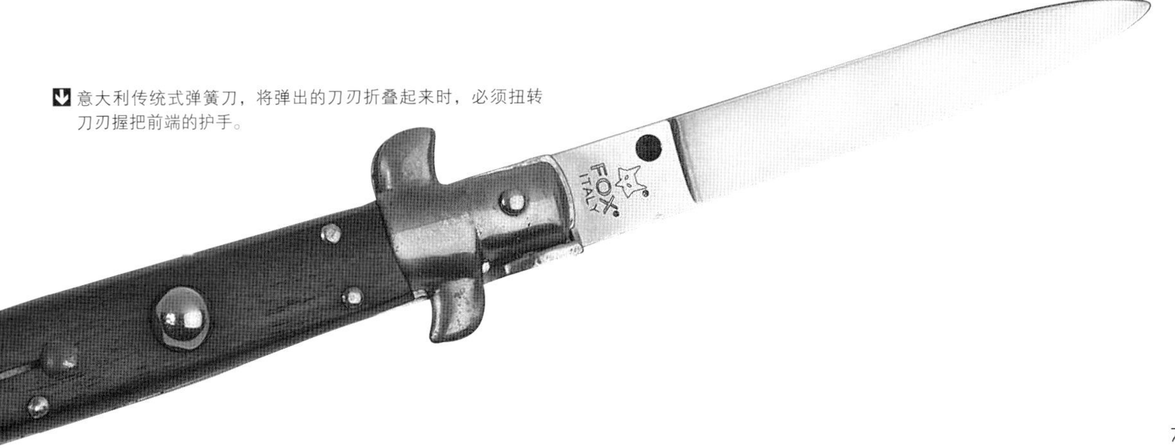

意大利传统式弹簧刀，将弹出的刀刃折叠起来时，必须扭转刀刃握把前端的护手。

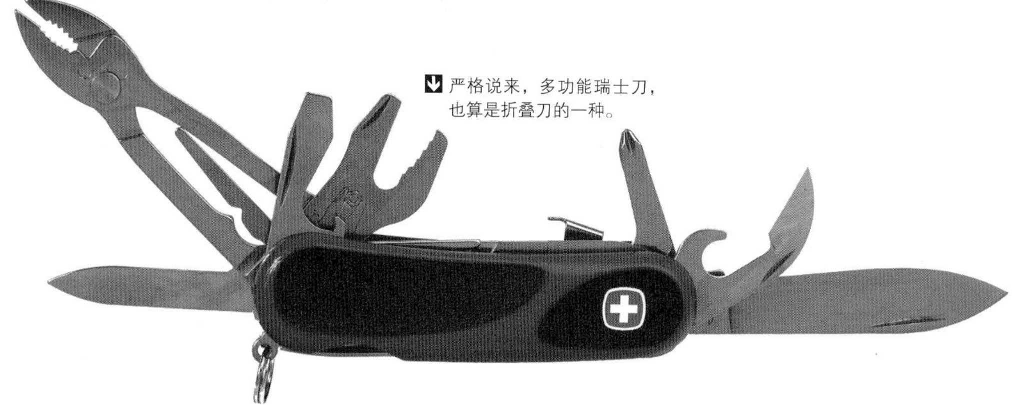

严格说来，多功能瑞士刀，也算是折叠刀的一种。

馆多数不提供餐具刀，而且尚未发明吃西餐用的叉子，人们出门带吃饭的刀，就好像今天大家外食自备筷子一样平常。18 世纪开始了工业革命，钢铁、黄铜等金属材料产量大增，供应充裕，不必担心用于刀枪的碳钢缺货而危及国防。所以，当时英国取消“中、高碳钢不得用于刀叉餐具”的禁令，18 世纪折叠刀开始大放异彩，很多今天普遍常见的折叠刀在当时陆续被发明，例如瑞士刀 Swiss Army Knife、弹簧刀 Switch Blade 等。

钓友以手牌超级小刀切熟番薯丁钓土鲫。

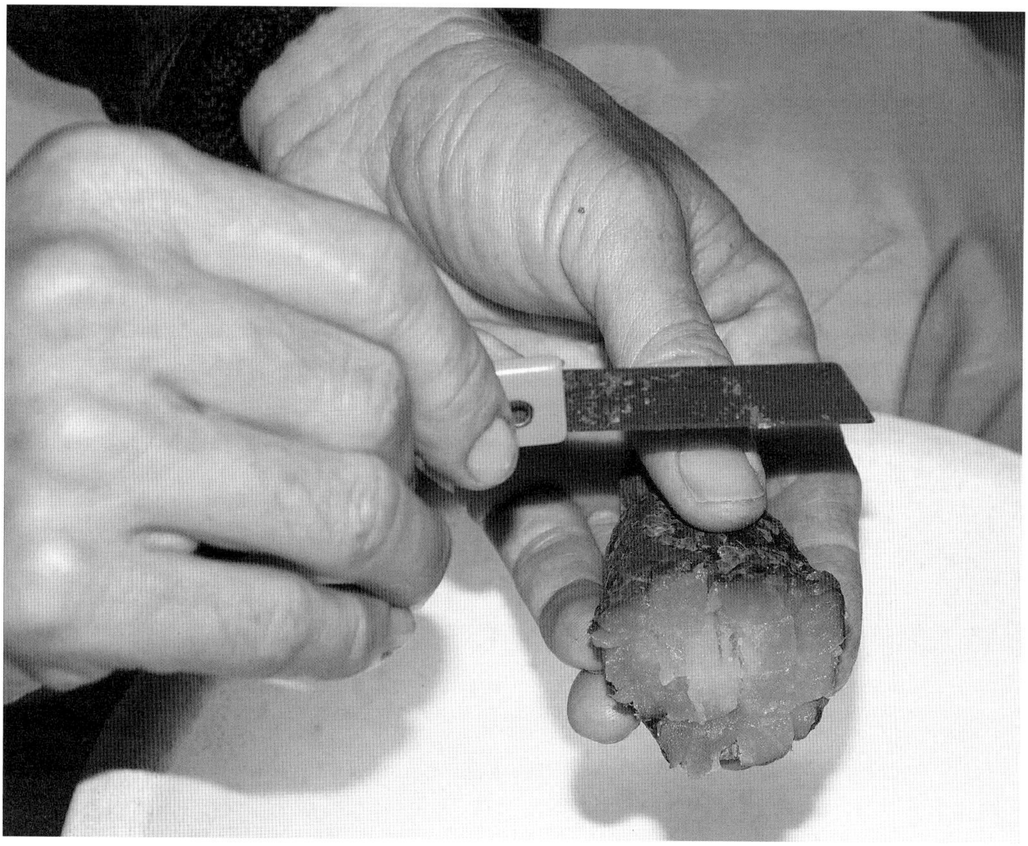

用刀知识总在尝试错误中成长

中式或日本式的“蛤刃”等同于西式的刀锋斜角，是构成刀口锋利的生命要素之一，从初学开始就要细心体会其中的精妙，为将来奠定基础。

初中一年级时，笔者买了第一把士林刀以后，几乎所有需要切削的场合都会用到它。比方说，去野外钓鱼，雨后地面泥泞，需找一根手杖以防滑跤，这时就从路旁切一根树枝、桂竹竿当手杖。读者也许会好奇怎么不是砍而是切？当时笔者尚未添购开山刀，用的是硬度大约为 HRC60 度的碳钢士林刀，刀口极度锋利。由于士林刀的刀口较薄，而且刀刃是反曲刃设计，所以刀子能紧紧咬住被切削物不易滑走，切削能力非常强，能够轻易环切，只需数刀就能切下直径 2 厘米以内的树枝或竹竿当手杖。目前市售的各种中低价位不锈钢刀，刀口硬度多在 HRC57 ~ 58 度之间，属于锋利度偏低的入门级；HRC59 ~ 60 度属于进阶级，中式蔬菜片刀、中式鸡刀即属于这一类；HRC61 ~ 62 度则为专业级，通常像是猪肉摊的剃毛刀、生鱼片刀、木匠的刨刀凿子等属于这一类。

士林刀不像日本式蛤刃剑铊，或者西式不锈钢猎刀、折叠刀等，采用具备 Edge 的设计，而是斜平面构造刀身，其斜面以极为平缓的角度延伸至刀锋，因此刀口厚度较小，在闽南话中行家称其为“薄嘴”。薄嘴又被用来形容茶汤的甘醇度不足。北京话称为“薄口”“刀叶子薄”。用这种刀切削硬物，入刀的阻力小，切削树枝省力，此特点有别于一般有刀锋斜角的不锈钢刀。腕力、握力不足的用刀者用这种刀口太薄的刀切硬物时，施力不当有可能使刀

用量角器测量刀身与砥石的夹角

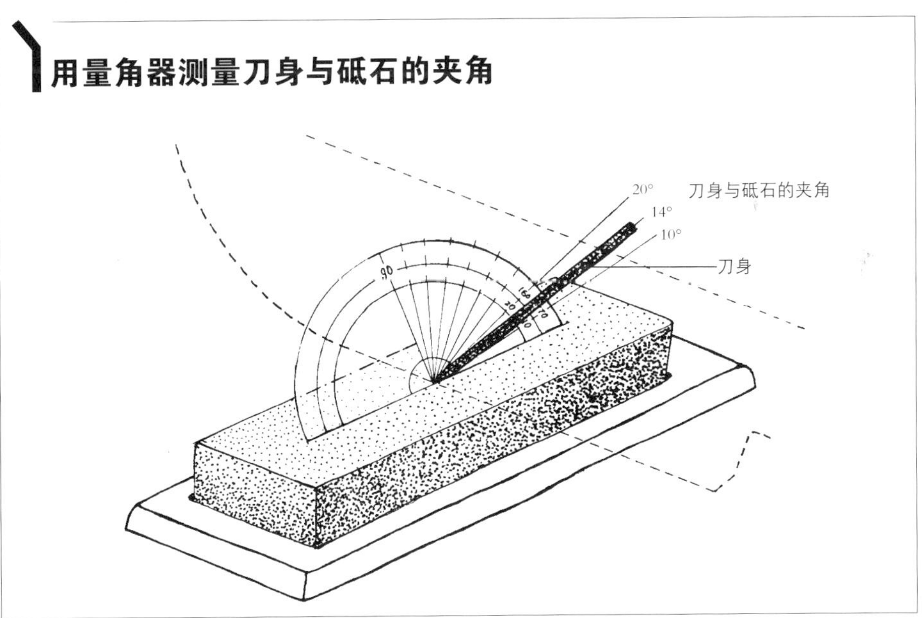

美国人在日本创立的 KERSHAW 刀厂，生产了许多脍炙人口的不锈钢刀，图为刀柄彩绘烤漆的收藏刀。

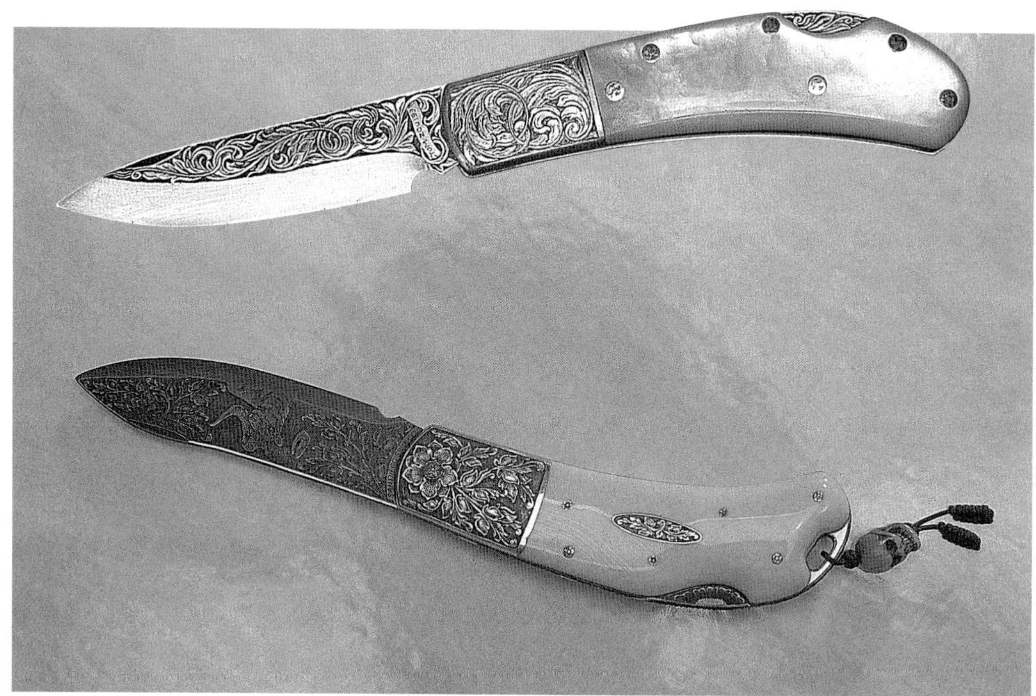

象牙柄、刀装铜饰鎏金，刀刃碳钢浮雕的艺术品级手工折叠刀。金属阴纹雕刻（花纹凹陷）较容易，浮雕则是难上加难。

刃左右扭动，导致刀口扭裂掉一大块，这种刀口上的圆弧状大块缺口在闽南话中被称为“崩嘴、崩角”，日文：月轮 tsukiwa，以其状似弯月的圆弧而得名。

高碳钢热处理成为坚硬刀刃后，承受的韧性最大指数可以达到 7，目前常见的不锈刀刃用钢大约在 5 ~ 6 之间，合金钢、高速钢只有 2 ~ 4 左右。韧性就是指刀刃切入硬物时刀身左右扭动，薄刀口能承受不崩嘴裂损的能力。约 30 年前笔者购买了一把日本名厂卡秀（KERSHAW）生产的 440C 折叠刀。该款刀现已停产，在溪头碰到一根倒地拦路的方竹，于是像用士林刀那样用力一切，结果没切到竹节，全新的刀刃崩掉了一大块。用崩口了的日本折叠刀不是本身质量不佳，而是这款刀子不能这样用，当时我已练习了近 10 年的用木剑打木头人功夫，手劲比常人要大很多，所以一下子就把刀给用坏了。

西式刀锋斜角，即便是没有经验的玩家也能自行简单地将刀子重新磨利。刀锋斜角的两条窄斜面贴紧磨刀石，轻轻磨几下、两面都磨，整个刀锋都要磨得均匀，用较粗的黄砥石（400 目）磨过以后，观察刀锋线，再用砖红砥石（1000 目）磨，磨好后观察刀锋线，基本就能把刀磨锋利了。用黄砥石磨时两面只用各磨 10 次，用砖红砥磨时两面各轻磨 20 次，5 次 5 次交替磨就会磨得很锋利。此方法与过程在英文中称为 Ensharpening。如果另购约 1500 ~ 2000 目之间黄灰黑色的粉石，每面轻轻地磨 5 ~ 8 次再换面，如此每面各磨 4 ~ 5 次，基本能恢复到原厂用钻石砂带机磨过的 80% 的锋利度，最后用极细砥石磨刀锋的方法，英文称为 Touch up。记住，磨刀不需要很用力。

市售的不锈钢刀具多数都设定了容易研磨的物理性质。如果使用后擦洗干净的话，不锈钢刀面一般不太可能生锈，所以只研磨刀锋斜角，不磨整个刀面的话，就不会磨花漂亮的刀面镜面。如果只磨原厂设定的宽约 1 毫米或 0.8 毫米的锋口斜面，维持窄斜面的宽度，就能一直维持原厂设定的最适合锋利度。刀锋斜角的角度与所切割的硬度有关，例如：20° 通常适合切割硬物；12° 的军用格斗刀属于薄刃，一般用于细切。笔者使用士林刀将近 20 年了，交了不少“学费”，数次割伤自己，也因此慢慢对刀的割伤有经验了。

例如：不慎被士林刀割伤，伤口一般要半个月、一个月才能复原，因为刀口钢硬度达到了 HRC60 度，这种锋利、薄口的刀切割的伤口深，复原慢。如果被一般的不锈钢刀割伤，只要一两周就能痊愈，因为多数不锈钢刀的刀口硬度略低，较厚嘴，所以相对不是那么锋利。注：砥石的粗细规格，多用记号 # 表示，闽南话称为“番”，或者称为“目”。

应该是在工业革命以后，西方各种刀械的刀口开锋开始有了edge这个专有名词所指的方法，但目前还未找到西方相关详细定义的资料，在刀具制作工艺西化甚深的日本也同样找不到。因此，edge 这个专有名词详细的定义到底是什么？何时何人首创？目前还不清楚。为便于说明，本书将 edge 翻译为刀锋斜角。笔者出于玩刀的兴趣，自己动手制作刀具始于 1970 年，博览了与制作刀具直接、间接相关的书籍。因此，斗胆尝试将刀具制作的画龙点睛技巧解释清楚以飨读者。刀刃坯体（粗坯）制作完成热处理之前，刀口必须保留适当的厚度，厚度大小没有太多选择，没有天马行空的创意空间。如果刀刃坯体的刀口厚度太薄，热处理造成刀口失碳，刀口浅层失碳开锋后刀口不够锋利。刀口太薄还会造成热处理时刀口钢料过热，导致刀口变脆，刀锋容易有微小缺口。等到刀了磨几次后失碳了，过热处理的部分磨耗了，刀口物理性质才又渐渐恢复正常。日本热处理工厂通常在刀刃坯体上涂一层特殊泥浆防止失碳与过热，所以刀刃的坯体完成后，刀口要保留一定的厚度。

笔者制作的开山刀，刀口厚度都设定在 0.8 ~ 1 毫米，如果是较短的开山刀、大猎刀则设定在 0.6 ~ 0.8 毫米。砍竹子的场合用得较多的是刀口略厚的刀，砍细枝丫和软草则用刀口较薄的刀。如果是用于细腻切削的小刀，则厚度设定为 0.4 ~ 0.5 毫米。基于以上所见，刀口的厚度应该是 Edge 定义中的一个要素。

刀刃坯体热处理完成后，要在刀口左右两侧，削磨两条对称狭窄的斜面，使刀口变锋利，这两条窄狭面最终在刀口形成一个夹角，大部分英文、日文书籍，都只谈这个夹角一侧的角度，称此为 edge，然后说猎刀、骨刀、开山刀 edge 的夹角为 18 ~ 20 度，一般泛用的刀为 14 ~ 16 度，特别锋利的薄刃刀为 12 度。如果有些读者要深入研究刀口的厚度，edge 左右两侧窄斜面的宽度和 edge 的角度，通过测量工具、机械制图分析既有的产品就能轻易得到一清二楚的答案，但相关数据对一般读者实用性不高。根据以上说明，所谓的edge还涉及刀口厚度、两侧刀锋窄斜面的宽度、edge 的角度三个要素。

笔者制作开山刀时，发现刀口厚度超过 0.8 毫米以上，刀口开西式 edge 的实用性很低，如果执意让刀口开西式 edge，用此刀切葱花、薄姜

市售台湾山寨版的砥石，价格低廉质量不错，有兴趣者摸索一下，很快就能成为磨刀高手。至于砥石上标示的粗细度仅供参考，可能会有少许出入。

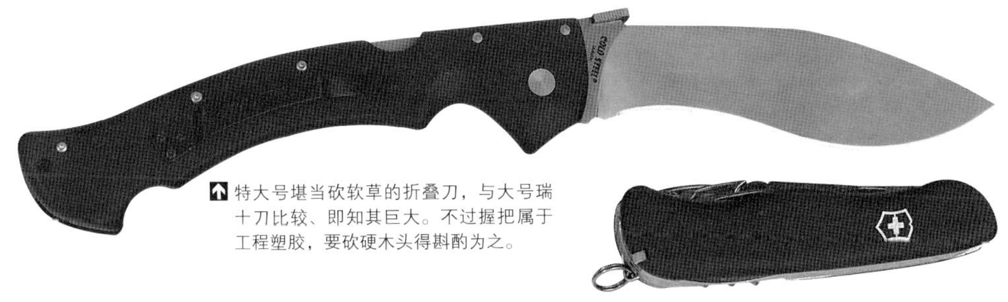
特大号堪当砍软草的折叠刀，与大号瑞士刀比较、即知其巨大。不过握把属于工程塑胶，要砍硬木头得斟酌为之。

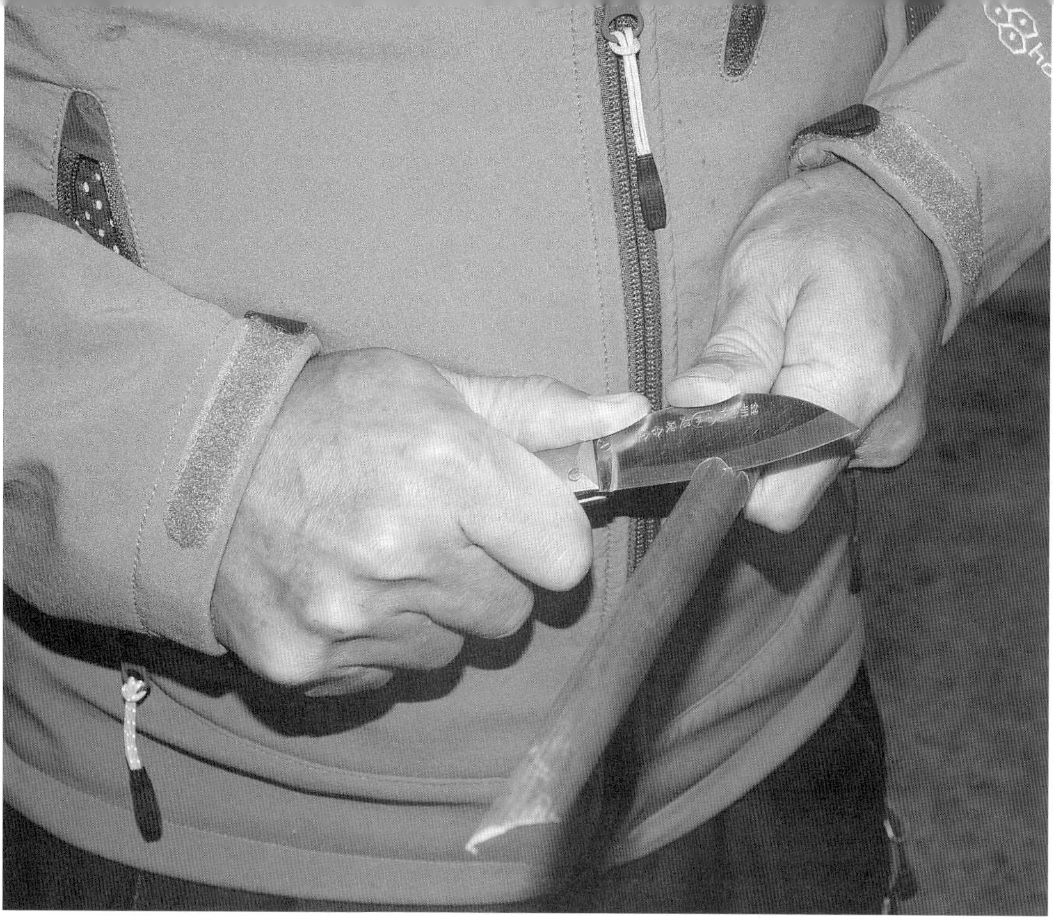

🅰 士林刀环切树枝、竹竿。推刀切割的时候双臂紧夹住两胁才能使出最大的力气。

片、姜丝，刀锋常常会从葱姜等材料上滑落。用这种刀将粗的枯枝丫削细成手杖时，落刀的时候如果角度不对，刀身常常从枯枝丫上滑落或者弹开，没练过的人手腕还可能扭伤，但是用来给大猎物剥皮却很好用，刀锋很难伤到皮革。所以，西式 edge 的工艺技术用在开山刀上不适合。日式的蛤刃就是 edge 的两条窄斜面与刀身连接所形成的两个大钝角，这两个大钝角，就是导致落刀碰撞枯枝丫使刀身弹开的元凶。日文中用汉字“肩”来代表大钝角，读音：kata。用砥石将“肩”磨圆滑，不让它太突出就成了蛤刃，读音：hamaguriba。

刀锋 (edge) 各细部说明

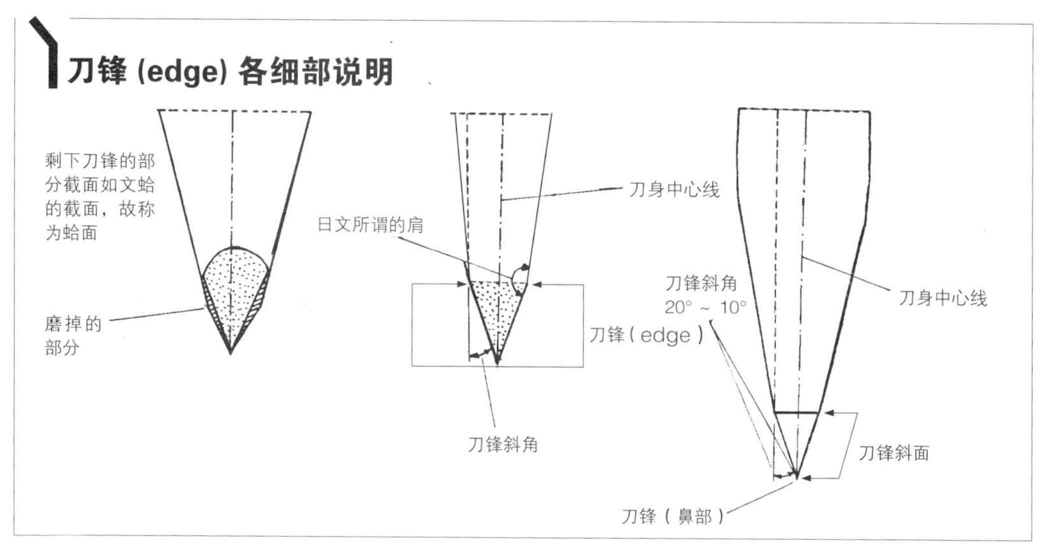

误 不是每一把锋利的刀都有广泛的多种用途，一定要弄清楚每一把刀的实际用途。

士林刀曾经是各行业爱用的万能刀

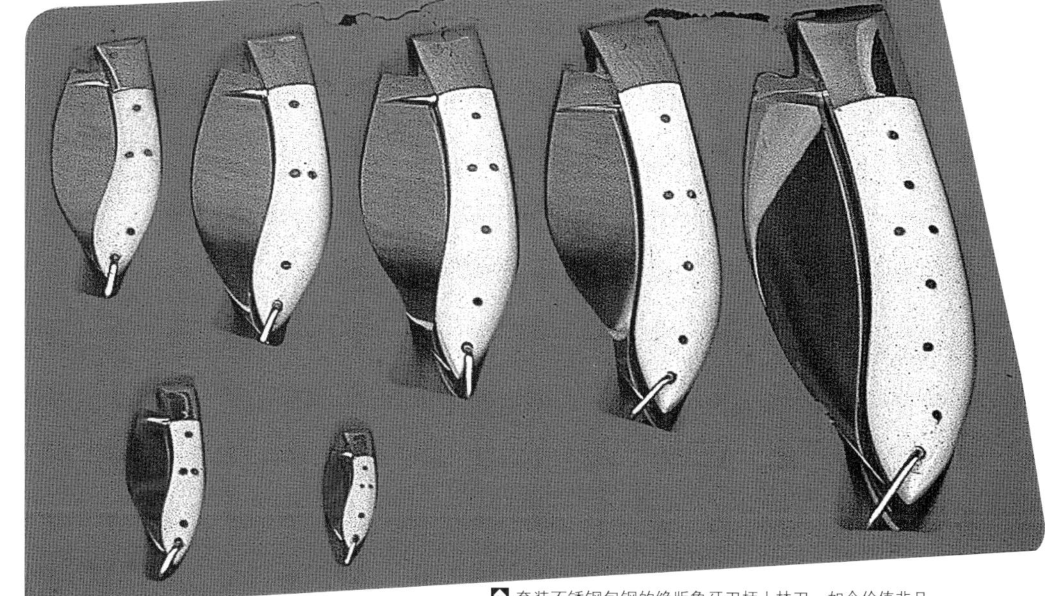

套装不锈钢包钢的绝版象牙刀柄士林刀，如今价值非凡。

曾经有很多人使用过士林刀，将他们相关的经验以及用刀过程所产生的问题汇集起来，就是最佳的用刀知识实用法则，足以引领初学者走上坦途。

中国台湾经济蓬勃发展之际，也正是士林刀的全盛时期。当时各行各业都需要用刀，而出台的戒严法却限制民众使用一些款式的刀，于是这给士林刀的发展创造了一个机会。笔者曾见过剃猪毛用的士林刀，与切冬瓜的士林刀相同，都需要刀口特别薄，刀身也要薄，尤其剃毛刀要将钢料的热处理温度提高到实用硬度的上限，这样的话，刀口韧性随之降到最低，两者切削硬物都特别容易崩口。消费者缺乏相关知识，多以为剃毛、切冬瓜的士林刀质量不良。一些技术差的厂商在对钢进行热处理后不知回火，其实回火可以使刀口钢料恢复硬化过程中所丧失的一些韧性。另外，一些玩家不知怎么磨利士林刀，像我所知的多数人，都是将刀面整个贴着砥石磨，如此刀子越磨口越薄。其实，应该仿效日本式的蛤刃磨法，维持适当的刀口厚度，避免崩口等等。后来士林刀采用了更高级的夹钢（包夹合金钢）制造，甚至有不锈钢夹不锈合金钢等最高等级产品。

随着中国台湾和中国大陆之间的积极交流，士林刀最终被证实，并非日据时代首创于八芝兰（士林旧称），其实最早发源于中国广东，虽然在当地早已失传，但这对士林刀已经没有什么影响了，因为现在市场上各种切蔬果的工具刀、小学生劳作用的小刀，乃至于美工用途的刀等种类繁多，传承百年的士林刀已经极度没落，无法在市场上掀起任何波澜。士林刀没有锁刃（Locking Blade）设计，当刀刃深切入硬物被夹住时，要把刀刃扳出来，常常使刀刃离开硬物后弹回折合，切伤自己的手，笔者曾被切伤三次。廉价版士林刀的支轴较松，展开刀刃比较轻松，但也容易意外切伤自己。高档的士林刀支轴部分钉铆很紧，感觉开合困难，刀刃不容易弹回折合而切伤手。针对支轴松动的刀子，一些商家提供有更新、再铆紧支轴的服务。台商在大陆的大连创办了汉威（HANWEI）品牌的工厂，曾经将士林刀改为专利设计的锁刃结构。台湾人称的八芝兰刀，在台百年之后日薄黄昏，令人感觉非常可惜，如果能拥有锁刃设计，坚持包钢、不锈钢包不锈合金钢，强调其 HRC60 度以上的锋利度，增加适合初学者用的厚嘴刀刃，应该有机会在入门不锈钢刀充斥的市场中占有一席之地。著名的刀设计师 Bob Lum 将士林刀的手柄改为高强度铝合金阳极发色处理，直板锁锁刃，刀刃基部上方开挖大圆洞，大拇指按压圆洞，单手推开刀刃，刀刃材料使用 154 厘米钢材，分为平口与锯齿两款，称为 Chinese Folder，为士林刀注入了新生命。这款刀由美国蜘蛛（SPYDERCO）刀厂代工制造销售，显然他们也预见士林刀即将旭日东升。

士林刀的单手开

❶
↑ 四指扣住刀把，指尖微微离开刀刃，大拇指按压住刀刃中央；拇指若太靠近刀刃支轴，不易推开刀刃。

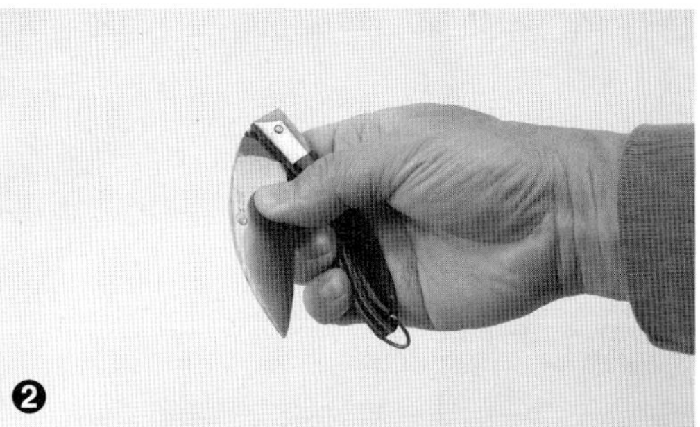
❷
↑ 大拇指向外推开刀刃，若四指尖太靠近刀刃，当心刀刃回弹切到手指（专门弄一把刀刃磨钝的练习刀最安全）。

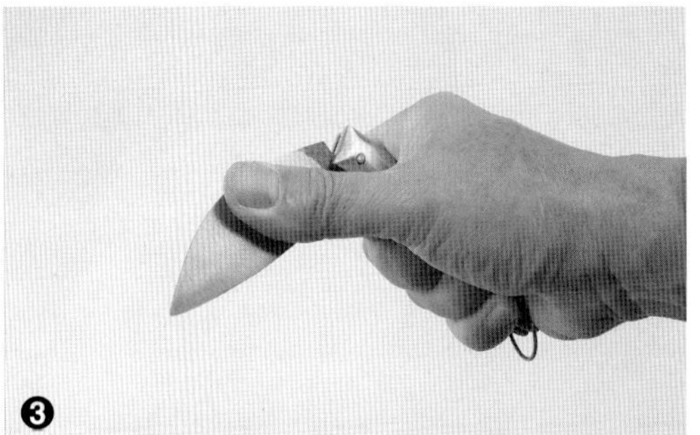
❸
↑ 刀刃持续向外推，刀刃与刀把呈 90° 角会暂停固定，此为士林刀的安全预备角，在此四指改握刀把，以利下一个动作进行，若刀的支轴略松、手劲大，可直接将刀刃完全推开。

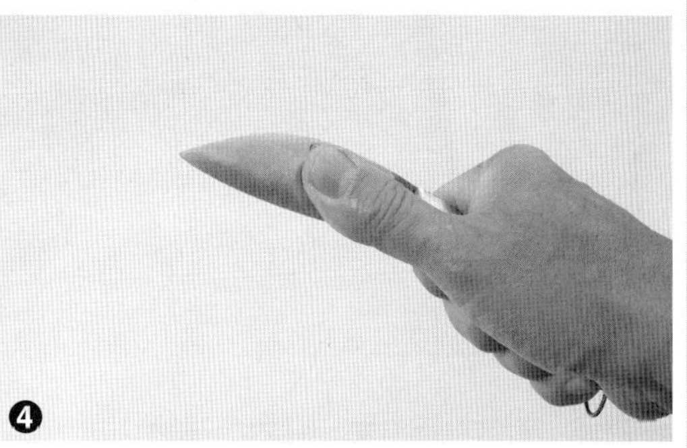
❹
↑ 将刀刃完全推直即可完成单手开的连续动作。

士林刀的单手合

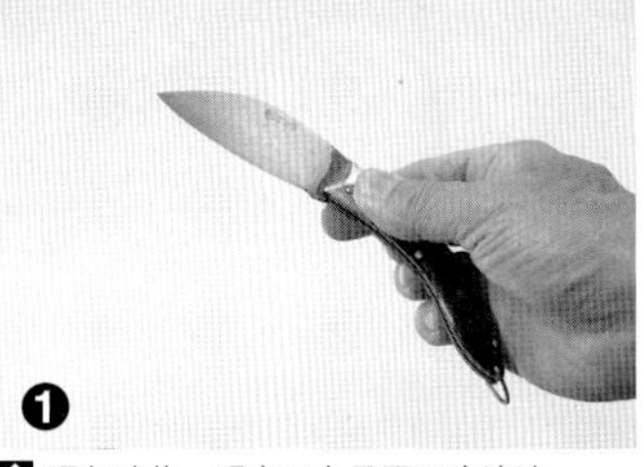
❶
↑ 预备动作，观察刀身是否干净清洁。

❷
↑ 食指按压住刀背，将刀刃往内推。因为有安全预备角之设计，除非刀刃支轴太过于松动，否则刀刃不易切伤手指。但还是让中指尽量远离刀刃折叠进入刀柄的方向。

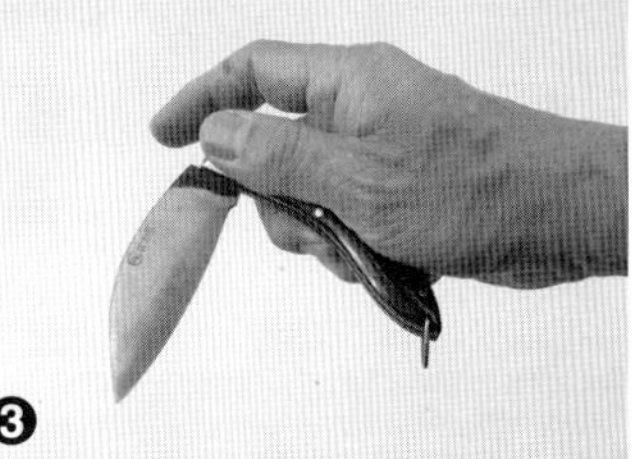
❸
↑ 刀刃被食指推到安全预备角停住。

❹
↑ 用食指将刀刃由安全预备角推向完全收合，此时中指完全离开刀刃收合的行径位置。

❺
↑ 刀刃完全收合。

❻
↑ 刀刃完全收合之前，要留意刀尖是否会切到吊环。

误 没弄清楚刀口厚薄与刀子原本的用途，是刀具缺损或严重误伤自己的主要原因。

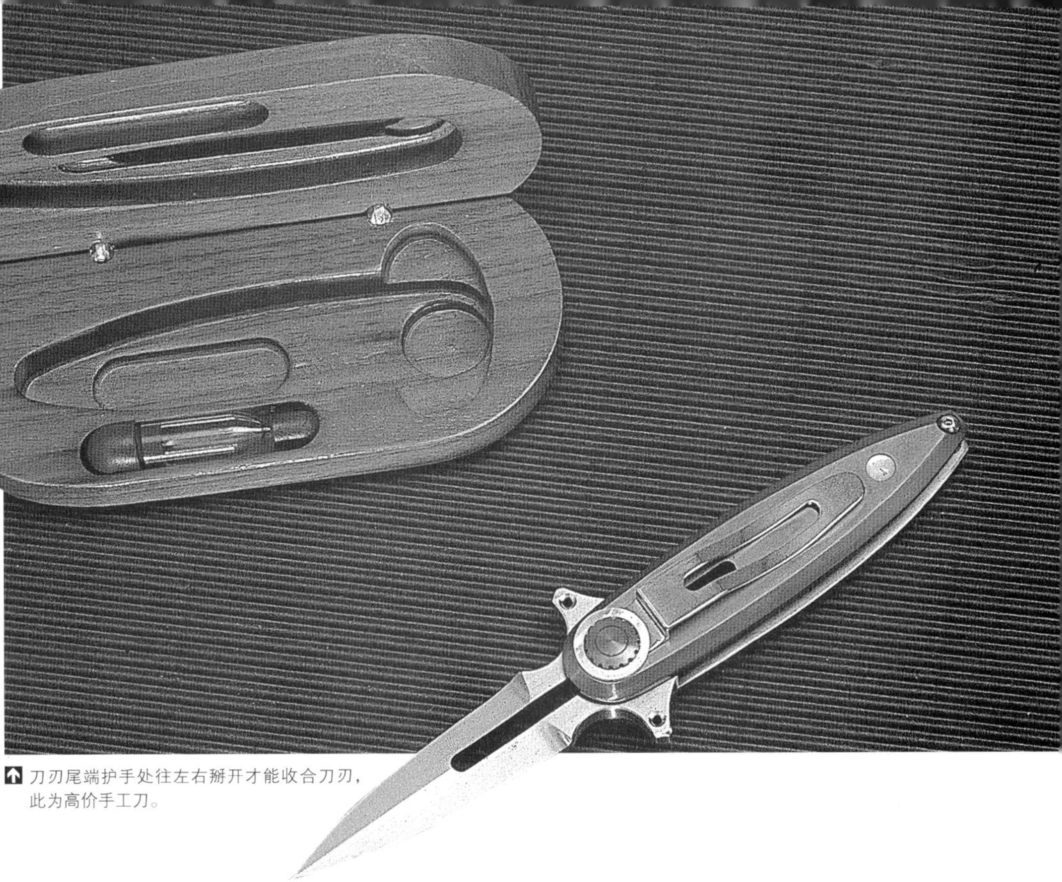

刀刃尾端护手处往左右掰开才能收合刀刃，此为高价手工刀。

舶来品折叠刀百家争鸣

折叠刀适用很多场合，目前几乎没有哪一款折叠刀能够独占鳌头，玩家应该根据预算、需求与主观喜好来选购。

在台湾士林刀独占鳌头的年代，当时有一款无锁刃构造的电工刀在刀剪五金店能轻松买到。拥有西式刀锋斜角设计的电工刀应该是日本仿西方制造的，中国台湾地区有山寨版或者日本进口版。真鹿角板夹柄为日本制，硬塑胶仿鹿角夹柄为台湾制。用于剥除电缆线绝缘胶皮的电工刀，不需要特别锋利，所以刀口厚、刀锋斜角类似西洋猎刀。笔者的同学的父亲有一把电工刀，专用于烫鸡前将鸡爪和鸡腿的关节处划一圈，再将鸡爪折塞入鸡腹，如此烫鸡后关节的皮完整美观。因为经常使用，蛤刃也磨得非常好，见贤思齐我也买了一把，试着依葫芦画瓢，可惜我的磨刀技术远远不够理想，最后只好将刀子送人了。

本章行文至此，关于世界各厂牌的折叠刀似乎着墨不多。按照一般的写法，可能会介绍很多厂牌、形形色色的多种产品，工厂草创历程等，但是本书希望通过谈论使用某些刀的长期经验，带出刀具的性能、特色与实际的操作方法。本书并非类似刀具商品型录，而是以实用为主，给同样喜好玩刀的人士增加一些相关知识，因此文章的铺陈与读者想的可能不一样。

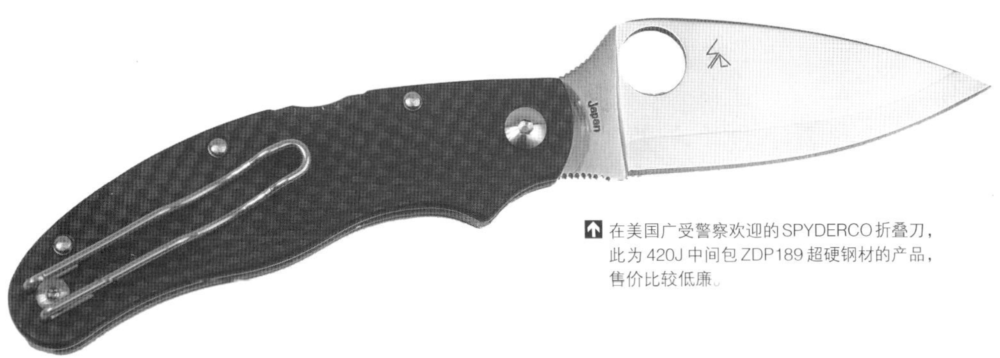

在美国广受警察欢迎的SPYDERCO折叠刀，此为420J中间包ZDP189超硬钢材的产品，售价比较低廉。

就八芝兰刀和电工刀来说，选用前者的人很多，选电工刀的人少，包括笔者后来舍弃电工刀，很重要的原因就是电工刀是厚嘴，即使磨成蛤刃，用它削木屑引火还是很不好用。用电工刀剥胶皮时难免会削到电线芯的软红铜丝，如果刀口太薄、太锋利，一刀下去就有可能把铜芯给削断了。厚嘴刀口用来切割软胶皮足够了。而这两样刀具是目前市面上几乎所有不锈钢折叠刀刀口设计的两个极端，几乎很少有做得那么薄口，也很少有那么厚嘴的。市售的不锈钢折叠刀，从刀口设计来看，只能说是没有特色也是最大的特色。锋口斜面介于八芝兰刀、电工刀之间，刀口硬度在HRC57 ~ 58 度之间，只有少许较高级的刀刀口硬度略多出 2 度，但是刀口厚度还是属于中间，不会做得像八芝兰刀那样薄口，关键原因还是使用的不锈钢，韧性不如正确回火的高碳钢。如果刀口太薄嘴，可能增加刀口大块崩掉的风险，所以买刀、磨刀都要注意。如果中肯评论市售的多数折叠不锈钢刀，它就是民众一般的野餐刀和露营菜刀，或者平常用于割细绳索、切开瓦楞纸箱等，再不然就是属于收藏玩赏的刀具，基于以上的用途，个人认为 440C、ATS-34 不锈钢就已经够了。

下列 3 种刀收合的状态。

市售不锈钢刀的钢材虽然很普通，一般玩家再怎么会磨刀，刀口的硬度也不可能比工厂钻石砂带机开锋的刀锐利，但是玩家还是能掌握若干秘诀，探索研磨工艺，对提升刀具锋利度的深奥秘密有个深入的了解。刀口锋利与否，硬度不是唯一的条件，除此之外，还与刀口、锋口斜面的光滑度、光洁度有关。木工工具的刀刃，除了出厂时会使用钻石砂带机开锋，以后都是木工师傅或者专门的磨刀师傅使用粗细不等的砥石手工研磨，在研磨的最后一个阶段会使用 1 ~ 3 种最细的砥石，除了使刀口更细致外，还可以使刀口、

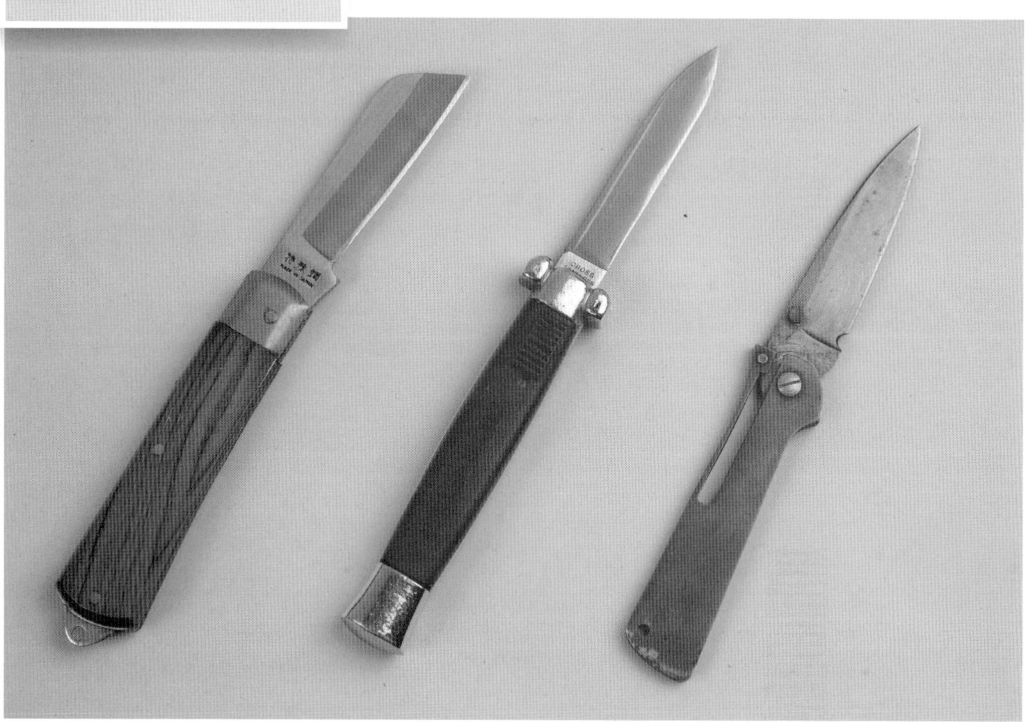

由左至右是现在仍然在五金行买得到的电工刀，以及世上第一款直弹刀，二次改款后变成北大西洋公约国的伞兵刀，目前已有第三代、四代的产品。最右为 LEATHEHMAN 早年著名的握把一体成型单手开锁刃刀。

误 钢料的种类决定刀口锋利与耐久，而多数人都忽略了这个事实。

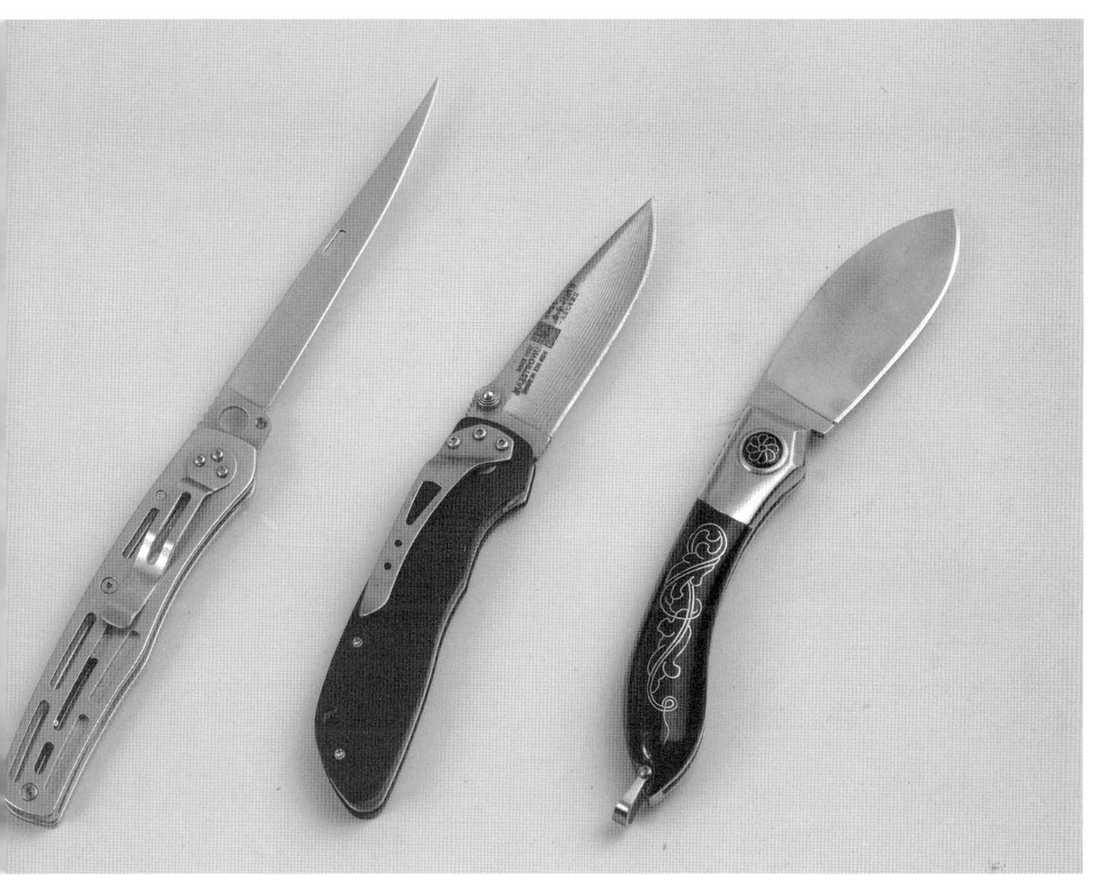

由左至右分别为：刀刃展开后刀刃比握把长的特殊设计折叠刀、台湾制造的折叠式格斗刀和新设计的士林刀。

锋口斜面更加光滑，以便深切时能使阻力减小，增强锋利度，而且还能提升锋利的持久度。用这种磨得好的刀来切削木材，能使木材表面更光滑，即使是不上漆的素面也能常保光亮如新。这也是木雕老师傅的一个秘诀。最常见的商品刀具不锈钢440C问世几十年了，现在依然是商品刀的主要钢材，其原因就在这里。坦白地讲，这也暗示玩家：刀子不好用，不是钢材不好，而是工厂磨得比你锋利，高手磨得比你锋利，自己要加油！等到缴够学费进阶了，再视经济能力与实际需要，考虑是否更上一层楼。什么钢用什么品牌的最细砥石来磨，那是磨刀师傅吃饭的诀窍，应该不会有人教，得靠自己摸索苦学。

以下举几种极度锋利的特殊不锈钢种的折叠刀，供玩家参考。日本国大阪府堺市，石田工业株式会社所创花田洋（ROCKSTEAD）品牌，单手开、侧锁式（Side Lock）设计，柄长10.5厘米、刃长8.5厘米、厚度0.37，刀刃外层用的钢材是ATS-34，中间夹ZDP189粉末冶金不锈超硬钢，刀口硬度HRC68度，售价约3万台币。美国蜘蛛（SPYDERCO）厂的SPY J7 Police刀采用单手开柄背中段锁刃式，手柄长13.5厘米、刃长10.5厘米、刀刃钢材ATS-55，刀口硬度为HRC62。近来蜘蛛厂另在美国推出ATS-55中间夹ZDP189钢材的折叠刀系列，由日本G.SAKAI公司代理，售价约两万台币。北野Edge设计，手工制造，单手开锁刃式，试量产品的商品名称为Fuji No:1，刀柄长10.9厘米、刃长9.0厘米，表面用的钢材是ATS-55，硬度为HRC62，中间夹ZDP189钢材，刀口硬度在HRC68度以上，G.SAKAI公司代理，售价约两万台币。以上3款刀都没有刀锋斜角，而是日本式蛤刃。

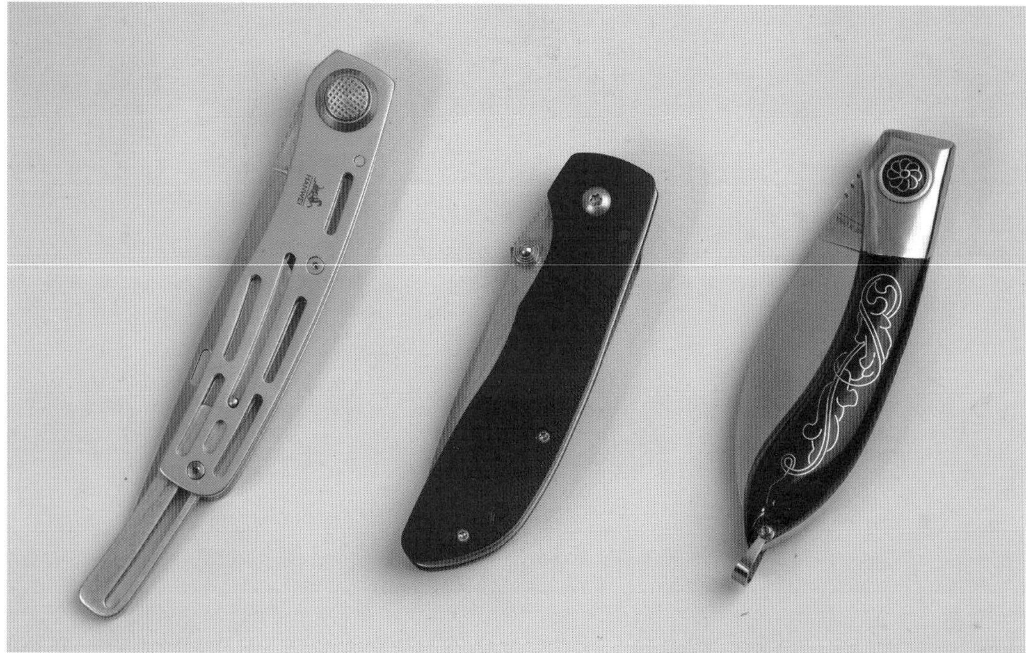

左页 3 种刀收合的状态。

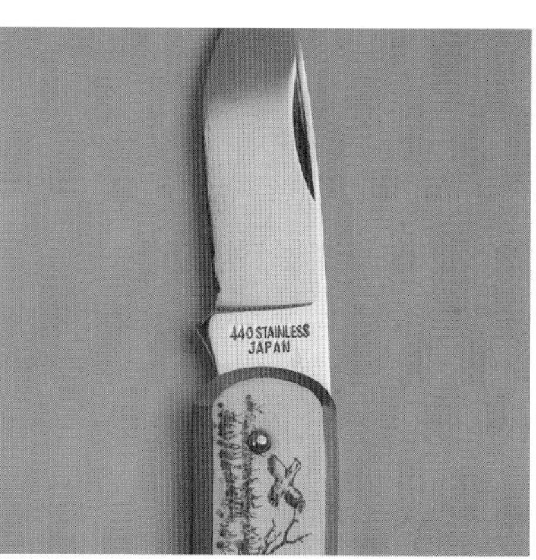

KERSHAW 刀厂刀刃基部镌刻的刀刃钢材标示。

在刀刃基部可发现镌刻（激光雕刻）的钢种编号，左为：S30V，右为ZDP189，可观察到两种钢镕合的界线。美国制粉末冶金的 S30V 不锈钢，是目前普遍被采用的不锈钢，推估硬度约 60 度。

误 多数人不会自己磨刀子或花钱请人磨，也不知道自己的刀子已经钝了。

各种创新的超硬钢单手开锁刃设计

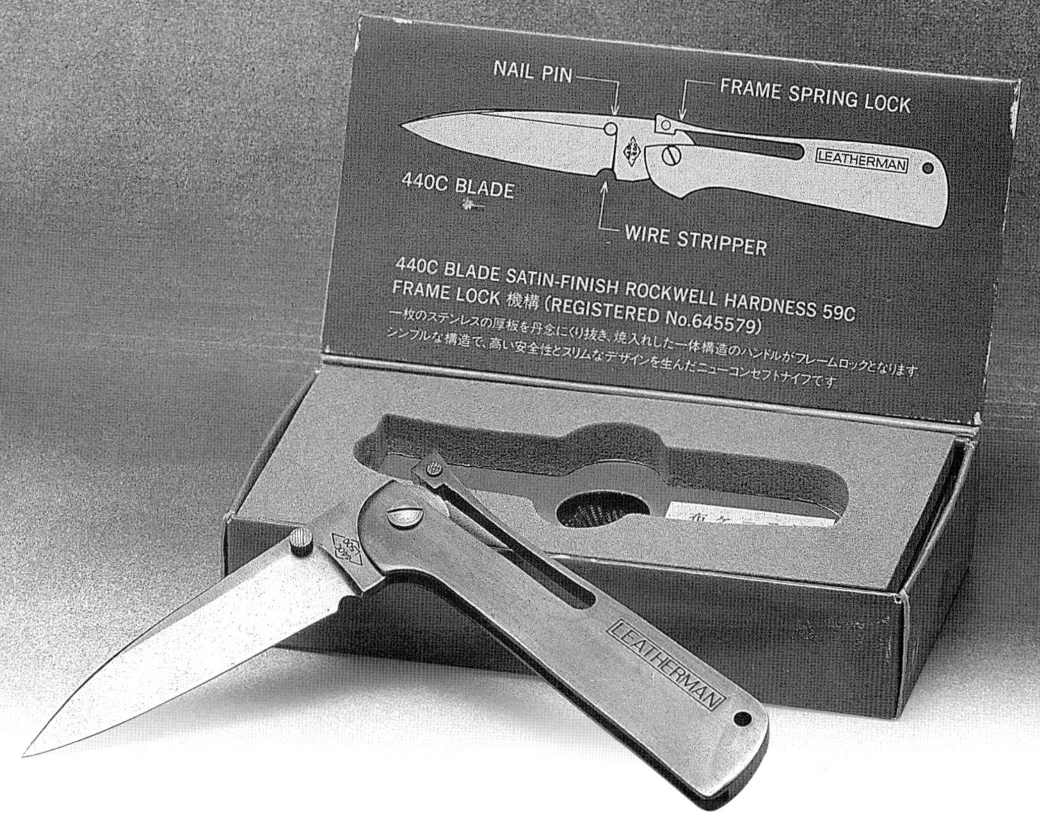

新一代的“单手开”是折叠刀必备的设计，而且锁刃的构造日渐新颖，防尘防卡死等都纳入了考虑之中，这使得折叠刀在格斗刀这块领域不仅重生，而且还大放异彩。

折叠刀与有鞘短刀相比，折叠刀去掉了刀鞘的累赘，方便的同时也因为刀子折收方便可以随意放置，常常导致玩家遗失心爱的刀。所以近 20 年来，越来越多的刀厂会提供皮套给玩家，这样一来，玩家有了固定的位置来收纳刀，可以避免遗失，但另一方面却把无刀鞘的优点给抹杀掉了，与有鞘短刀相比，反而凸显出抽用刀不方便的问题。因此，如何让折叠刀更快速打开使用，已经不仅仅是玩家的问题，现在越来越多的用刀人士都在关心折叠刀能否单手打开，这些诉求导致工厂必须想办法应对了。本人以为，应该先有单手开的技巧与观念，后有专为单手开设计制造的折叠刀。

初中二年级时，有一次笔者将士林刀磨好了之后把玩，突然想到有时候用双手展开刀子挺麻烦的。不如想个办法看看怎么能够用一只手就能打开士林刀，边想边玩，后来士林刀被我用单手拨开了，然后又想出来怎么单手关，多玩了几下觉得很顺手。依葫芦画瓢，后来很多折叠刀在没有设计单手开关功能的情况下，都被我玩出了单手开合的技巧。在漫长的折叠刀发展史之中，估计有很多人都跟我一样这样玩过。大约在 1995 年以后，单手开折叠刀已经渐成市场的主流，甚至各种折叠格斗刀的设计者几乎都采用单手开设计，各种性能优异的单手开折叠刀辈出。本章介绍的诸多厂牌均有相关产品，其中，军警用途较为明显的格斗刀请参考本书第六章。

比起多数不锈钢折叠刀的钢材特色贫乏，折叠刀的锁刃、开合构造设计却令人大开眼界，而且手柄部分的设计与装饰，更是让人眼花缭乱。最早商品化大量生产的，锁住刀刃的锁扣构造（Blade Lock）设计为美国巴克（Buck）刀厂所发明，在 20 世纪 70 年代就已销售百万把，堪称美国的“士林刀”。其锁扣位于刀柄的末端位置，当时原创工厂并没有给予特别的名称，仅称此机械构造为 Lock & Release，近来日本人称此设计为尾锁装置（Tail Lock）。后来尾锁装置有改良型，位于刀柄背部中段，操作方法都相同，美国蜘蛛（SPYDERCO）厂的折叠刀多数如此设计。锁扣压板用力往下押，锁定的刀刃即脱锁松动，可将刀刃闭合，而且当刀刃在闭合状态时，不需要按压即可展开刀刃，因此适合施展单手开合的技巧。直到今天巴克这款锁刃折叠刀还在持续销售，美国、欧洲、中国产的山寨版也不少，巴克商品称为 Folding Hunter，有四款大小，刀刃最长者达 10 厘米。笔者二十几岁买过一把，把玩很多年，登山放背包时给遗失了。这把刀的商品名称是猎刀，属于厚嘴、刀锋斜角较大的刀，主要用于切开兽体腹部取内脏和剥开兽皮，并不需要太锋利，以免割破兽皮，不过这种刀不太适合切菜切水果，容易使汁液溢流到砧板上，而且削取引火木屑时也不太利落。

还有第三种常见的直板锁（Liner Lock），棒球投手投掷的快速直球，英文专有名词称为 Liner。直板锁也称为 Side Lock，属于这一款设计的折叠刀，大约分居前述尾锁、柄背中段锁之后的第三名，其构造简单坚固、操作轻松，不容易被污垢卡死、容易清洗保养，不需要弹簧条等等优点，很多格斗刀都采用这种设计。其他还有许多不同的锁刃设计，大致将控制按钮以各种形态安置在支轴附近，握刀时刚好手指中最有力气的大拇指可以推挤或按压解锁。常见的有：按钮型、推压型、隐藏型等等多种，不同工厂生产的刀各具特色，其中最特殊的是日本手工刀，将按钮完全隐藏，只能在特定位置按压才能开合刀刃。

单手开折叠刀开展连续动作

❶ 单手开折叠刀的刀柄支轴旁多出一个短拨杆，稍为一拔刀刃即拔出来，以便进行下一个单手开的动作。

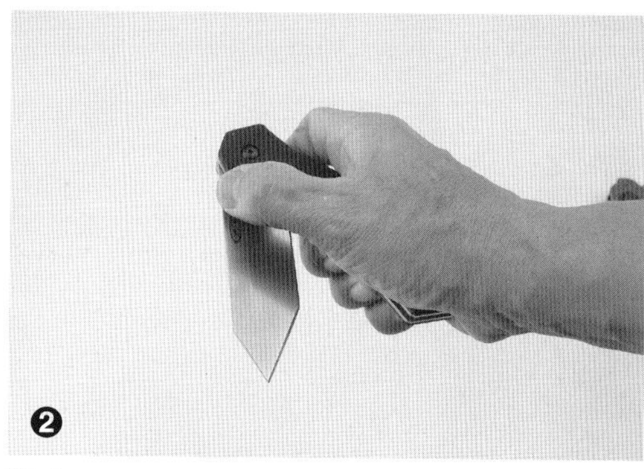

❷ 利用大拇指将刀刃推展开来。

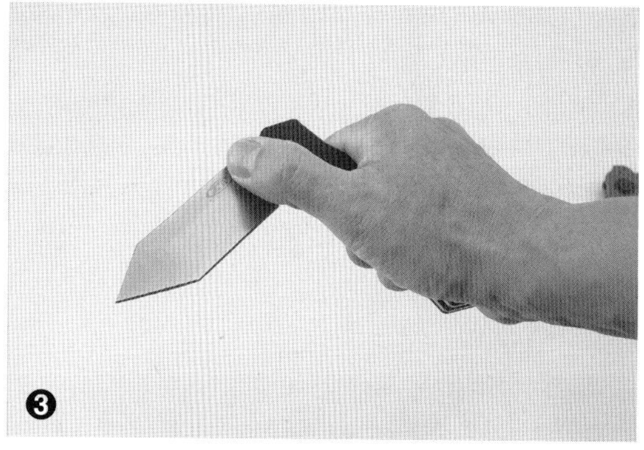

❸ 持续上一个动作继续将刀刃往外推。

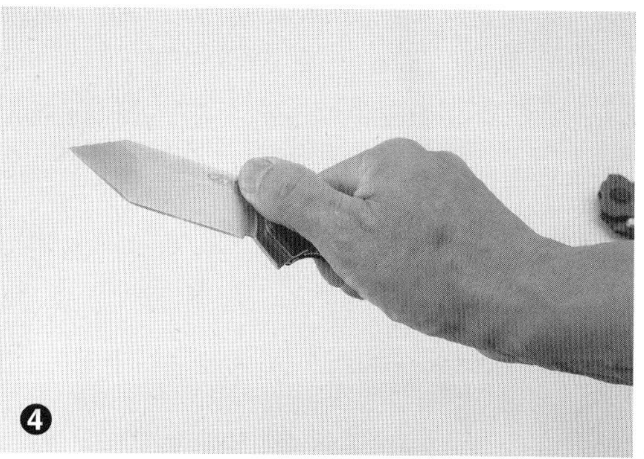

❹ 将刀刃推到底被锁刃装置卡住发出声响即完成。

误 随身携带的多用途小刀保管不慎而遗失，是多数人的通病。

单手开折叠刀收合连续动作

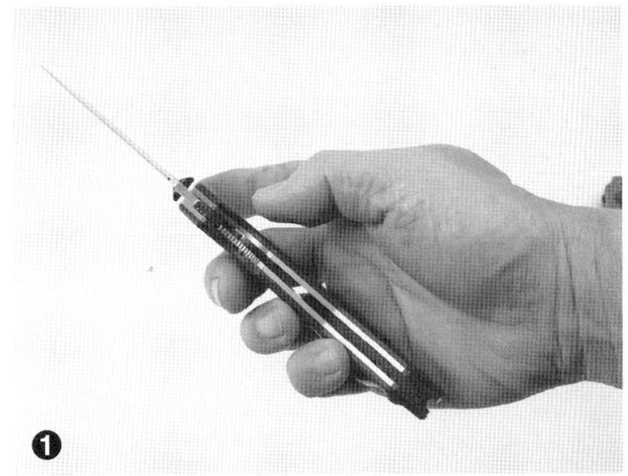

1 检视刀身是否干净，将大拇指靠近直板锁的位置。

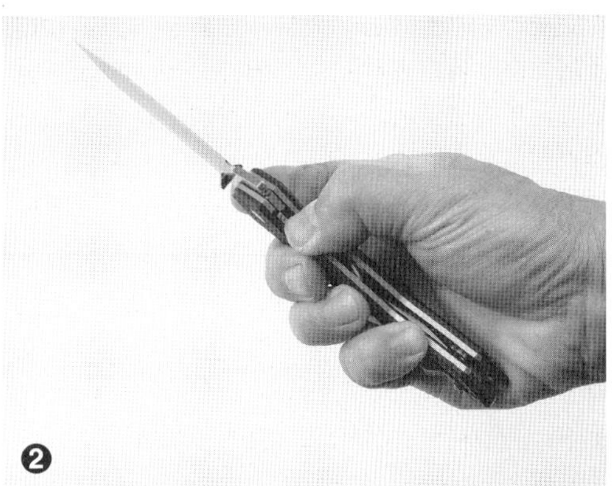

2 将直板锁压到底，使其不再卡住刀刃榫头末端。

3 直板锁压到底，同时用食指将刀刃轻轻折向刀柄侧，避免太用力割伤自己。

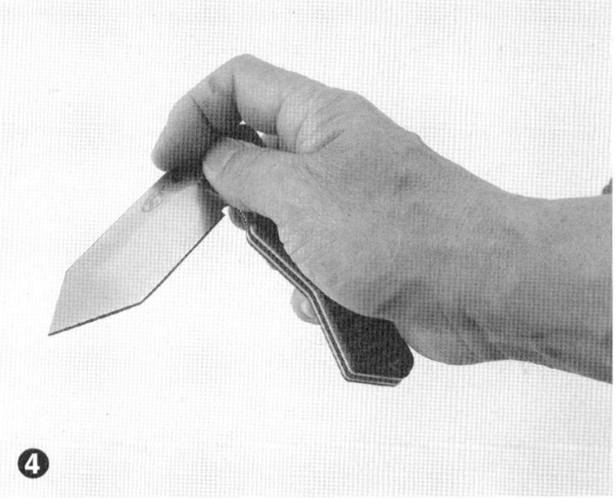

4 将刀刃推至与刀柄呈 90° 角，换用拇指收合刀刃以免割伤自己。

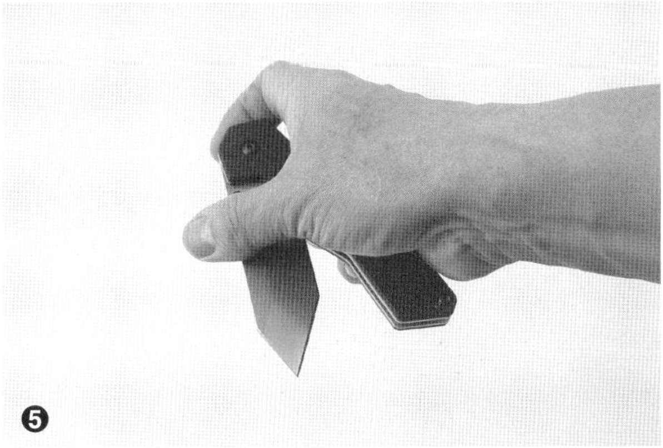

5 用拇指将刀刃收合到底，即完成整个单手收合动作。

近年来折叠刀的设计越来越古怪，本图的刀刃释放装置在支轴基板。

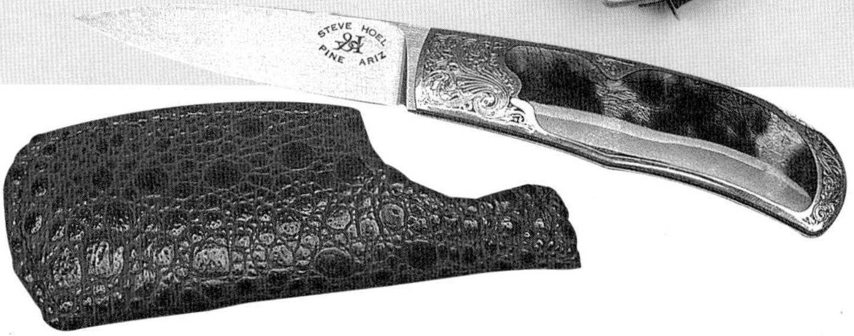

刀把雕花银饰，镶玳瑁壳，这是贵族古风的折叠刀，是价值不菲的艺术品。

后来，莱泽曼（LEATHERMAN）厂的 L300、L300B，采用独家首创的 Frame Lock 设计，将弹簧条、锁扣、刀柄合为一个整体，用一整块的不锈钢厚板机削而成，锁扣的手感合适，容易单手开合，刀柄构造没有缝隙，遭受污损的机会很小，如果能美化手把，提升抓握舒适性，应该在市场上能大放异彩。生产折叠刀的工厂品牌甚多，有些只是地区性小工厂，实在无法一一单独介绍，本文仅聚焦折叠刀最大特色的锁扣，读者以后借此博览群刀已无障碍。

其他非典型折叠刀的设计

折叠刀除了锁刃、单手开合两大较年轻的主流设计以外，在漫长的发展历程，还有多种有趣的设计令人称赞，凸显折叠刀多样化功能、吸纳创意的玩赏兴味。例如：曾经被列为法定凶器的蝴蝶刀，刀柄分为两条块，以两个小支轴与刀刃相连，类似莱泽曼工具钳以翻动的方式收纳或翻出刀刃，应该是菲律宾人很早以前发明的，现在的刀店很常见。笔者小学六年级买了一把，不锈钢材质的刀刃不怎么锋利，两块白铁刀柄用两个小黄铜铆钉固定，刚买的时候很新鲜，天天拿在手上把玩。初一暑假拿个纸箱试戳，没戳几刀，铆钉就断掉了，市售的很多蝴蝶刀都有类似的设计，保护被害人，却不影响一般的切割功能，若属于军规格斗用途的则例外。蝴蝶刀虽然开合刀刃速度慢，却有容易清洗保养，没有润滑油渗流污损食材的优点。折叠刀的刀刃根部会占掉一些长度用于固定支轴，导致刀刃长度短于刀柄，这几乎是折叠刀的致命伤，大幅限制了折叠刀刀刃的长度。刀刃越长刀柄也会随之加长，冗长的刀

欧美针对当地需求而制造的折叠刀，除玩赏以外，中国的玩家要弄清楚是不是吻合自己的实际需求。

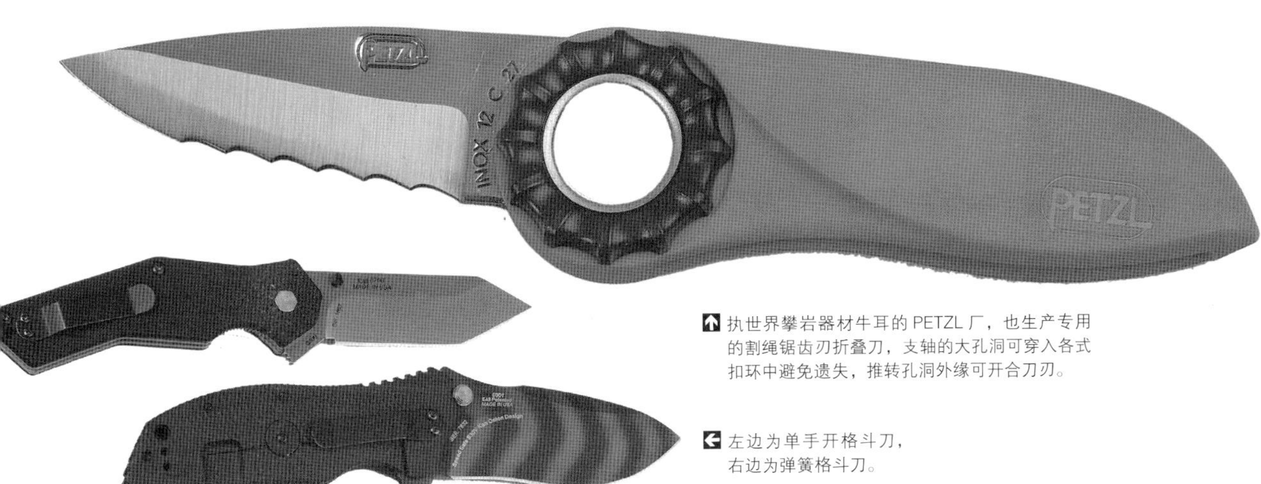

执世界攀岩器材牛耳的 PETZL 厂，也生产专用的割绳锯齿刃折叠刀，支轴的大孔洞可穿入各式扣环中避免遗失，推转孔洞外缘可开合刀刃。

左边为单手开格斗刀，右边为弹簧格斗刀。

柄就会变成累赘，所以刀刃超过 15 厘米以上的折叠刀非常少见，也因为如此，折叠刀在切大块菜肉兼用开山刀的功能大大受到限制了。

了解若干刀柄的细部设计，可以增加折叠刀的知识，对折叠刀的整体轮廓有一个完整的概念。折叠刀的刀柄一部分有指沟的设计，便于玩家在重切割时能握紧刀，格斗刀、狩猎、探险者使用的大型折叠刀，都将这一部分创意变成了产品特色。此外，一些手工刀的师傅会设法将人类找得到的各种高级动物牙齿、角、珍贵木材、宝石、次宝石等镶嵌到刀柄部分。不论是工厂的高级量产刀还是手工刀，往往从刀柄装饰材料，刀把防滑指沟设计的巧思与创意，就能大约推测出折叠刀的等级。最后提醒读者的是，最近十多年来，更多的折叠刀方面的新设计与发明都运用在了格斗刀上，可以说是折叠刀因格斗刀而重生，若想进一步了解相关知识，请参考本书第六章。

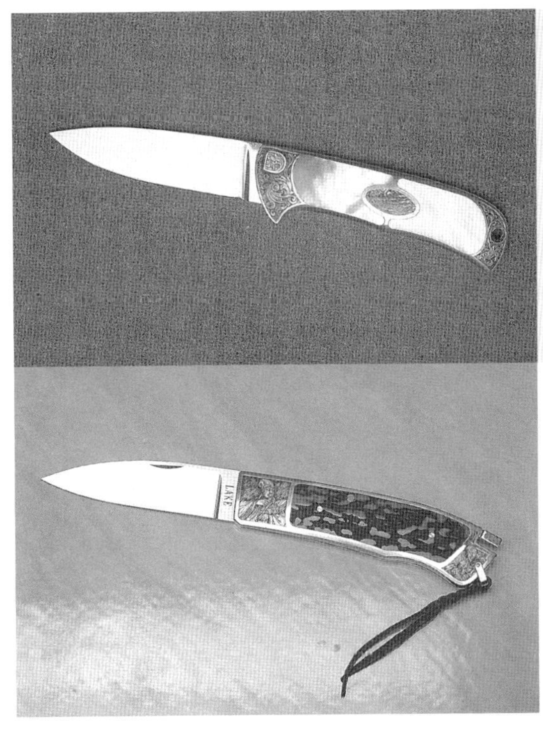

最早的蝴蝶刀，因刀刃镌刻一只展翅蝴蝶的商标而得名，图为蝴蝶刀预备收合的状态。

支轴靠刀柄背处有一块盾牌状的装饰，就是隐藏式的锁扣。

名人手工刀的尾锁装置。

6 玩赏心得

最需要细心照顾的折叠刀

近年来操作绳索的户外活动越来越多，为避免绳索意外缠住人体需要割绳脱困，锯齿刀变成了必备工具。有刀尖反曲刃的刀攻击性和割绳性能较强，无刀尖直刀刃的刀只是单纯割绳刀，这种刀在眼睛无法直视处割绳，不容易造成误伤。

容易随手放置而遗失的折叠刀，如何妥善保管需要动动脑筋。看不见的内部污损与生锈促使玩家养成保养刀具的好习惯。

瑞士刀最早的著名的用途，并不是它的招牌多功能刀，而是最简单无锁定结构、3 英寸刃的折叠刀，雪地活动者一般会用绳索系牢配挂于颈部，不论大人小孩妇孺人人挂一把。出门必带刀的行为，可能让我们大惑不解，若能深入了解他们生活的雪地环境，相信你会恍然大悟。瑞士国土位于几乎仅夏季无雪的高山地区，漫长的雪期使山壁处处堆积了深雪，雪崩的情况比较多，当地人被雪崩埋没的可能性随之增加。小规模雪崩滑落的雪通常属于松雪，只会将人埋入几米深，松雪堆有很多缝隙，被掩埋者还能呼吸到微薄的空气，在 10 多分钟内遇难者多半不会窒息而死，但也往往无法在短时间内等到救援抵达，因此如何自救脱困，是求生的黄金时间与不二法门。当遭遇雪崩逃不掉的时候，受过训的人都知道双手抱头、双臂微微向外张、肺部吸满空气，双脚微蹲、外张略宽于身体，维持此姿势并将全身肌肉尽可能绷紧，背向崩落的雪，如此被雪压住后身体还有活动空间，肺部在不受到压迫的情况下能维持呼吸，身体血液循环也不会受到太大的压迫，这样遇难者就可以拿出颈间的小折叠刀，开始挖雪自救。先朝最亮处（雪最薄）挖通气孔，再去除压迫身体的雪堆，最后挖出大洞脱困！小刀挖松雪的效率是戴手套的 5 ~ 7 倍以上。后来瑞士各地都有专职预先消除雪崩的公务员，城镇的民众才不需要在脖子上挂一把小刀，但乡下地区出门还是得如此。

折叠刀最大的优点就是不需要刀鞘，刀刃收纳在刀柄里面，随便找个口袋放着。随着人类生活方式的改变，人们越来越不需要在腰间配挂有鞘短刀了，但是在一些场合还是需要用

误 未妥善保养折叠刀的内部结构，常是多年以后刀子卡死打不开的原因。

到刀子，这时折叠刀就可以直接从口袋、背包掏出来。笔者在多年的户外活动生涯中，因为多数折叠刀的遗失都是因为疏忽大意而造成的，所以把折叠刀放置在口袋、背包里时，一定要确认拉链是否拉上，但很多衣裤的口袋、早期背包的耳袋都没拉链，稍不留意就遗失了。

玩家可以将附赠或另购的各式尼龙、皮革刀套，佩挂在腰间、背包腰带、肩带等位置，以便能随时取用、预防遗失。当然自己用一条坚韧的绳子系起来，也是一种常见的办法。为了防绳结松脱笔者都用快干胶将其黏牢，或前往大型五金城买一个弹簧钩扣或钓友用于联结锚钩与海水路亚的防锈大铁环（lure ring），将折叠刀与弹簧钩扣联结，用钩扣扣住口袋或背包耳袋，这样可以大幅减少刀子遗失的概率。令人遗憾的是，市售的折叠刀八成都没有预设的孔，让你多方设想的备案都派不上用场。

折叠刀的构造比有鞘短刀复杂，刀刃支轴、刀柄构造的金属板间有很多缝隙，虽然金属板被铆钉半永久固定，但是里面的弹簧条（lock spring）需要适当的游离缝隙运作，支轴也需要游离缝隙才能灵活转动，因此折叠刀相对于有鞘短刀，非常不耐脏污，如果沙尘、泥水、盐水、食物汁液侵入里面，塞满折叠刀的游离缝隙，就会诱发可动件生锈，折叠刀可能就很难再打开了。

外观看不出来的内部锈蚀

根据海湾战争美军的经验：在风沙中行军一周，即使多数的折叠刀都有套子保护，没有淋到雨水，也没有汗水或带盐分的水侵入刀柄缝隙的情况，但是约九成各厂牌的折叠刀几乎都卡住打不开。虽然一般户外用途几乎很少碰到如此严酷的环境，但要提醒大家的是，风沙飞尘也可能使折叠刀卡住。海滩抛投钓、划独木舟、观察海岸生物等等这些海上活动也有可能使折叠刀浸入海水。或者拿刀切菜、切肉后，汁液浸入刀柄的可动件与游离空隙，回来忘了清洗，等到下次拿出来用时，刀刃就会因此而打不开了。针对操作环境中遇到侵蚀性液体的情况，高级手工刀是有对策的。高级刀将铆合后看不见的刀柄构造金属板、弹簧条、支轴、支轴孔等，全部高规格镜面打磨，如此能有效延缓生锈的时间，适时浸泡清水，喷除锈润滑液 WD-40，充分清洗后仍然能有效杜

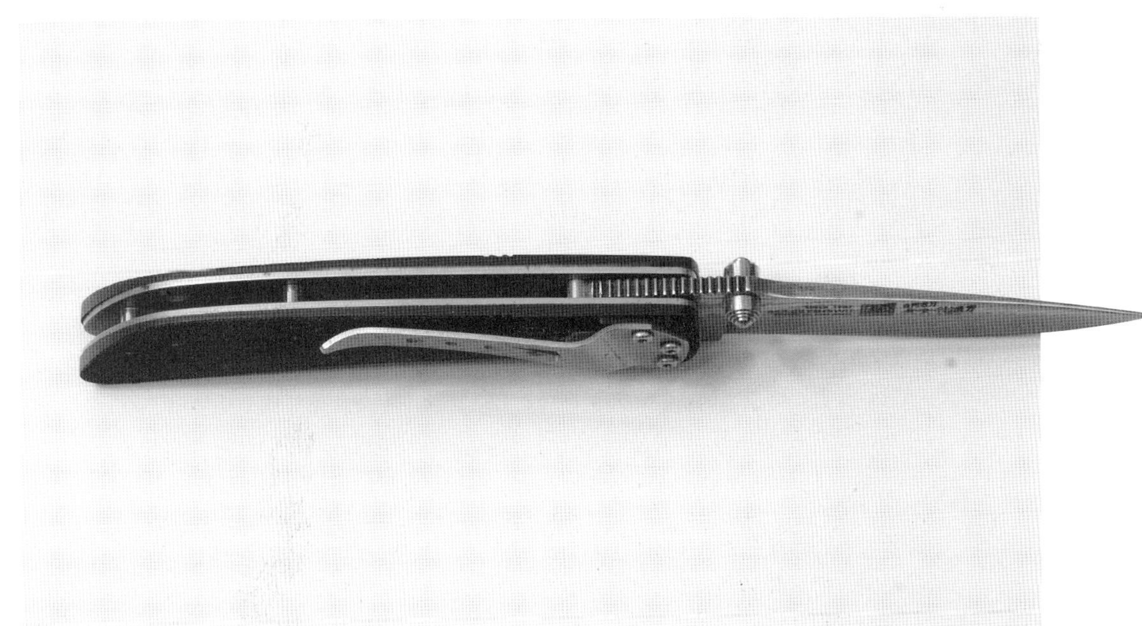

刀柄背部几乎完全中空的设计，容易清理、不被风沙卡死，近来已成为折叠刀设计的要点。

绝生锈的情况。但一般量产折叠刀，刀柄构造件只是适度打磨，碰到上述情形，应该尽快浸泡清水，再充分拭净用冷气吹干，回家后在可动点打一点润滑油。万一长锈卡死，需要用力扳开折叠刀时，一定要戴工作用的皮手套，用钳子隔着硬纸板夹住刀刃打开，以免突然猛烈打开割伤自己。需要硬扳来打开折叠刀时，先在各个可动点、游离空隙打除锈润滑液，隔数十分钟翻面，使油液浸润均匀再扳开刀刃。之后重复几次开合动作，补充油液，拭除油锈，直到开合顺畅为止。若还打不开，就要找经销商处理了。

除锈润滑液 WD-40 具有轻度腐蚀性，可动点除锈松动之后，必须用其他清洁剂、流动性佳的轻质润滑油将 WD-40 清洗干净，然后再补充少许轻质润滑油，延缓支轴、游离缝隙生锈。最后提醒玩家玩赏刀要注意礼节。在一些影视剧中常有主角被冤枉杀人的剧情，因为折叠刀凶器上有主角的指纹，主角因此百口莫辩。现实中这种情况有没有可能也会发生呢？当你玩赏他人或自己的折叠刀后，如果指纹留在刀刃镜面、刀柄的铜饰表面上，就会诱发生锈。说来一点不夸张的是，几年后铜饰面上还会留着清晰的指纹印。因此当你玩赏折叠刀后，要先将刀面上的指纹拭净，释放锁刃，推刀背将刀刃折合，拭净刀背指纹，最后拭净刀把背部、前后两端金属部分的指纹，然后还给对方或者收藏保管。一般这样就可以了，如果是长时间收藏保管，最好用清水拭洗并干燥，使用专用的鹿绒皮拭净再收藏。

近年来折叠刀的扣夹弹性比以往强很多，夹住口袋虽有可能掉落，但已大幅减少。刀刃上的突起按钮是帮助单手开合的重要设计。右侧的刀直板锁与刀把一体成型，与一般直板锁相比不会夹杂沙子。

误 试图打开卡死的刀时未戴皮手套保护自己，割伤自己的概率很高。

借用他人的刀观赏之后返还的正确步骤

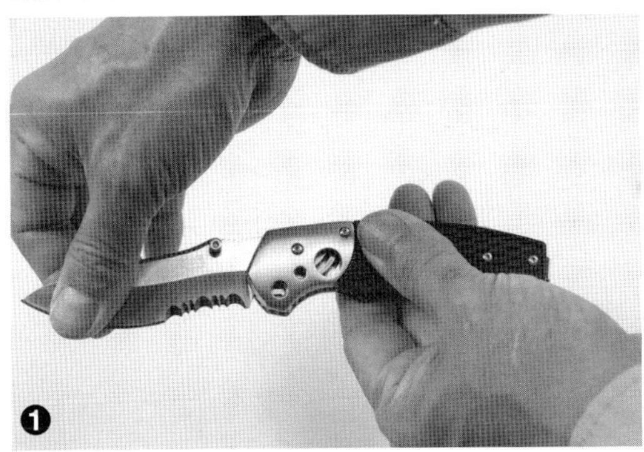

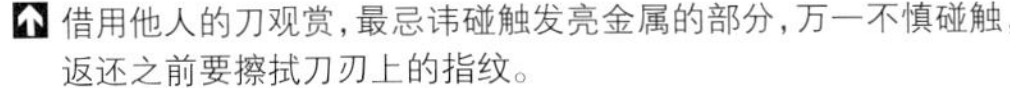

❶ 借用他人的刀观赏，最忌讳碰触发亮金属的部分，万一不慎碰触，返还之前要擦拭刀刃上的指纹。

❷ 折叠刀刃之后擦拭刀背部分的指纹。

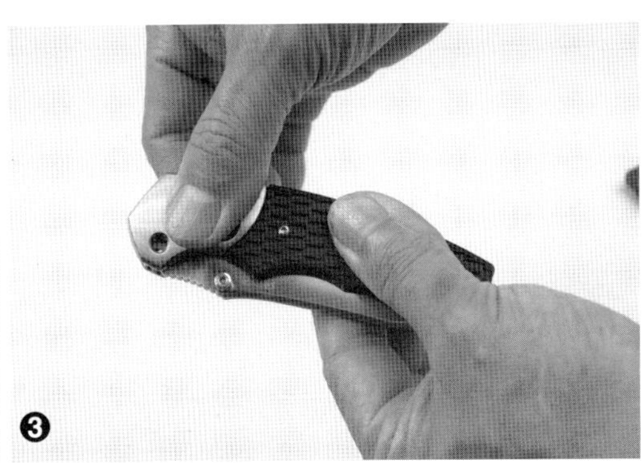

❸ 擦拭支轴基板发亮金属部分的指纹。

❹ 擦拭刀柄部分发亮金属扣夹的指纹，然后握住塑胶粗糙面、不会留下指纹的部分，返还给原持有者。本方法也适用其他刀具。

ALL ABOUT THE KNIVES

台北山水

中国台北店／台北市中山北路12号
中国台中店／台中市西屯区河南路二段482号

历史悠久的老店，以售卖登山露营等综合性户外活动器材为主要营业项目，为提供主客户所需的刀具，有非常丰富的刀具种类供玩家选购。

WENGER
Delémont
Switzerland

「多功能工具刀」

具备多种功能的折叠刀

日常或户外活动经常用到的各种小工具，例如水果刀、剪刀、开瓶器、开罐器、锯子、锉刀等将各种螺丝起子整合在一起的折叠刀称为多功能刀。

轻便迷你的多用途随身工具箱

近年来瑞士刀刀柄的装饰变得丰富多彩，已脱离过去仅有的一种洋红色装饰。

多用途刀就像随身携带的小小工具箱，能解决身边束手无策的小麻烦，甚至扭转重大历史事件。

现有不少社会人士，不管是否从事户外活动，口袋里或钥匙圈上都有一把瑞士刀，有些体积大功能多，有的体积小功能少。20 多年来，瑞士刀渐渐在中国台湾地区受到各行各业人士的青睐，很多人直接将刀子的英文全称Swiss Army Knife翻译为瑞士军刀，不知来历者，乍一听心头会惊一下，以为他携带的是当年属于违禁品的军用刺刀、指挥刀等。中国台湾地区历经长时间的刀械管制，民众对刀子总有一丝特别的紧张。反观发明瑞士军刀的中立国瑞士，虽永久中立不介入任何战争，但是居安思危，筹备应付可能发生战争的努力一直没有松懈。国民兵的枪支放在家中自己保管。国家生产军规脚踏车供应军队，军规脚踏车可以耐用 20 年，既能载重又能耐烂路。瑞士深信一旦发生战争，石油来源必定中断，机动车辆将停摆，脚踏车的效益远大于两条腿。瑞士军规脚踏车出口到日本拥有很多粉丝，似乎隐约透露出多用途的瑞士军刀，就像军规脚踏车一般，坚固耐用效率高。这几年来，瑞士军刀的刻板印象渐渐解除，人们开始称瑞士军刀为瑞士刀，民众逐渐接触更多厂牌的瑞士刀，除了中国制的廉价品以外，德国、西班牙，甚至有瑞士授权美国生产的，玩家为了避免产地混淆不清，渐渐改称这一类的刀为多功能工具刀、多功能刀、多用途刀等，凸显了瑞士刀的一大特色。本文避免读者被名称弄糊涂，属于最早草创的两个瑞士刀品牌，继续沿用瑞士刀名称，不是出产于瑞士的其他品牌，则称为多功能刀。

记得很早以前看过一则新闻，说是有一个人独自登山迷路了，1 周之后脱险了，这篇报道中写的一件事给人留下了深刻的印象，让人不得不引以为戒。他迷路后喝生水、啃青草，当然，这些艰辛的经历直到今天都不是新闻。这个脱困者说自己带着好几个罐头，却没有开罐器，用石头砸也砸不开，却又舍不得丢弃，只好一路带着直到脱困。在当时，笔者去户外活动也同样面临没有开罐器的困扰，看着长辈们都用菜刀开罐头，路边大排档的大厨更擅长

大号瑞士刀除了单手开的刀刃之外，湿木锯、开罐器等等都是户外活动经常需要用到的小工具。

近年新出品的中号瑞士刀，刀把的黑色块具备防滑功能，不仅仅是装饰用途。

笔者的第一把瑞士刀留下的幻灯片影像，其中的锉刀功能件十分锐利好锉，超过多数市售的锉刀。（头灯已成古董，可以证明瑞士刀的年头）

笔者 1990 年使用的各式小刀，但将军难免阵亡，如今多数已遗失、损毁、送人，今天仍然方便购得的仅瑞士刀一款，可见其市场地位坚不可摧。

此道，依样画葫芦很快学会要领。所以出门登山钓鱼露营，身上总是带着两把小刀，其中钢质差永远磨不利的那一把，就被用作开罐器，有时也用来随便撬挖，挖蚯蚓饵钓鱼时最需要它。念高中以后野外活动还是两把刀，一把锐利小刀切菜切肉，另一把泰雅族开山刀，刀尖的部分故意不磨利，专门用来开罐头。如果懂得要领，用刀子开罐头，比开罐器快好几倍。所以天天对着罐头瞪眼揪心的那位迷路的登山前辈，想也不用想就可以知道他还曾经持续受冻一周。他没有刀子不但无法开罐头，连削木屑升火都有问题，如果能升火燃起浓烟，他也许能提早几天获救！

笔者在 1981 年首次去登玉山，途中经过休息用餐的其他登山队伍时，一位小姐大声询问队员，有谁带了开罐器？我的八宝粥易拉罐扣环坏了！结果没有一个人带。登山的过程会消耗大量体力，引发强烈的饥饿感，没经历过的人难以体会。当时我自告奋勇地说可以帮她开，她非常高兴地跑过来，随后我从背包里面抽出泰雅族开山刀，可能瞬间吓到人了，她连忙说不用！不用！跑掉了。之后类似的情节在多次的登山溯溪时都有遇到，只是在考虑帮别人小忙开罐头时，会因为犹豫而裹足不前。大约是在 1984 年，有一次去精品店，第一眼看见一把有十六七种功能，只出现在英日文户外活动杂志上的瑞士刀（VICTORINOX），立刻用相当于 1 周的薪水（普通级别）买下了它，此后每每在户外活动场合拿出来用时，朋友们都会说真好用！哪里买的？多少钱？我好像变成了瑞士刀推销员！刚买瑞士刀不久，朋友回台湾做调查写博士论文，需要将捕获的属于啮齿类动物的老鼠做成标本，做标本时必须在老鼠尾巴皮内穿入一根免洗筷、牙签，维持尾巴由粗而细的收缩状与长度，其他鼠类体形大基本没什么问题，而台湾森鼠的体长连头仅 5 ~ 6 厘米，尾巴太细，必须将铁丝磨成精密的由粗到细的收缩状才塞得进去，他为此大感苦恼。后来我用瑞士刀的锉刀，很快就锉磨了三四根，在毛皮标本还没变干之前，精准地插入到了台湾森鼠的尾巴内！这些例子都显示出，既方便携带，又能轻松解决小麻烦的多功能工具，注定要成为现代社会人手一把的必需品。

↑用大厨的菜刀演示十字开罐法，使用剁骨刀刀锋不容易弄出缺口。

↓后退式的开罐器使用法。

↑前进式的开罐器使用法，此类开罐器通常也装配在多功能钳工具刀上面。

百年淬炼的精品人人都适用

军人战地生活类似猎人、钓友、登山溯溪等的活动族群。针对军人研发的体小多功能的瑞士刀，注定最终要成为广泛户外活动者必备的工具。

瑞士刀维氏（VICTORINOX）品牌的草创者 Elsener Schwyz，曾于法国巴黎、德国南部学习制刀技术，回到瑞士后于 1884 年创立制刀工厂， 1891 年他向瑞士国防部提出每一位军人都应配备一把瑞士刀，并且协助制订军用瑞士刀的规格，现今的瑞士刀就是从那时诞生，只不过这时候的瑞士刀还是碳钢制品，手把贴木片，不是今天的塑胶柄。配发给军人的瑞士刀，只有简单的 6 种用途，分别是大小刀子、尖锥、开罐器、瓶盖起子兼大螺丝起子。军人吃罐头的机会多，理当需要开罐器。若用刺刀挖罐头弄钝刺刀，铁定是要受到批评的。刀子、大小螺丝起子等小工具的泛用性毋庸置疑，只是尖锥有两个特殊用途需要说明。阵地堆置的武器、物资需要大块帆布遮盖，甚至大块帆布有时还要裁切成小块做成挡风遮布、屋顶防雨布等等，帆布必须挖孔穿绳固定，挖孔就需要尖锥。雨季、融雪期战壕沟底积水，军靴里面必定有积水，脚板持续浸水一两天就会溃烂。用尖锥在鞋面近鞋底处穿个洞，使积水排出，可以保持鞋子干燥，不易积水，这样细菌滋生缓慢，脚板不容易溃烂。如果在热带雨林穿鞋行走在泥水地面上，这一招也用得到。瑞士国民兵退役后，配给的瑞士刀可以带回家继续陪伴他过一生，家人也能分享到瑞士刀的便利，这渐渐奠定了瑞士刀平民化的基础。

瑞士国防部决定根据 Elsener Schwyz 先生制订的标准配发瑞士刀后，有感于军需品必须至少有两个供应来源，以免战时供应不及或来源中断，所以又找来 1893 年就已经在经营生产小型折叠刀，且小有名气的威戈（WENGER）刀厂，在 1908 年加入供应军方瑞士刀的协力厂，所生产的军规瑞士刀，同样也是只有碳钢制造，具有与维氏相似的六种功能，被士兵

尖锥是多数人不太了解的功能件，有些瑞士刀的尖锥有穿绳孔，好像缝麻袋的布袋针，可用来穿线缝制帆布、兽皮等防风雨、防寒的求生配备。左图尖锥下方的正三角、半圆缺刻可以用来剥电线的绝缘皮。

几年前瑞士军队配备的瑞士军刀已由中号改为大号，主要功能件有刀子、锯子、开罐器、十字起子，还有开瓶器、大平口起子附铁丝校直器（起子下方的圆缺口）等 7 种功能件，与最初的军用瑞士刀功能不尽相同。

中号瑞士刀的内部构造解剖图

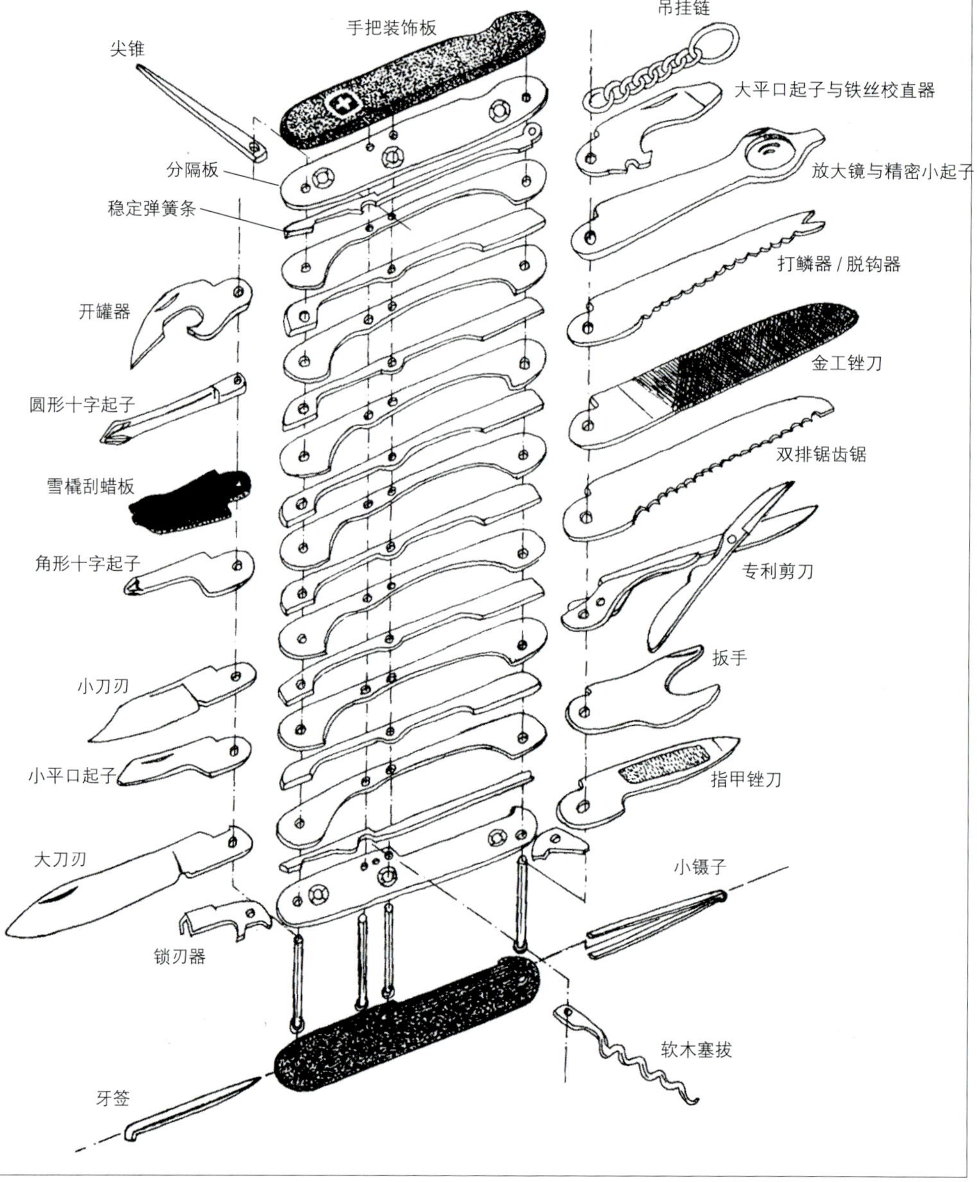

手把装饰板
尖锥
分隔板
稳定弹簧条
开罐器
圆形十字起子
雪橇刮蜡板
角形十字起子
小刀刃
小平口起子
大刀刃
锁刃器
牙签
吊挂链
大平口起子与铁丝校直器
放大镜与精密小起子
打鳞器 / 脱钩器
金工锉刀
双排锯齿锯
专利剪刀
扳手
指甲锉刀
小镊子
软木塞拔

误 瑞士刀是针对军人野外活动，解决日常生活小问题的多用途刀，并非直接的军事武器。

尖锥是一般户外活动玩家不知道的一种好用的小工具，除瑞士刀外，工具钳也都配置有尖锥。有小圆洞的尖锥相当于缝布袋的布袋针。带锐利面的尖锥刺穿生皮革效果好。

称为“小小工具箱”。不过真正使瑞士刀获得响亮名称的，并非首先制订规格的维氏产品，而是威戈刀厂的瑞士刀。当时瑞士刀除了供瑞士军用以外，与瑞士制造的手表一样，还广泛销售到欧洲各地市场。1939 年英军在北非连吃败仗，德军“沙漠之狐”猛将隆梅尔即将获得重大胜利，此时有位参加北非战役的英国士兵，恰好随身携带了一把 6 种功能的瑞士军刀，于是英军无线电士兵使用这把威戈瑞士刀修好了无线电，将德军部署军情实时传达到英军总部，最后英军反败为胜，获得北非第一场大胜利，隆梅尔遭遇第一场败仗。当时英国首相丘吉尔特别赞许威戈瑞士刀，称其为“伟大的小小战士”。

1909 瑞士当局为了表彰瑞士刀对国家的贡献，特别允许瑞士刀将瑞士十字形的国徽镌刻在瑞士刀柄上。1921 年正式发表不锈钢制品，该工厂从来没有透露不锈钢的成分，一般推测该不锈钢合金的镍、钨相较于现今的多数不锈钢而言含量较多，所以光泽略显黯淡，不像其他刀较白亮。1923 年不锈钢实用化，原本用创始人名字 Elsener Schwyz 作为工厂的商标，可能因为纪念创始人自己母亲的缘故，品牌改用母亲的名字——维多利亚（Victoria），并加上了 nox 这 3 个英文字母，可能代表不会氧化、不会生锈的意思，这就是今天传承百余年的刀厂 VICTORINOX。2008 年瑞士陆军再从 V 厂购入一万把 Soldier Knife，最大收合全长 11.1 厘米，共有单手开半锯齿刃、湿木锯、开罐、开瓶、铁丝校直、十字起子、尖锥等七种功能，与最早的瑞士军刀复制版，在日本地区同时发售。

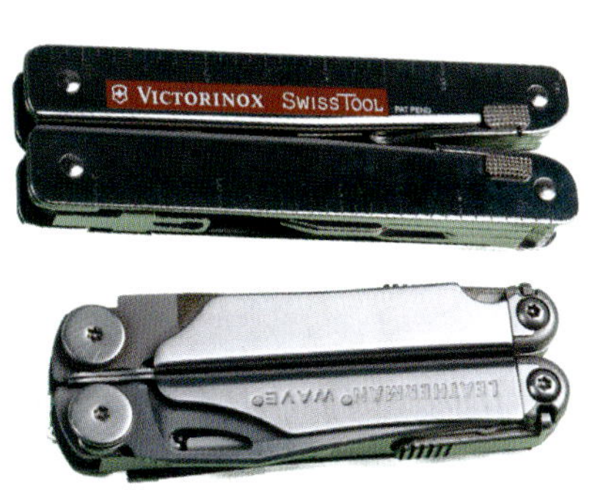

维氏厂的商标是中央十字形，外框盾牌型，其中十字符号是瑞士国徽，两厂都经瑞士授权使用。该型号比 LEATHERMAN 工具钳略大。

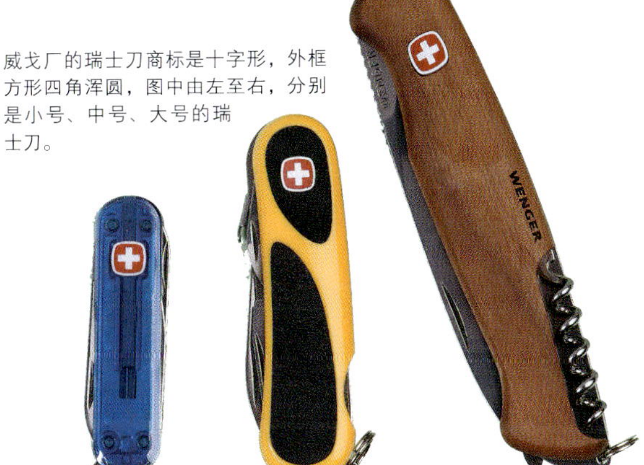

威戈厂的瑞士刀商标是十字形，外框方形四角浑圆，图中由左至右，分别是小号、中号、大号的瑞士刀。

多功能刀的领导品牌

大号维氏瑞士刀，其大致的功能件与威戈厂的刀大同小异，但香港取得代理权以后，台湾市场上不太容易看到。

瑞士刀问世后，在两次大战期间美国和欧洲也有少数工厂生产特定功能的多功能刀，甚至还有多种不锈钢产品问世，但最终还是不敌瑞士刀。

瑞士刀开始给瑞士国防军供应，以及在 V 厂不锈钢瑞士刀开始商品化的时代，当时也有几种新发明的不锈钢刀取得了专利，但是商品化并不成功。原因之一，V 厂已经打下了品牌和渠道，而且有军方的大订单可以维持获利，所以能持续生产当时属于高价位的不锈钢瑞士刀。其二，其他发明不锈钢者生不逢时，正好赶上一战爆发，紧接着国际经济大萧条，然后又是二战，交战的各国民穷财困，为了制造消耗量极大的武器，自然尽量挑价钱低廉的材料，贵重的不锈钢材不受青睐。作为中立国制造的不锈钢瑞士刀，虽然也失去了大部分的国际市场，却因此可以花漫长的时间来完善不锈钢刀制造技术，研发多功能、优化产品设计与质量，在长达 30 余年的两次大战期间，瑞士刀的生产技术更加成熟，二战后迅速攻占市场。瑞士刀的成功完全颠覆了通过军方大量采购来确保利润流失的观念。两大瑞士刀的创始品牌，完全着眼非武器军事用途的广大平民市场，因此奠定了百年品牌的事业基础，成为今天家喻户晓的平民万用刀。广泛的民生用途无疑是瑞士刀最成功的坚持，这一点谁与争锋?

两次大战期间、二战后，美国、欧洲也有不少多功能的折叠刀在市场上流通，但是绝大部分的产品都是针对猎人设计的，有些根本就是制造枪械的著名厂牌所生产，例如：美国三个猎枪制造厂的勃朗宁（BOWNING）、温彻斯特（WINCHESTER）、雷明顿（REMINGTON），也都曾经生产过种类繁多的猎人用的碳钢多功能折合刀，但目前绝大部分都已停产，成为收集玩赏者购入典藏的对象，甚至在网络上和专门书籍中都有详细记载相关编号的产品，以及价钱大约多少。针对猎人设计的折合刀，大约包含锯子、螺丝起子、长短两刀刃、鸟类内脏钩、霰弹枪弹群聚散调整器，前面两种功能瑞士刀都具备，听名称就知道是什么，后面这三种功能，需要稍微解释一下。在美国有很多地广人稀的乡镇，开车到超市采购东西要花几个钟头，当地人吃的肉类一部分来自超市卖的冷冻货，另一部分就是在后山打猎获得的鲜肉。所以在美国，钓鱼和狩猎这两大户外活动各有七八千万人参与，一部分是娱乐，另一部分是为了获得新鲜的鱼肉。美国法律规定：猎到鸟兽后要取出内脏就地掩埋，不能带入居住社区，以免内

误 瑞士刀的多功能工具虽然是不锈钢材质，但是海水，果汁、碳酸饮料都能轻易腐蚀毁掉内部的构造铝板。

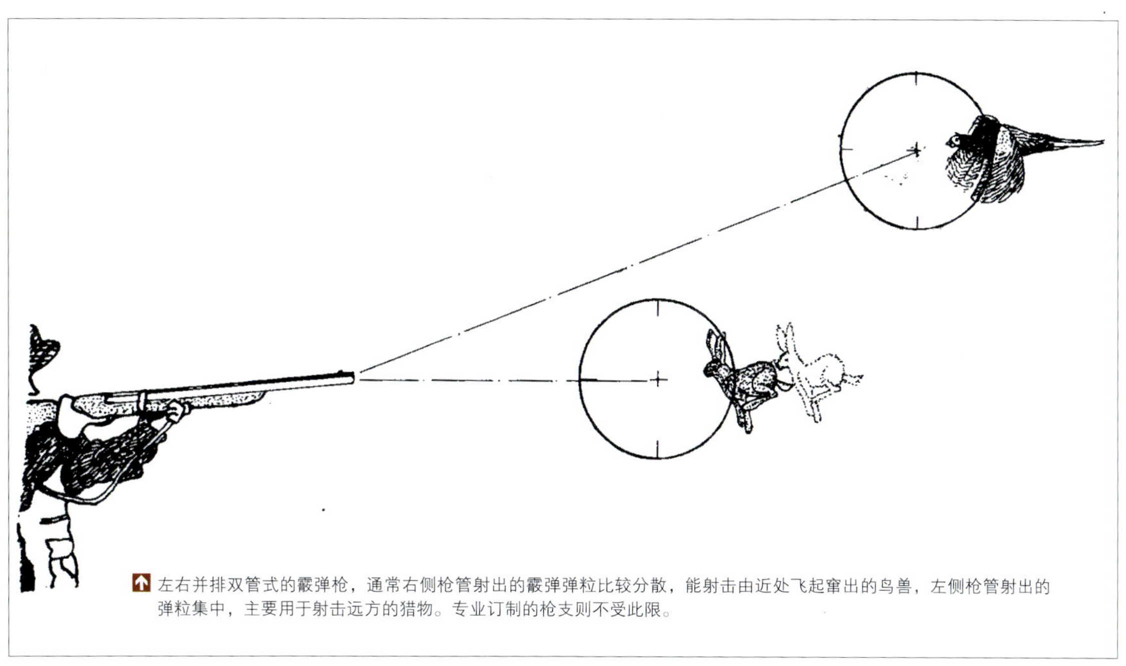

左右并排双管式的霰弹枪，通常右侧枪管射出的霰弹弹粒比较分散，能射击由近处飞起窜出的鸟兽，左侧枪管射出的弹粒集中，主要用于射击远方的猎物。专业订制的枪支则不受此限。

鸟类内脏钩，在没有狩猎活动的地方，人们不知那是什么玩意儿。

脏变成腐臭的垃圾。若用长途汽车载运猎物，内脏腐败后还会产生卫生与食品安全的问题，血水一路滴在马路上也很麻烦！狩猎专用折合刀的大刀刃主要用于普通的切削，而鸟类的皮十分坚韧，需要一把特别锐利的小刀，小刀刃要保持绝对锋利，以便切开鸟类的肛门，而且刀身短不会刺破肠子引发异味，最后用内脏钩勾出内脏就地掩埋，很多人不解为何有两把刀刃，现在这么解释一番，你应该明白了吧。

陌生的狩猎工具

打飞禽的霰弹枪，枪管靠近枪口部分，通常管径稍微收缩变小，闽南话称为“缩管”，英文称为 choke，霰弹击发众多小子弹组成的弹群，由枪膛往枪口行进，到了枪口受到缩小管径的挤压与互相推挤，射出枪口后比较容易分散，能够在近距离内击中目标。二战前制作缩管的技术还没成熟，若小子弹群太集中，打远弹群自然散开问题小，打近弹群集中有效范围窄可能打不到鸟，可能一只鸟身上钻入几十枚小子弹，那只鸟怎么吃？所以二战期后，发明可调式 choke，一种直接夹在枪管口，感觉好像枪管多出一个灭音器。另一种藏在枪口内，就需要霰弹枪弹群聚散调整器，插入枪口调整，使弹群在一定的距离内，分

在瑞士刀萌芽之前，多刀刃的折叠刀已经存在很久，这也算是一种多功能的刀。

散成一定的范围，同一支霰弹枪能兼顾远近的目标。但是枪膛还有子弹调枪口缩管，是高风险的行为，枪支走火至少轰掉自己的手掌。半自动、帮浦式的霰弹枪退弹装弹有小麻烦，还得加上调枪口缩管，整体操作太复杂。二战后狩猎更加风行，没那么多鸟了，鸟也很怕人，霰弹枪近射的机会少了，弹群聚散调整器束诸高阁，猎人只需熟记子弹规格、枪管长度、固定式缩管设计的最佳射击距离，蹑手蹑脚摸靠近猎物瞄准射击，反而多了乐趣。因为枪支设计、鸟兽生态改变，狩猎用多功能折叠刀失去市场，成为收藏家的最爱，却不影响瑞士刀平民用途的市场，反而因需要多功能刀的更多户外活动项目兴起，瑞士刀因此独占鳌头。

维氏大号瑞士刀的锁刃装置，将图中灰色的方形按钮往展开后的刀尖方向推到底即可锁住。

德国双立人牌的多功能刀，装设了大小刀刃功能件，很多人都不了解为何要多一把小刀刃。多亏了笔者装设的勾扣，这把刀用了将近 20 年还没遗失。

误 多功能刀虽然以 V、W 两大厂为领导品牌，但还是有很多小厂牌研发不同领域的特殊用途多功能刀。

独占鳌头 具备最多功能的领导品牌

双面锯齿现在已成为世界性各种高级木工锯子的标准配备，图中尖齿的是木工锯，钝齿的是大型猎物解剖用的骨锯，锯木头效率略差，是专为猎人设计的轻量化产品，户外活动可兼用。

中号的威戈瑞士刀，钳子拥有剪断细铁丝的功能，固定扳手能转动多种规格的六角螺丝。

现在具备十一二种功能以下的多功能刀满街都是，杂牌的刀常有不锋利的缺点，但是如果功能件在 12 种以上，几乎就只剩瑞士刀独占市场。

瑞士刀屹立于世跨越百年，在军需市场取得重大成果，不满足于短期的成就，不在意两次大战造成的市场萎缩，长期深化系列产品功能，满足广大平民市场的需求。今天市场上具有实用性且功能最多的瑞士刀高达 33 种，因为功能实在太多，有些功能太专业，一般民众、初学玩刀者可能用不上，其他如前面介绍的大小两刀刃设计这样的问题，多数人们不甚了解，因此本文在此会择要说明。功能复杂难懂、富于创意设计者会多介绍一些，简单易懂的地方就尽量少着墨。此外，V 厂和 W 厂只是品牌不同，在很多功能设计上两者大同小异，除非有独到之处，否则两者同文介绍不另作说明。近年来 W 厂面临世界其他后起产品的竞争，面临经营转型，已经由 V 厂买下，以双品牌的策略，奋力让百年老厂在下一个世纪继续发光。至于其他生产多功能刀的刀厂，也不乏百年老店，但是大部分常用的功能还是与 V 厂瑞士刀差异不大，因此介绍其他厂牌的多功能刀的各种功能时，我会把各种功能放在一起写，帮助读者有系统地了解相关产品。然后初学读者再凭自己的喜好，或者市场口碑，自行决定要购买哪一家的产品，想清楚之后再前往刀店、登山用品店选购，现场再确认想象中自己需要的几种功能到底实不实际，再决定怎么买。还有，V 厂的台湾代理权由香港公司取得，经营台湾市场需要加把劲！有很多产品不像以往那么容易买到。W 厂的产品在台湾有代理商，产品的取得几乎与国际同步。

V 厂的大型多功能刀最多有 16 ~ 18 种用途，最大收合全长 11.1 厘米，近来生产的产品有些刀刃具备单手开、锁刃的功能。刀刃分为平口、半锯齿、全锯齿，后者专为切割登山、帆船、飞行伞高科技绳索而制造，锯齿刀用来切法国面包也很不错。其他还有多种功能件：开罐、开瓶、铁丝校直、软木塞拔、尖锥、湿木锯、小钳子、细铁丝剪断器、十字起子等等。W 厂最大号产品收合全长 12 厘米，与 V 厂的功能差不多。以东方人的手劲，想用瑞士刀的软木塞拔一举拔出红酒、香槟的软木塞，有时还不太容易，所以先用小刀挖削软木塞，将软木塞缩短一半后再拔比较容易。有一部根据一件受到广泛报道的真实的意外事件改编的电影，描述一位独行健行者跌入地质裂隙，一只手卡在石缝无法脱困，最后用小刀割断自己手臂求生的故事。一般小刀很难割断人体关节坚韧的肌腱、韧带，只有锯齿刀才办得到。割断手不是会血流不止而死亡吗？人体四肢将断未断，确实会血流不止，若完全断离，不仅血流得少，而且会很奇妙地止住血。选购多功能刀的最大问题是，有时买家希望能挑选到一把具备必需功能，并且没有多余功能的刀，结果却发现没有这样的产品，此时如果买现成品，那就只能忍受一些累赘了。如果你想把自己需要的一些功能体现在刀子上，那就需要订制了，两大厂曾经提供过定制化服务，但最小批量订购需要 500 把，近来不知如何。

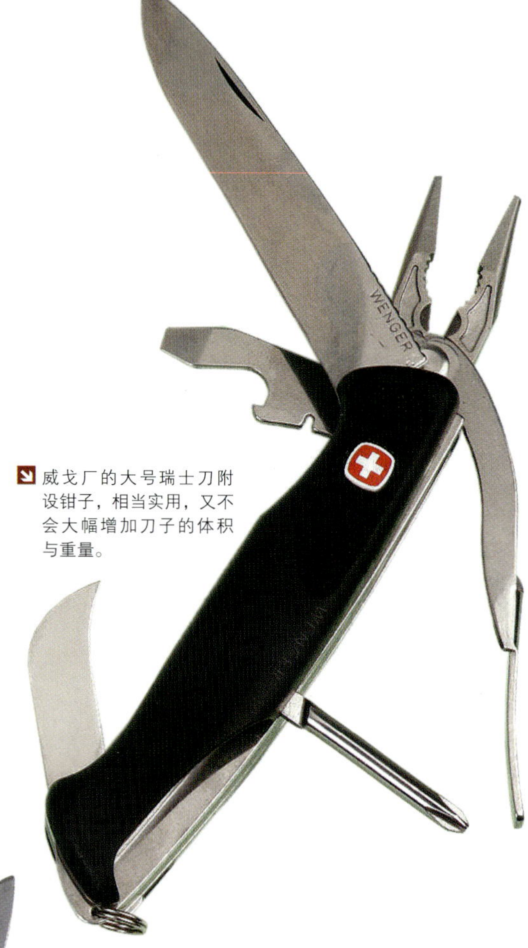

威戈厂的大号瑞士刀附设钳子，相当实用，又不会大幅增加刀子的体积与重量。

单手开锯齿刃，锯齿刃占了刀口全长的 2/3，削木头的功能较差，切割绳索、法国面包的功能较强。刀把附加防滑功能，较适合溯溪湖泊泛舟等。

中等型号多功能刀简介

V 厂的中型多功能刀中，最大收合全长 9.1 厘米，现在最多的有 33 种功能。W 厂的中型工具刀，最大收合全长 8.4 厘米，以前最多的有 30 种功能，近年来最多的只有 23 种功能。V 厂的剪刀只有传统的平口设计，硬度只有 HRC54 ~ 55 度，如果钝掉，买一把一般金工用细纹平口小锉刀，轻轻沿着原有的刀锋斜面锉几下就会再度变锋利！W 厂的剪刀，具备特殊设计的助推弹簧，耐用 10 万次，刀刃采用微锯齿（Micro Wave Edged）构造，剪粗尼龙线特别锋利，可惜钝了自己没法磨！W 厂还有特殊功能的多型号固定扳手、雪茄剪，V 厂一直没有这两个功能。W 厂的

误 登山容易迷路，登山者要必备指南针与地图，有少数求生刀、瑞士刀配备了简易指南针，可以指引明路，完全颠覆了大家对刀的刻板印象。

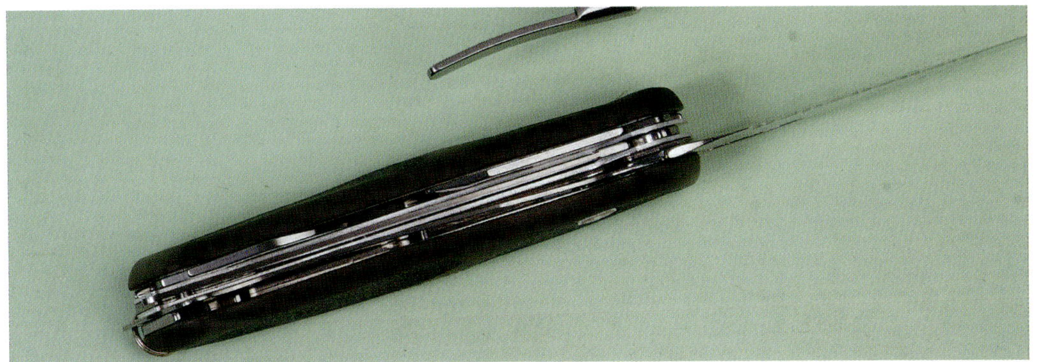

部分威戈厂大号瑞士刀也具备直板锁的锁刃设计。

中号的威戈瑞士刀，刀刃还有锁刃设计，压到底即可解锁（刀刃的支轴略后的突起结构）。

钓鱼脱钩器，有两种使用方式，针对鱼吞钩的深浅不同，V 厂的脱钩器只能用于吞不太深的鱼钩。W 厂的大型钳头与刀把总成结合在一起，钳头固定，总共有 3 个款式。V 厂属于钳头可折合的设计，两者有很大的不同，请参考第七章钳工具刀。W 厂另有 3 款中型刀，附设抽屉式收纳盒，里面放了 6 ~ 8 支细小螺丝起子，非常适合精密用途，这些都是 V 厂产品所缺乏的功能。而 V 厂的金工锉刀，最值得大书特书，锉刀一面粗、一面细，锋利滑顺到没话说，许多金工锉刀都被比下去，用来修磨指甲也很好用，还能兼用金属锯，其他生产多功能刀的工厂目前做不到。

两款瑞士刀，都有附加钟表功能的款式，指针型、数字型都有，近来也有附加小型 LED 灯的款式。两款瑞士刀都有附加放大镜，放大功能甚佳，特别在小刺扎入皮肤，找寻挑挖小刺时非常好用，但是放大镜的面积小，聚焦阳光点燃火绒的困难度相对高很多。W 厂还有两款功能相当独特：其中有些款式附设快扣，能非常方便将刀子挂在口袋、腰带、背包耳袋等位置，取用方便又不容易遗失。此外，简易指南针也非常特殊。例如，中国台湾地区的山脉山路崎岖，而且没有太多选择，又常因山峦阻碍视线，所以登山者迷路通常都只是简单的转错方向，误入不同方位角的岔路，所以到了岔路口用指北针量方位角，利用岔路夹角的不同，就能精准识别正确的路口与路径，而不是目前通俗所说的左边、右边。具体方法可以详见一些登山书籍。反观欧洲、美洲，大陆、沙漠、大草原长距离行走，才需要精密测量方位角的指北针。因此在台湾登山，地图、简易指北针一定要随身携带。W 厂瑞士刀有些款式附设简易指北针。绝大多数制刀的不锈钢都具有磁性，指北针的针也有磁性，应该会干扰指针正常指向的功能，但是 W 厂的指北针，运用一根细长的柄，使指北针远离刀柄总成，应该就是修正功能件总成磁性的干扰。

最后两大厂的湿木锯，需要一起深入说明。锯木头时木材纹理平行走向和垂直走向所用的锯片的锯齿设计不同。干燥后的木头比较硬，锯下来的木屑比较细，活树、生木（潮湿的木头）锯下的木屑潮湿、颗粒粗，容易黏塞住锯齿，影响锯木头的效率，会加快锯齿变钝。有鉴于此，不知是谁很早就发明了现在瑞士刀使用的双面锯齿锯，大约在 20 年前，日本很多锯子工厂也都改卖双面锯齿的锯子，能够同时兼用平行锯与垂直锯。瑞士刀的锯子既然属于野外用途，主要为了锯潮湿的木头，若锯干燥木材锯齿钝得快，自己很难再把它磨利。锯木头得随时轻轻敲掉塞住锯齿的木屑。野外活动时如果没有携带开山刀，需要用树干搭便桥、助攀、制作简易担架，搭设紧急避难所等，都需要锯子。瑞士刀的锯子能轻易锯断木头直径等于锯刃长度 70% 的原木，是非常好用的救命工具。

V厂还有小型收合长度为5.8厘米的瑞士刀，以及 W 厂小型收合长度为 6.5 厘米的瑞士刀。这种小型瑞士刀的功能较少，大致上只有小剪刀、小刀、指甲锉刀兼挖橘子皮、小镊子、塑胶牙签等。用小镊子拔肉里刺得比较深的小刺和带着毒囊的蜜蜂螯针都有困难（螯针有倒刺）。塑胶牙签很好用，可惜用久了塑胶牙签容易松脱遗失，添购新牙签还要换新手把塑胶板。2005 年 W 厂发售了一款小型号的新品 EVOWOOD 工具刀，功能有指甲刀、小剪刀、小刀、指甲锉刀、牙签、镊子等，非常适合经常旅行的人士。

右图与左图相对照，软木塞拔改成十字起子，比较偏向于修理机械用途，选购时请留意自己的需要，以及是否需要有锁刃的功能。

左图属于历史悠久的小号瑞士刀，右图为新一代小号瑞士刀。

小号瑞士刀透明的创意握把，能清楚看见内置的牙签、小镊子等功能件。

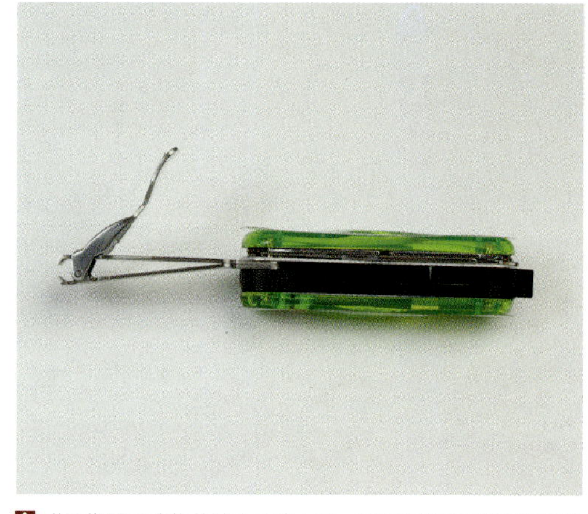

附设指甲刀功能件的小号瑞士刀，对于经常长期旅行或户外活动者是非常便利的小工具。

多功能刀不是只有军人适用，猎人、马术玩家、帆船航海家都有专用的多功能刀。

有十多个品牌生产多功能刀

中国制 SPYDERCO 分厂生产的双刃折叠刀，这个概念还有很多发挥的空间，刀刃设计上有创新，其中一把仅供鉴赏，另一把可以随意使用。

瑞士刀给民众留下的印象比较单一，很多人认为其相关功能件都属于平常能用得到的，但是也有很多著名的小厂产品主打特殊功能的多功能刀。

德国的理查鲸（RICHARTZ）工厂，位于世界三大刃物产地之一——索林根（Solingen，德国的刀城），两大瑞士刀厂的中、小型尺寸的刀在这个厂都有生产，但多偏重功能较少的产品，中型多功能刀只有 11 种功能，有些没有牙签、镊子，手柄金属制造。如果瑞士刀两大厂算大规模，则 R 厂算中等规模。ZWILLING J. A. HENCKELS 在中国称为双立人，这家德国老厂创立于 1731 年，以前生产刀剑，现在主要生产各种西式料理菜刀，多功能刀只是其中小规模的经营项目，最多仅 11 种功能，刀刃的锋利度感觉比瑞士刀稍微好一点点，锉刀的性能比 V 厂明显差一些。1993 年创立于西班牙的著名求生刀、格斗刀的生产工厂奥托（AITOR），也生产 5 ~ 6 款多功能刀，主要功能有汤匙、叉子、小刀、锯子、开罐、开瓶、软木塞拔、附绳眼尖锥，以及特殊的多尺寸固定扳手，剪刀附设指环以便更好施力。坚硬的塑胶手把镌刻着防滑纹路，感觉更像军规产品，但 A6 钢材大约比 420C 略好些。美国猎枪老厂（REMINGTON）生产的狩猎用多功能小折刀不锈钢复制版，功能最多的产品配有长短二刀、开罐、开瓶、尖锥、软木塞拔。美国猎枪名厂（WINCHESTER）曾经拥有多达四十余款的碳钢多功能狩猎小折刀，多数属于不同用途的双、三刀刃折叠刀，近年来多有不锈钢复制版问世。北欧名厂（DAVID）的多功能刀，除了配有双刀刃、锯子、尖锥、十字起子、镊子以外，还有一根大钢钩，用于勾出马蹄铁、马蹄之间塞入的小石块，是著名的马术用刀，类似产品在美国有好几个厂都生产。

美国刀厂卡美卢斯（CAMILLUS）在第一次世界大战和第二次世界大战期间，专门生产军用刺刀给盟军。二战著名的 USAF 四功能小刀，目前还在销售类似的性能提升版，采用不锈钢制造，刀子勉强锋利，手柄贴鹿角的产品有 4 种。意大利著名枪厂伯莱塔（BERTTA）还生产附设锯子、刀刃、开罐、开瓶，以及霰弹枪弹群聚散调整器的多功能折合刀，因为该厂有很多手工制造，售价百万台币、耐用一辈子的古董名枪，还在猎人手上操作，迫切需要已经绝版的弹群聚散调整器。

北面（THE NORTH FACE）是著名登山雪地活动等器具的跨国大厂，销售 V 厂代工的 12 功能瑞士刀，在刀柄镌刻自己的品牌。创立于 1872 年的德国老厂 OLBERTS，目前有 5 片大小刀刃组合而成的折合刀在市场上流通，类似产品美国有很多品牌也生产。美国戈搏（GERBER）曾生产过双刀刃折叠刀，一为平口刀刃，一为锯齿刀刃，刀锋上覆盖有一层硼化合物，所以刀锋高达 HRC67 度，可惜磨几次后硼化合物被耗尽后，钢刀锋裸露，锋利度就会变得不怎样了。另外还有可快速更换刀刃或骨锯的折叠刀。长期使用折叠刀的玩家，一定有如此的困扰：漂亮高价的折叠刀，担心刀刃镜面受损，或者刀子用钝了自己没办法磨锋利，多半舍不得用，即使带刀去野外，在需要削砍撬挖狠用刀时，却舍不得宝贝刀，一样也没刀用！要不就带两把刀出门，一把鉴赏一把粗用。

折叠刀应该设计一种双刀刃，可以单手开的刀刃极度锋利漂亮，另一个刀刃可以做得稍微粗糙、勉强锋利，采用半隐刃设计；收合的刀刃露出小部分刀柄，不影响单手开功能，半隐的刀刃专门给玩家粗用，当然如果用烂的刀刃能快速替换那是最好不过的了。有了这样人性化的设计，宝贝刀就既能带出门鉴赏，又能派上用场。

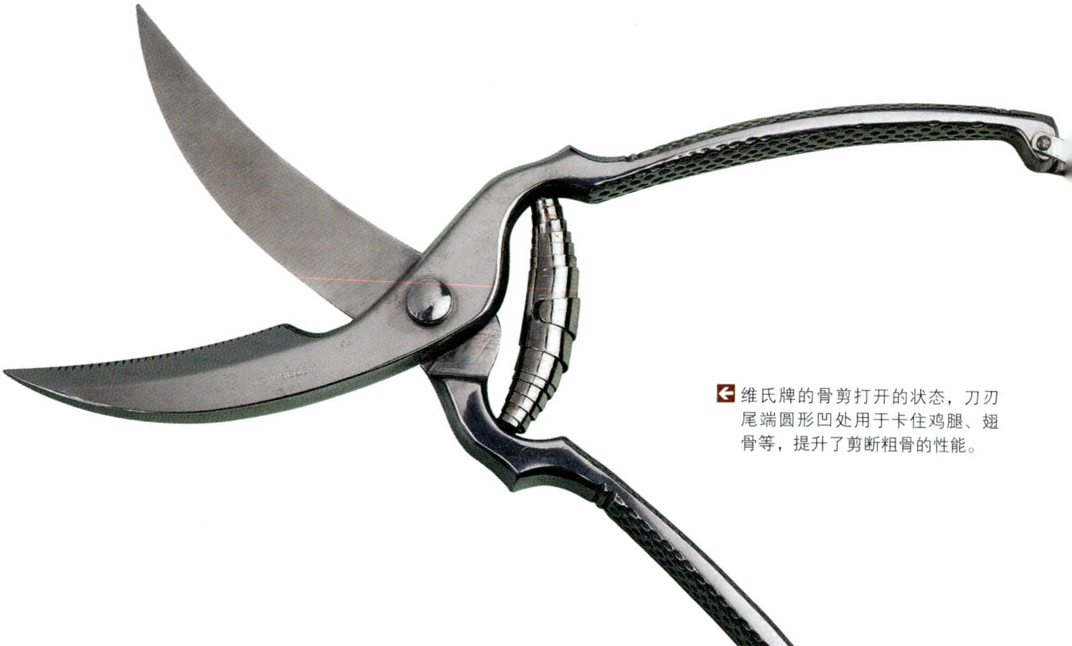

维氏牌的骨剪打开的状态，刀刃尾端圆形凹处用于卡住鸡腿、翅骨等，提升了剪断粗骨的性能。

中国制多功能刀，刀柄附设固定扳手，是不错的创意产品。

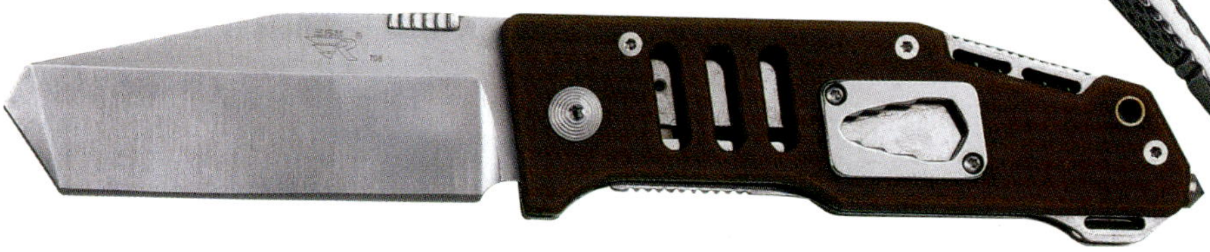

如果要长时间维持瑞士刀的功能正常，保养清洗刀子内部的结构，丝毫马虎不得，不是只擦干净功能件就可以了。

针对瑞士刀的缺点提出对策

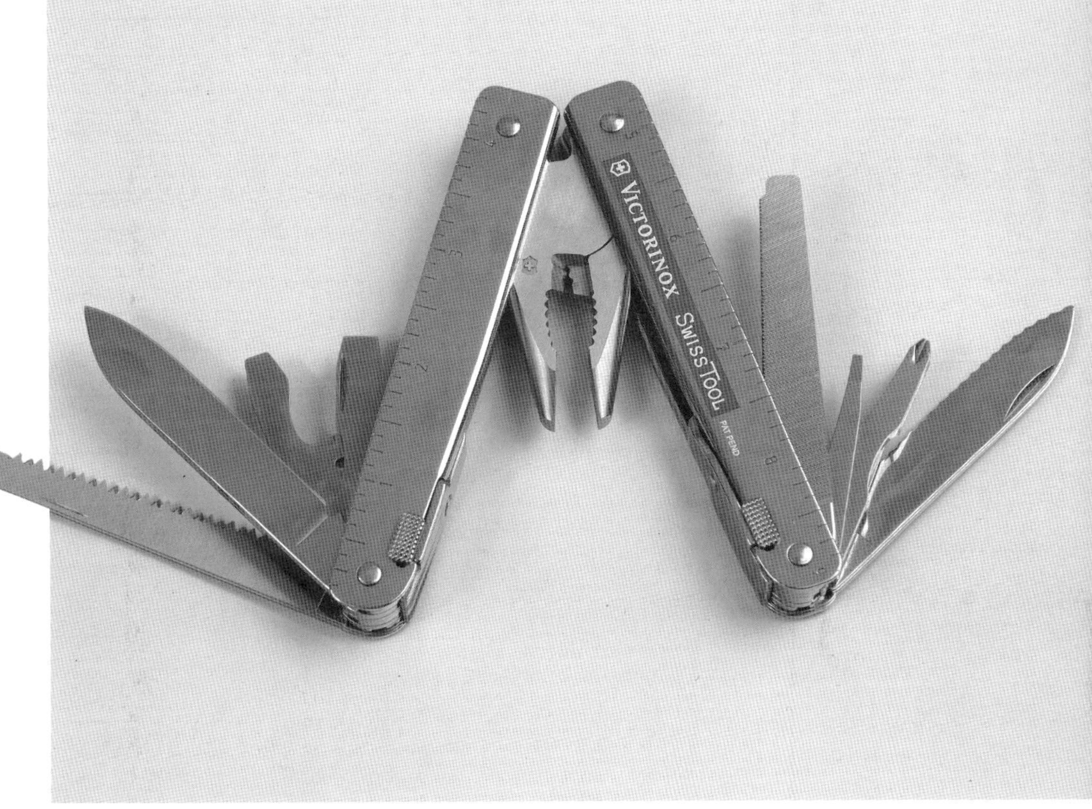

维氏厂的不锈钢非常耐锈蚀，在盐分环境下使用多功能工具，建议考虑该厂的多功能折叠钳。本产品上一代的锁定构造采用铝合金制，多年前已改为更耐锈蚀的不锈钢。

瑞士刀不耐海水侵蚀，常用的刀刃因为开合频繁而松动，以及内部构造太复杂，一旦内部进了污垢就很难清理，本文对此提出了一些建设性的应对之策。

随着瑞士刀的功能越来越多，轻量化的问题随之浮了出来，因此瑞士刀除了必要的刀刃、功能件采用不锈钢制造，构成刀子总成占最大重量的分隔板，则采用铝合金，利用瑞士充沛的水力发电提炼铝合金，采用铝合金可以减轻瑞士刀的重量，这确实是资源分配合理化的最佳选择，也是后来使瑞士刀的功能最多能够达到 33 种的最佳助力。瑞士属于多山的欧洲内陆国家，不濒临海洋，因此铝合金减重的设计没有太大问题。但在新兴的瑞士刀销售地域，例如美国、日本都滨海，带着瑞士刀出海活动，一个浪涛打过来，海水灌入口袋，除非立刻用淡水冲洗瑞士刀，否则一把瑞士刀就此宣告阵亡。铝合金一旦受海水侵蚀，就再也无法停止长出铝矾卡死刀子。这一经验经过口耳相传，现在很多登山、溯溪的人士会带瑞士刀，但玩海的人都不用瑞士刀，相信世界各国玩海的人士也都如此。世界各国都有技术卓著的改装厂，以精湛的技术大幅提升原厂汽车的性能，为什么没有刀厂或工作室，将陆地用瑞士刀变身为海洋版？事实上，只需将原厂瑞士刀的功能件取下，选择更高等级的钢材提升锋利度，分隔版改成钛合金、镂空不锈钢热处理薄板以降低重量，采用激光切割小量分隔板，精密度极高，另外利用数字化设计图可以提升多次生产的效益，最后再把功能件重新组装回去，刀把塑胶片改为碳纤版提升强度与功能，这不就是一把性能卓著的海洋版瑞士刀？这能造福全世界太多太多玩海的户外活动者。多年前笔者就曾在杂志撰文提出了以上见解，现在威戈（WENGER）刀厂已有钛合金分隔板的产品问世。

非著名品牌的多功能刀，郊游野餐也很方便，可惜没有名牌高质量的产品可供选购。前端的钩是开罐器，第二个钩是开瓶器。

西班牙 AITOR 多功能刀，款式也很多，比瑞士刀更像军品，北大西洋公约国的部分军队有采用。图中的内锯齿是多规格六角螺丝扳手。

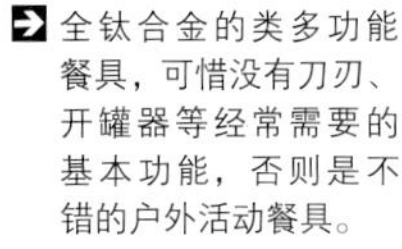

全钛合金的类多功能餐具，可惜没有刀刃、开罐器等经常需要的基本功能，否则是不错的户外活动餐具。

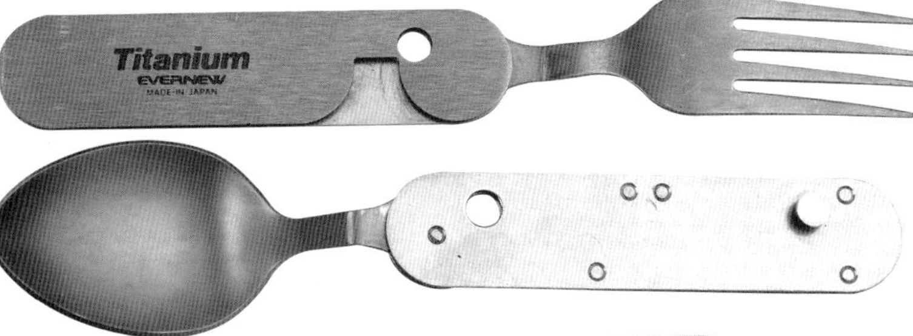

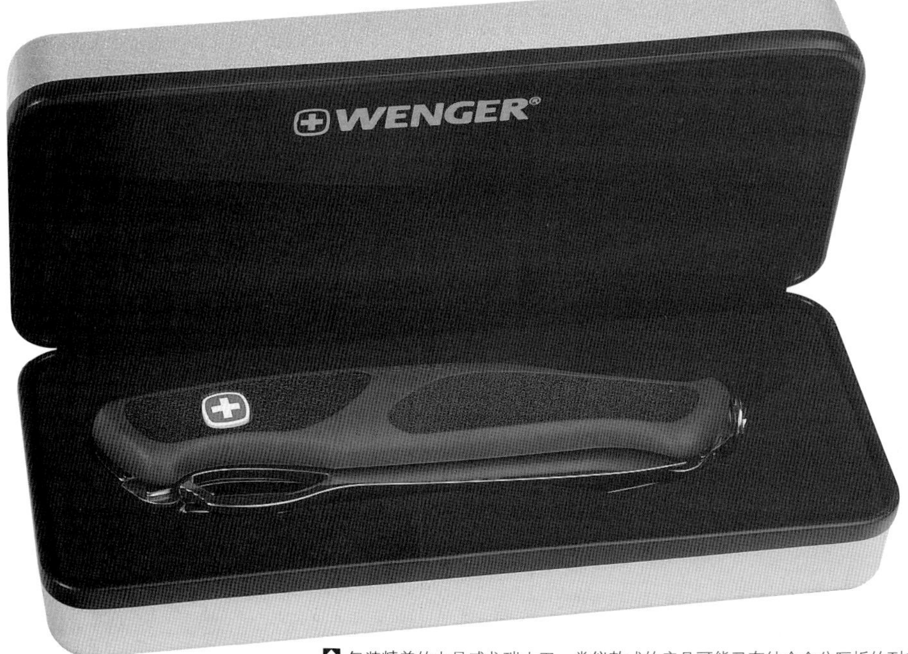

包装精美的大号威戈瑞士刀，类似款式的产品可能已有钛合金分隔板的耐盐分产品问世。

瑞士刀原本有两家工厂传承百年，近年来V厂并购W厂，以双品牌的策略迎接下一个世纪的挑战。

保养瑞士刀、清脏污

大部分的瑞士刀不具备锁刃功能，多少有暗藏刀刃被咬住，使劲折回切伤手的问题。不过大部分的瑞士刀都用来切水果、青菜等柔软的东西，所以刀刃折回的问题不大。如果经常削木头等硬物，因为瑞士刀不是很锋利切不深，当然也没有切太深被咬住折回切伤手的问题。

瑞士刀的刀柄分隔板，毕竟只是用较柔软的铝合金制造，经常削硬物、频繁开合会使刀刃的支轴松动，不过这也省去给支轴加润滑油了，可以避免在切削食物时被油污污染。如果削切频繁，最好另购用青铜、不锈钢材料制造的分隔板，支轴较粗大的折叠刀，或其他可以耐粗用的有鞘短刀、格斗刀。此外，多数瑞士刀并不是严重浸泡到海水而受损，而是被喷溅到海水或被酸性水果汁、汗渍污损，使得分隔板逐渐腐蚀长矾，影响各功能件的开合，因此如何利用简单有效的方式，自己动手改造，增加铝合金分隔板的防锈蚀功能，确实是值得思考的方向。笔者在此抛砖引玉，提供一个方法：先准备一小块蜡烛、几根牙签、一个一次性的打火机，打开瑞士刀的大部分功能件，用小火烘烤分隔板。注意一定不要烤到塑胶手把，然后将小块蜡放在分隔板上，用牙签将熔化的蜡推平后再烘烤，让蜡均匀分布，将太厚的蜡刮掉，再将一小块蜡放入经常使用的刀、剪刀的支轴内。记住，蜡只能放蚂蚁头的大小，否则支轴会咬太紧，蜡熔进去后要记得再烤，多次开合使支轴的蜡烛分布均匀，如此即可大幅增加铝合金分隔板的耐腐蚀能力，也能暂时修补松动的支轴，分隔板裸露于手把外侧的部分，蜡质容易磨掉，隔一阵子要记得补充涂布。改用硬质汽车蜡代替蜡烛更容易操作。

分隔板涂蜡防腐蚀之前，刀柄内部要先清洗干净。使用过的瑞士刀，刀柄内部也需要清洗，一般多是打开所有功能件，浸泡清水约 30 ~ 60 分钟，将水分甩干，放在开冷气的空调房静置几个钟头，一般天气状况下 1 ~ 2 天就可以使内部水分完全去除，然后用牙签剃除内部的细小脏东西，最后补充蜡质保护层即可。颗粒特别细小的沙子一旦进入各功能件的支轴内，会引出大麻烦。清洗时，可以捏住水龙头的橡皮管，让水柱喷射出，冲掉里面的细沙。另外，将收合的瑞士刀装入坚固的纱网袋，并同时放入两三条手帕以缓冲撞击，放入洗衣机中与衣物同洗，也能有效清掉刀柄里面的细沙粉，之后再干燥、涂蜡。瑞士刀最常用到的是刀刃，其次是剪刀，瑞士刀有生产专用的摩擦棒，轻轻刮磨刀口，能迅速将刀子变锋利，但此款摩擦棒通常只搭配功能最多的瑞士刀一起出售。如果确实有此需要，其实自己可以到大型五金行，购买砖红色 1000 番（ # ）的砥石，只需轻轻沿着刀锋斜面轻轻磨（参考第三章），就能迅速使刀口再度变锋利。

大部分的瑞士刀没有单手开的功能，却都具备单手合的功能，刀刃、剪刀等功能件结束使用后，用食指按压刀背朝收合的方向按压，就能将功能件收合，动作既简单又方便，熟练之后安全性也高。

ALL ABOUT THE KNIVES

千祥打铁店

桃园县大溪镇介寿路905号

已传承至第二代，主要以制作锄头、镰刀、厨刀等为营业项目，代客研磨、修理刀具，并接受订制锻造各种农用、休闲用刀具。

SOG
LEATHERMAN®
SOG
LEATHERMAN
LEATHERMAN® WAVE®

「多功能折叠钳工具刀」

多功能刀的二次革命

瑞士多功能刀造福于户外活动者 100 年后，钳工具刀的革命悄然生起，将多功能瑞士刀与最常用的钳子组合在一起，成为最热卖的多功能刀具。

1 初露锋芒

旅途的遗憾激发的灵感

LEATHERMAN P.S.I. 第一把问世的折叠钳，如今已成古董。左图属同一时期的马国森工具钳。

到了 20 世纪，许多户外活动都需要使用机械，在排除机械故障时最常用到的就是钳子。钳子与多功能刀组合后，人们对钳工具刀的喜好不亚于瑞士刀开始普及的年代。

最早发明折叠钳工具刀的是美国人 Jim 莱泽曼。1975 年他 25 岁，与未婚妻结伴驾驶中古车在欧洲旅行，不巧车子抛锚，想到自己是奥勒冈州立大学机械工学科的毕业生，修车应该不难，很遗憾的是手边却只有一把童军刀，再无其他工具。他心里想着：若有适当的工具一定能修好车子。于是整个旅程都在想着有什么简便的工具，能够随身携带，修理简单的机械故障。回家后开始尝试研发与试做，1977 年完成雏形，申请获得 25 年专利，1983 年尝试生产 500 支开始销售，结果一炮而红，成为史上最具代表性的折叠钳工具刀。

早期的莱泽曼产品在商标莱泽曼后面加有“P.S.T.”。莱泽曼产品的折合长度为 10.2 厘米、小刀长度为 6.4 厘米，净重 150 克。从创意构思开始到踏出生产的第一步，大约经过了 7 年的岁月。1984 年第一张正式订单为 4000 把，从此产量一飞冲天，工厂几度扩张，现在的场址正面宽达 200 米，员工约 900 人，16 小时两班制生产，各式折叠钳工具刀年产量 300 万支，营销全世界 100 国以上。

在台湾很多玩家都不说自己带着一把钳工具刀，而是直接说自己带着莱泽曼。这个以人名命名的品牌几乎成了同好间的代名词，只有在遇到不知情者时才会说携带了一把钳工具刀。随着莱泽曼 P.S.T. 以唯一的产品在市场上攻城略地、蔚为主流且独树一帜，其他刀具厂自然也注意到了这块市场，类似设计、优劣互见的产品陆续问世。最早有马国森（AL MAR）爆裂物拆除员钳工具刀，不久之后，戈搏甩钳工具刀、索格（SOG）多款钳工具刀横刀夺爱，抢走了不少玩家的市场，不甘老厂地位被挑战的瑞士刀名厂维氏（VICTORINOX），也推出 23 种以上功能的折叠钳工具刀，瑞士刀竞争厂牌威戈（WENGER）也不甘落后，推出了固定式钳工具刀。

现在，也许许多玩家无法钟情一物，出门要考虑良久该带哪一把了吧? 蜘蛛刀（SPYDERCO）厂也推出了 SPYDERENCH 可拆开用的活动扳手工具刀，还可加装螺丝起子套组，在百花争艳的市场中争夺一席之地，这些产品随后都会介绍。近十几年间随着钳工具刀市场的百家争鸣、贴身肉搏，莱泽曼开发新产品的脚步也一直没停过，陆续开发区隔市场，不同大小尺寸、差异化功能的多款产品，坐稳折叠钳工具刀市场第一品牌的宝座。

LEATHERMAN P.S.I. 的后续功能强化型，主要想围堵维氏厂的同级产品，其防锈能力略逊于维氏厂的钢材。

瑞士刀维氏厂的折叠钳，虽然不能单手开，但功能件多达二十几种，防锈性能极佳，海上活动玩家拥护此产品者不在少数。

SOG 特殊侧开折叠的多用途折叠工具钳的完全折叠状态。

SOG 特殊侧开折叠的多用途折叠工具钳。

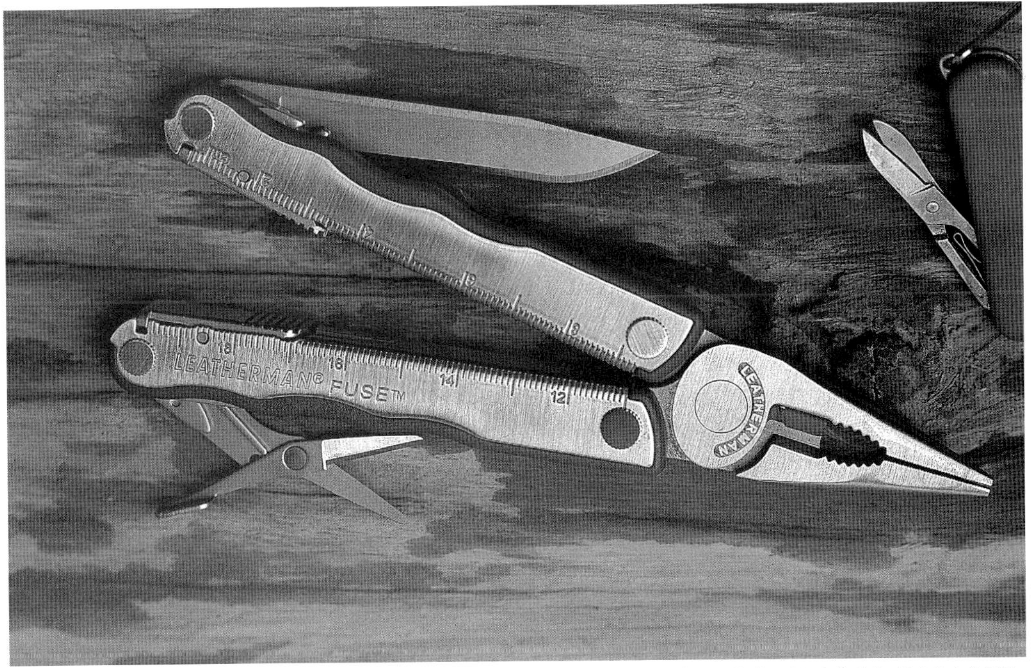

LEATHERMAN 第一把开山祖的折叠钳，后来的大改款也曾经在市场上出现过一阵子，有些刀店说不定还有收藏品，该产品十分轻便，有不少喜爱者。

2 牛刀小试

让小麻烦迎刃而解

LEATHERMAN 的功用钳在淡水环境相当耐锈，但是到了海水环境就要小心了。

折叠钳工具刀与瑞士多功能刀一样拥有许多小工具，像一个完善的小小工具箱，其附带的钳子能修理机械、从鱼嘴深处夹出鱼钩，是瑞士刀长久缺乏的重要功能。

笔者在 1984 年购入一把莱泽曼 P.S.T.，当时正苦恼从事各种户外活动，特别是几钓、船钓没有一把能防锈的多功能用具，刚好钳工具刀包含有小刀、螺丝起子、开罐器等，尤其钓到大鱼要卸下咽喉深处的钩子，尖嘴钳确实是好帮手，于是大方添购一把，不久即参加小鬼湖登山队，随身携带的钳工具刀立即展现了用途虽小却非常方便的优点。

当时夜宿屏东雾台空旷高台地的废弃小学，周围没有民宿，废校只剩四堵墙，没有屋顶没有门窗，寒风从四面八方钻进来，有位女队员的睡袋拉链不知何故被紧紧卡住，怎么也拉不动，3 位队员协力还是扯不开，我拿出新买的工具牛刀小试，展开钳子一下子就拉动了拉链，那一夜她不用受冻了！还没跟我道谢，她反倒问我：“谁登山还带一把重重的尖嘴钳？”

这样的问题很容易让人无言以对。不知她事后怎么回想？不经一事、不长一智，说不定日后会有更深的体会。

雾台夜里极寒冷！晚上 10 点多很多人都嚷着要烤火，却都蜷缩在睡袋里没行动。我悄悄地钻出睡袋，挥舞开山刀劈了一堆柴火，在墙边燃起熊熊火堆又钻回睡袋。领队叫大家去烤火驱寒，最后才勉强入眠。

野外活动难免会碰上一些意外，如果谁恰巧有准备，麻烦就能火速解决。参加团体活动

误 不管哪一种瓦斯罐要丢弃时都要在罐底打洞，但您可能家中连开罐器都没有。

时，不知你是否曾经对那些未雨绸缪的人的贴心举动，多观察、思考几分钟？特种部队在挑选队员时，非常注意观察这项细节。

在往后的几年里，几乎每次登山我都选择莱泽曼“P.S.T.”，很多朋友觉得好用跟着买，于是听到更多实例。朋友跟我讲了一个故事，有一次他们去中级山下大雨，云雾遮蔽视线而迷路，大家全身湿透身体在渐渐失温，当时正巧发现了一间原住民的猎寮，大门却被粗铁丝捆锁住了。他用随身携带的钳工具刀上的钢锯，几分钟就锯断了铁丝进入寮内。劈了干柴生起火，救了大家一命，第二天云破天晴大家都脱困了。说个题外话，受人涓滴、涌泉以报，不知后来有没有用塑料袋装一张千元钞票回谢猎寮主人？如果给了人家费用，至少可以排除窃盗这样的事。美国、加拿大山区的猎寮没上锁，但都会贴告示索取费用以及费用细目，几乎没听说当地人不付费这回事！

有一回溯溪，初次谋面的队员对我的钳子很好奇，于是借给他把玩。他说：“你的钳子只有钳嘴常用，钓鱼时会用来卸钩子，其他的功能件都是新的。很多偷脚踏车的小偷，因为专门锯铁链锁的缘故，只有钢锯用得特别钝。”后来才知道他是个刑警，休假不忘值勤，令人尊敬。

虽然钳工具刀的小刀切水果也很方便，不过用得第二多的还是开罐器，开罐器是退着开的，比较合乎国人的习惯，莱泽曼的各款产品均属此种。近年来罐头多是易拉罐设计，开罐器的用途渐减少，但反而更重要，因为很多草莓族面对易拉罐扣断掉，就只能对着罐头发愣。液化瓦斯罐气体用罄准备报废时，得用开罐器在罐底打一个洞，避开火源泄尽残余气体，否则在焚化炉中燃烧罐体时会爆裂，严重破坏焚化炉壁面的耐火砖。在资源回收过程也能减少残气引发火灾的虞虑。

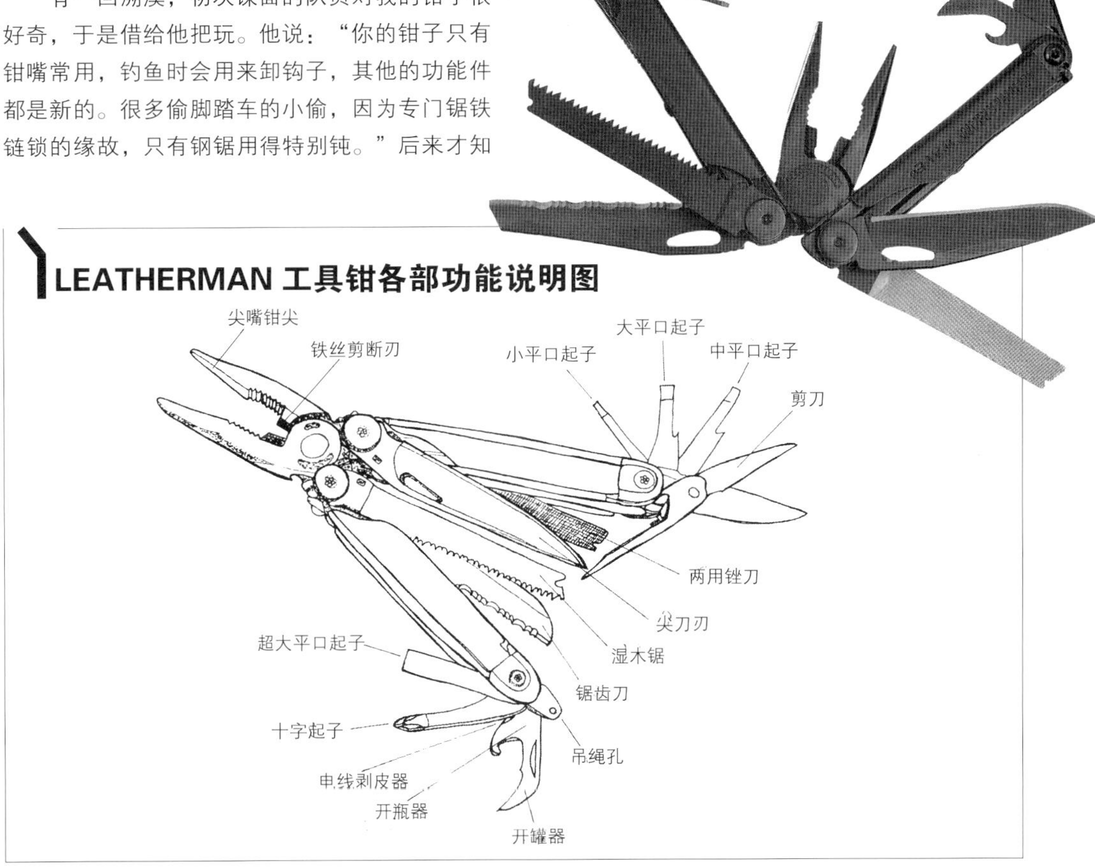

LEATHERMAN 也有针对特战军人需求、阳极处理哑黑色的版本，虽然防锈性能提升，但是长锈斑后不容易及时发现，玩家要细心呵护。

初问世即独霸市场近十年

图中指甲刀状的小工具，就是著名的 Trout Tool。

将活动扳手、平口钳、尖嘴钳等工具结合而成的多功能工具，在二战前后有不少发明，但直到折叠钳工具刀问世才石破天惊。

其实莱泽曼首创折叠钳工具刀之前，已经有全球最小型的多功能工具问世，只可惜它太小型，用途受限而默默无闻，这款小型工具直译过来称为“华顿的大拇指”（WORTOM'S THUMB），应该是美国人华顿先生所创，虽不知确切的时间，但很可能在莱泽曼之前。因为工具体积尺寸大约如一般指甲刀，如大拇指一般大小而得名。

此款产品 1998 年由日本 A&F COUNTRY 公司重新开模生产，采用更耐锈蚀、锐利的 8A 不锈钢材，更名为 TROUT TOOL。华顿先生当初为了用西式毛钩钓鳟鱼而发明了这款工具，麻雀虽小，却有 9 种功能，发明者的智慧实在令人钦佩。因为它的创意类似指甲刀，非工具钳，所以莱泽曼的历史地位没有影响。

莱泽曼量产 P.S.T. 不久，又推出迷你型号的工具钳，钳柄构造单薄与 P.S.T. 相同，用力压握把手会挤痛手掌，但由于欧美人士习惯戴鹿皮手套工作，所以不太会有妨碍，而且这样的设计反而有助于戴手套者紧握，东方人则多数不戴手套，缺点比较明显。迷你型的钳嘴与 P.S.T. 相同，手把短、功能少很多。后来还有一款莱泽曼的单手开折合小刀，刀把一体成型能锁刃，体积薄小重量轻，算是很有特色的产品。笔者手上保留有一把，以及另一款 micra。限于当时不锈钢的硬度只能算尚可，刀子并不算锋利，切切青菜水果还可以。这些折合小刀连同上述折叠钳在今天市面上都不易看到，就不多谈了。

莱泽曼在 1998 年推出 micra 折叠式剪刀与多用途小工具，以下介绍的 Squirt S4 以及 P4 即为 micra 的改良新世代版本。TOOL ADAPTER 属于折叠钳工具刀的附加工具，能加装很多种类的螺丝起子，仅适用于莱泽曼的部分款式。micra 问世不久，索格（SOG）厂也推出类似的 CROSSCUT，这一把直到今天还与我的钥匙别在一起，随身携带。内含一根不会脱

误 爬山时意外扭伤了脚，用湿木锯锯拐杖要比用小刀子的效率快好几倍。

落的牙签是它最大的优点，不像瑞士刀的牙签可能遗失。折合后手柄易松开是其缺点，所以迄今我都用橡皮筋勒紧。

其他迷你工具还有美国戈搏刀厂的 KEY CHAIN TOOL，以及美国 MINI BUCK TOOL，还有一款不知哪一国刀厂的 CARORIAN KNIFE&TOOL，在日本贩售的 MICRO GADGET，相对体积最小，各种小工具最多，有 11 种用途。

2003 年 Squirt S4 以及 P4 两款迷你工具问世，收缩长度都仅有 5.7 厘米，却有 10 种功能，S4 搭配剪刀、修指甲锉刀，P4 搭配迷你尖嘴钳、金工用锉刀，其他有两款平口螺丝起子、剥橘皮尖锥、小刀、抽取式镊子等，S4 和 P4 两款都相同。其中 S4 的剪刀采用微锯齿刃加工，大幅增加锋利程度，若用来剪包装零食的铝箔包装、钓鱼用的粗碳纤线等，会发现锋利度真的不同，但是绝对不能用来剪钓鱼编织线！

一时的瑕疵完全无损于人们对折叠钳的热爱

1999 年新堆出的莱泽曼 WAVE TM，坦白地讲摔了个大跟斗。笔者与友人一共有 3 把，都出现了问题。当时平口刀、锯齿刀采用单手开新设计，包含锉刀、湿木锯等都忽略了阻铁（硬支点）这个重要的小结构，只要稍微施力过度，四大功能的锁定构造都会损坏，玩家只能自认倒霉，海

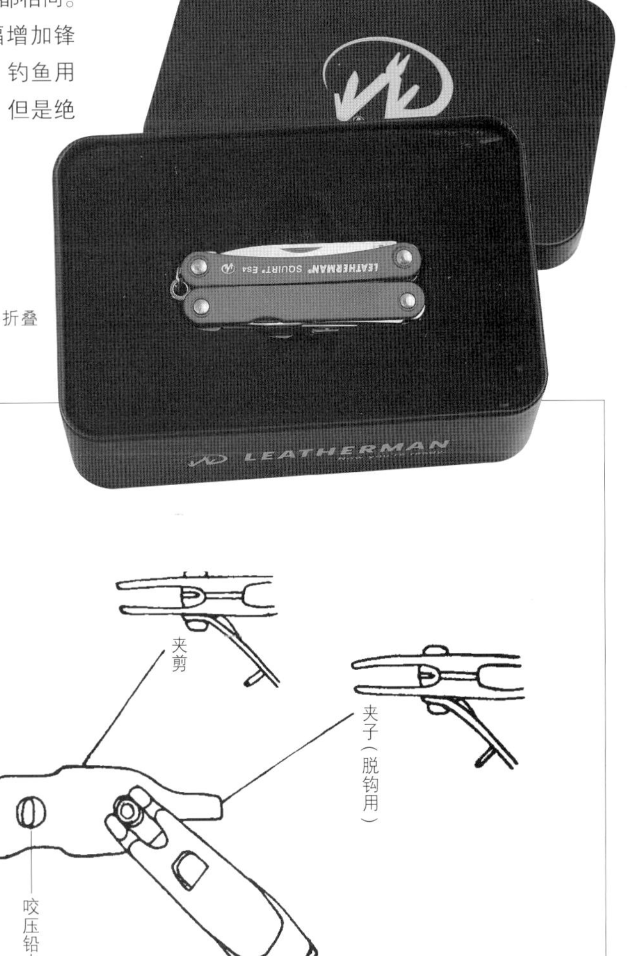

精致盒装的多功能小号折叠钳，可以作为礼品送人。

Trout Tool 各部件帮助图

外市场如何善后不得而知。2004 年推出了改良版莱泽曼 WAVE，去掉 TM 两个字。因为除硬支点、剪刀外，其他大部分功能没变。2002 年，以莱泽曼 P.S.T. 为基本设计，开发出了一些主要结构和操作法相同，功能上有若干差异的产品，甚至为了解决防锈以及军事用途，整体工具有阳极处理

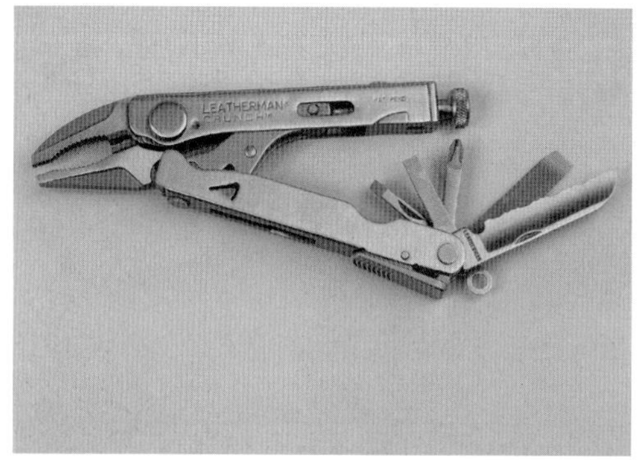

LEATHERMAN CRUNCH 最大的诉求对象是单车玩家。

哑黑色的产品型号，因为型号太多无法一一举例。

其中还有一把极为特殊，与 VISE-GRIP 结合在一起的钳工具刀，称为 VISE-GRIP MULTITOOL，附设有锯齿刀、锉、起子等 7 项功能。无独有偶，著名刀厂卡秀（KERSHAW），也推出了一款 MULTI TOOL，也是以 VISE-GRIP 为基础，锯齿刀采用单手开设计，其他锉、开罐、开瓶器等共有 9 种功能，通常是重机、单车玩家选购的备用工具。VISE-GRIP 最早是美国专利的固定钳，当两块物件要固定焊接、钻孔、裁断时，选用不同型号的钳嘴，调整好开口大小夹紧加工物即可，甚至连非金属材料的木材、塑胶、皮革也都能夹紧固定。现在 VISE-GRIP 成了固定钳的重要品牌，有几十种不同的钳口构造。以转动螺母为例，VISE-GRIP 能先锁住再转，效果比一般钳子好很多，已接近扳手的功能，所以在重机、单车玩家领域有撑起另一片天的市场潜力。

小型多功能折叠钳的型号式样繁多，推陈出新，玩家亲自到刀店选购才能知道自己要什么。

误 多数人骑单车都不准备精简的修理工具，也不知道早已有专用的折叠钳问世。

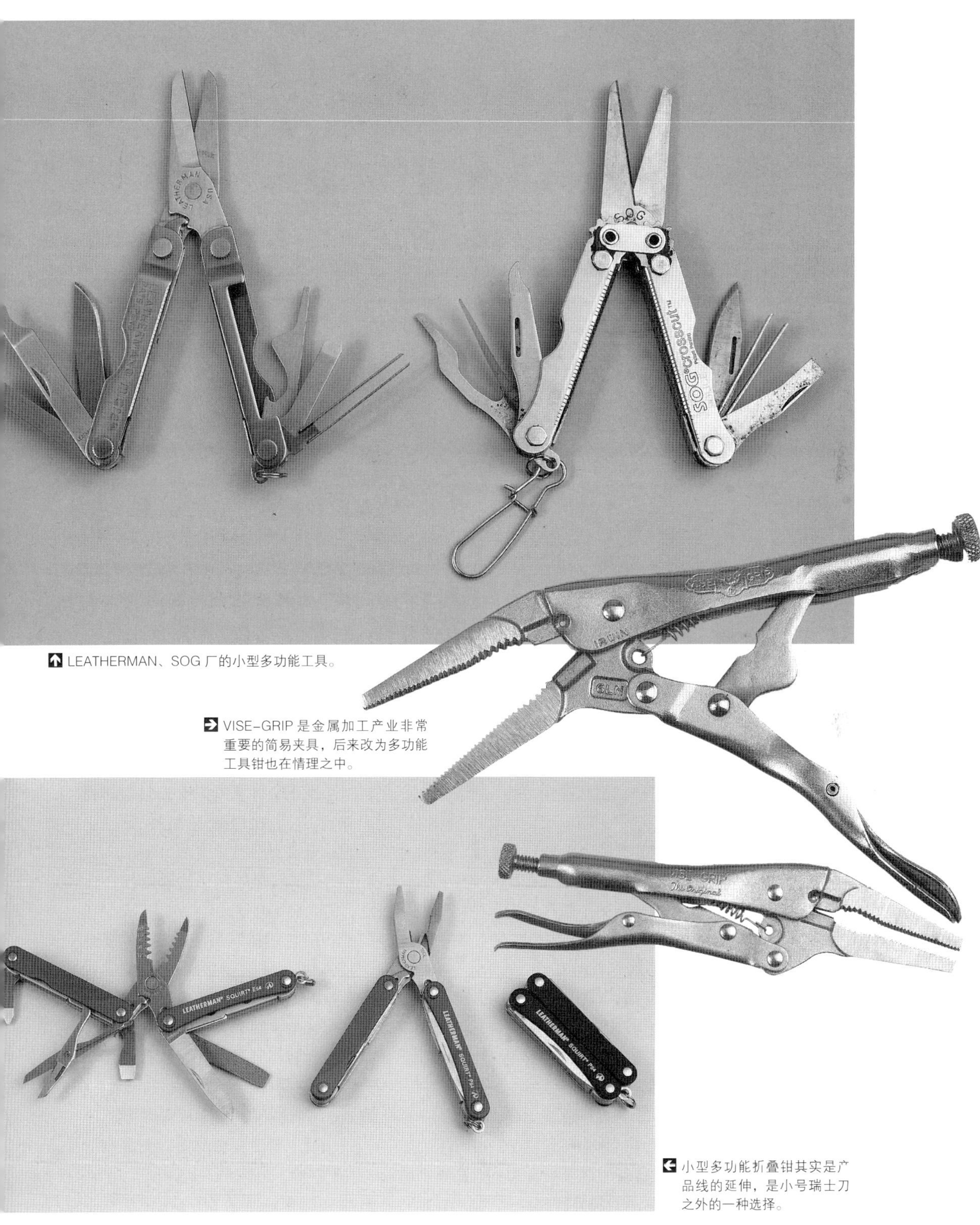

🡅 LEATHERMAN、SOG 厂的小型多功能工具。

➔ VISE-GRIP 是金属加工产业非常重要的简易夹具，后来改为多功能工具钳也在情理之中。

🡄 小型多功能折叠钳其实是产品线的延伸，是小号瑞士刀之外的一种选择。

即使类似产品众多，宝座仍未易手

学习玩刀的必修课是自行修饰刀具的锐利棱角，或者去除意外的锈斑。

莱泽曼为避免宝座易手，努力开发许多有创意的新产品，以维持其独占鳌头的历史地位。许多新产品开发太快引起的小瑕疵，也都能迅速改善而颇得人心。

2003年莱泽曼推出改良版的 WAVE，锯齿刀圆尖改成斜角尖，剪刀改型后也变得好用多了，一面是钻石锉，另一面是金工锉，刃部兼具金属锯的功能。其中刀和锯齿刀都改成了单手开，并与锉刀、湿木锯都放在手把分隔位置，更容易折叠取用。以上四种功能另附独力锁定构造，手把隔间又特别设计让手把握取更舒适，大幅提升了工具的实用性。其他如开罐器、剪刀、起子的锁定功能、效果和操作性都比旧款有了大幅改善。

而 WAVE TM 的重大缺点，已经用结构突起的硬支点加固，大幅增加受力的耐用度，正常使用的情况下已经不可能受损。其中排在钳、刀、锯齿刀、开罐器这四种最常使用工具之后的居然是大家想象不到的眼镜螺丝起子，这个起子无论是在办公室还是野外活动中，常常被用来拧紧眼镜的螺丝。WAVE 或 CHARGE，都有一个可更换螺丝起子尖的插座，另购套组可使用多达数十种的不同尺寸、不同型号的内四角、内六角等起子尖。

2004 年莱泽曼再推出 WAVE 的最新进化版，CHARGE，手把采用钛合金一体成型，其他内装搭配的工具与 WAVE 大致相同，只有刀刃的不锈钢钢材，改用美国编号的 154CM，刀口最佳硬度约 HRC59，与日本钢 ATS-34 相仿而略高，但锋利持久度好一些，与 WAVE 刀子所用的钢材 420J 相比，锋利持久度要高出 3 倍。钛合金手把将其他工具包覆在内，工具的防尘性、防海水喷溅的功能有了大幅提升，转动点也比较不容易生锈而咬住，但是握把变得有点粗。以笔者的手掌为例，尽量撑开后，拇指和小指尖的距离最长为 22.5 厘米，握住展开的钳子，刚好觉得是灵活操作的最大极限。假如手掌特别厚，应该无法灵活操作。

此外 WAVE 和 CHARGE 的刀、锯齿刃的两个指压长孔，都没有修倒角，细皮嫩肉的都市人推压时，有可能被刮下一点皮，自己得用细砂纸慢慢打磨，但是小心别毁掉了刀的亮面。后期生产的产品，倒角都已经修整过。2005 年推出的 WAVE 新版本 SURGE，单手开的刀

除了有单手开刀、锯，另外还有其他多功能的折叠钳，这是很多户外活动者添购并随身携带的主因。

钛合金手把的 Charge，附带配备有各种螺丝起子尖头。

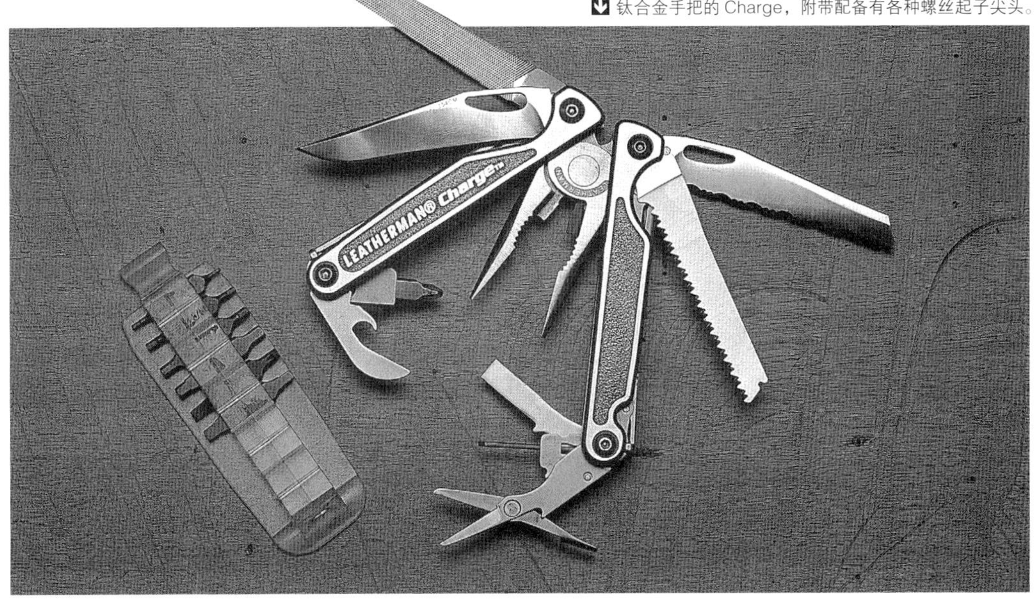

和锯齿刀维持不变，原先锉刀位置改成功能进化版的剪刀，原先湿木锯的位置改成固定座，可以选择和更换湿木锯、金工锉刀，其他小功能件也多有更换新款式。另外草创期的折叠钳改成了新款 CORE，设计的功能件锁定更好操作，多数功能件都更新了设计，功能更强，更好操作了。

莱泽曼相关工具年产量极大，工厂没有办法完全解决鞘套的问题，一般多由当地代理商自己打样由莱泽曼审核，再自行生产，所以鞘套的设计有点乱，不一定好用，导致工具刀时有遗失。

原厂的鞘套确实比副厂的鞘套好很多。其他厂牌工具钳的鞘套，也请留意相关的问题。

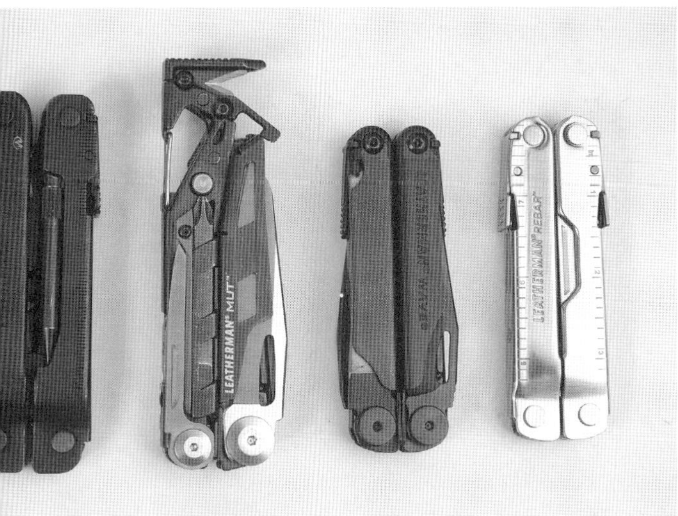

LEATHERMAN 采取非常奇特的营销策略，不断推出新产品，很少回头再生产旧款式，玩家不立刻下手抢买，可能以后就买不到了。图为功能太多、说不清针对何种玩家的各式刀。

LEATHERMAN WAVE TM 没有挡住刀、锯等功能件的硬支点。

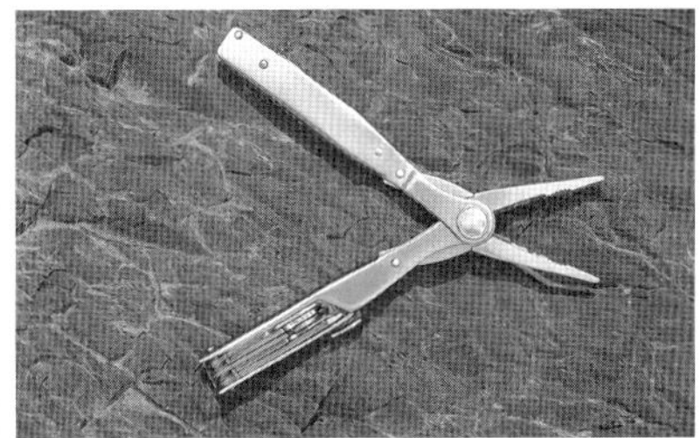

钳头可以旋转更换的特殊工具钳，市面上恐怕不易买到。

一亿把的市场规模引发群雄争战

GERBER 甩钳的钳头分为尖嘴与平口。

莱泽曼独霸市场 10 年左右，后来陆续有许多著名老厂、富有创意的年轻新工厂加入战局，如今已成为各具特色三大厂三足鼎立的局面。

1998 年 VICTORINOX 厂推出 SWISSTOOL，也是属于折叠钳工具刀，只不过折合方向刚好与莱泽曼这样的传统方向相反，也一样方便好操作，充分展现了百年老厂不苟同山寨文化，坚持研发创新的气度。SWISSTOOL 有 23 种功能，大致上都是刀、剪、锯、锉、起子等，另有 RS 式样，仅将锉刀改成内弯锯齿刀，专为割断高分子绳索而设计，其他功能不变，还能另购加装各式螺丝起子套组。其他各部分的功能与使用方法、心得，大致上与后来加入竞争行列的厂商产品大同小异，若有差别与特色将分别论述，否则本文将简单扼要一起说明。

SWISSTOOL 的钢材是 VICTORINOX 厂用于制作瑞士刀的不锈钢料，防锈能力优异，而莱泽曼的手把钢材用的是 420J 的不锈钢，虽然也经过特殊抛光处理，但防锈能力比 SWISSTOOL 差一些，经常海钓的钓友，可能得选购 SWISSTOOL。日本刀厂 G.SAKAI 也有两款多功能工具钳，一为固定式，一为独创折叠式，与美国名刀厂巴克（BUCK）的折叠钳类似，因为类似产品太多，无法凸显特色而不为人知。

1998 年美国手工刀师傅创立的刀厂 A.G.RUSSELL，也推出一款固定式多功能钳，大约有 7 种功能。其构造功能类似索格（SOG）的产品，后者我买过一把，最大的特色是钳、刀比较够力，钳子能剪 2 毫米粗的铁丝，索格同款还有一把小 1/3 的产品，功能类似，名称分别为 TOOL GRIP、MICRO TOOL GRIP，以及类似莱泽曼 P.S.I. 的折合工具钳 POWER PLIER。

在 1996 年索格推出侧开式的折叠工具钳刀，称为 TOOL-3 系列，大约有阳极哑黑等四个功能类似的型号。2002 年索格厂推出弹出式 SWITCH PLIERS，按压刀侧主支轴的按钮，

误 一般人喜欢从用刀的概念来看待折叠钳，其实它是修理户外活动小麻烦的工具箱。

钳子的手把能弹出来，还蛮好玩的，属于非常独特又有创意的产品，其他的有半锯齿刀、锉、起子、开罐器等锁定式 7 种小工具。因为索格厂有这么多钳工具刀产品，几乎稳坐折叠钳业界的第三把交椅，第二名下文再谈。

2002 年美国枪械名厂史密斯威森（SMITH & WESSON）推出 44MAG TOOL，大小、体积、功能与莱泽曼 P.S.T. 相差不多，手把的防滑设计稍强。其他还有 FREE HAND 的折叠钳，特别重视耐用性。相信很多人会好奇，为什么有这么刀厂竞相研发这一类的产品？简单地讲，这是户外活动刀具类，延伸到一般民众的广大市场，20 年来总销售量应该超过一亿把以上！总值超过 100 亿美金。如果哪个户外活动玩家手上没有一两把，就未免太跟不上形势了！遑论什么冒险家、探险者这些专业人士了。

截然不同的甩钳异军突起，屈居亚军

1999 年戈搏 COMPACT TOOL 问世，该产品打开钳子的方式很特别，拇指食指捏住钳把末端往前轻轻抛甩，钳头随即甩出，用钳或其他工具都得如此，还发出“咔嚓”一声特殊的脆响，非常讨玩家的欢心。帅气一甩，总能吸引玩家的注目，玩家称为甩钳。它几乎成为销量第二大的产品。

刚上市买到手不久，被朋友借去把玩几天，再决定是否购买。某天，他前往银行修理事务机械，在低头吃便当的驻卫警身旁，很平常地“咔

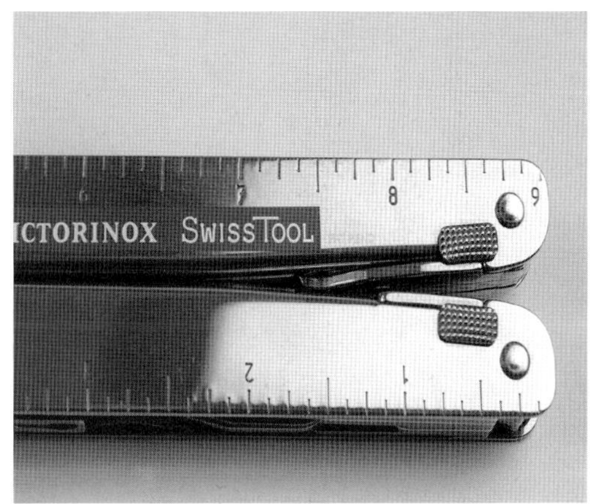

维氏厂的折叠钳的锁扣细小，但功能非常实用。

中等大小的 GERBER 甩钳，其所附带的多功能工具减轻了装备的重量。

嚓”一声甩出钳子，驻卫警受到惊吓，打翻了桌子、拔出手枪做备射状，才知虚惊一场！自动手枪即台湾俗称的 90 手枪，若要上膛必须把包住枪管类似长方形铁块（滑套）往后拉到底再松脱，使其全力弹回复位，这个动作会发出“咔嚓”一声，以确定子弹上膛。通常，如果声音不够脆响，就说明滑套可能未到位，子弹未上膛无法击发。驻卫警听见“咔嚓”的声响，以为有人拉滑套上膛要抢银行。塑胶假枪、铝合金模型枪是没有如此音效的！这类折叠钳工具刀的很多买家都是军警，所以 COMPACT TOOL 也有将钳头缓缓推出到位的功能，以免吓跑预备突击的目标。

COMPACT TOOL 的钳头有三种款式，尖嘴钳、平口钳（钳嘴宽而钝），还有细长尖嘴钳，钳尖加长 75%，钓鱼专用，是美国邮购商订制品，在店面未必能买到。老虎钳是为美国猎人设计的，必要时用于更换弹头。到了 2002 年，这一系列产品也经发展成为功能大同小异，多达 7 款的产品。COMPACT TOOL 外表涂有特殊的防锈层，非常耐海水，但盐分会卡住各个支轴的活动点，若接触海水离开海边以后，必须尽快泡淡水去掉盐分后擦拭干净。构造的缝隙长锈点、脏斑后，要用质地硬的牙签用力铲除擦拭。大凡折叠钳工具刀类都需要如此费心保养维护。

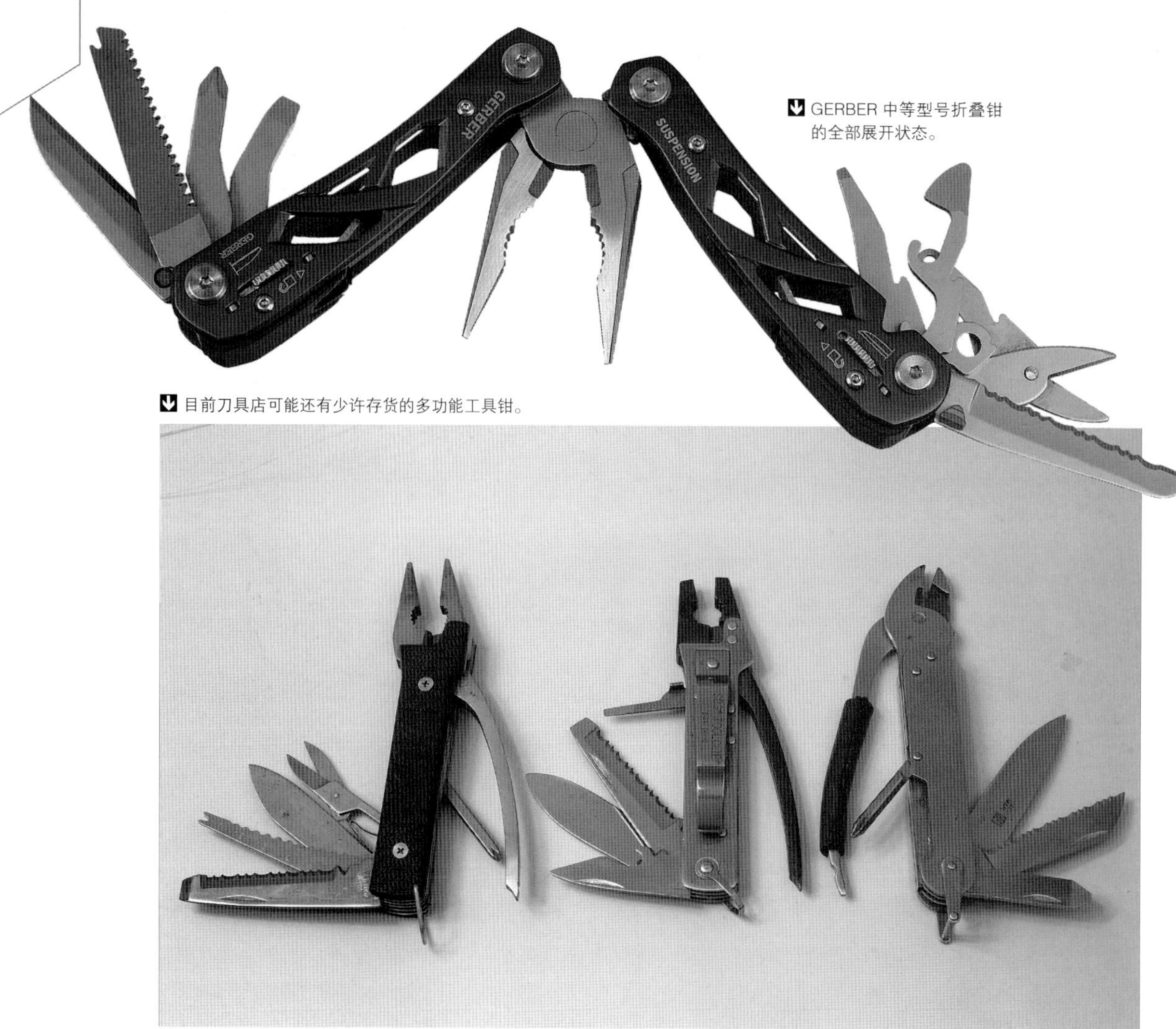

GERBER 中等型号折叠钳的全部展开状态。

目前刀具店可能还有少许存货的多功能工具钳。

误 选购折叠钳最好仔细思考一下用途，不能流于品牌崇拜。

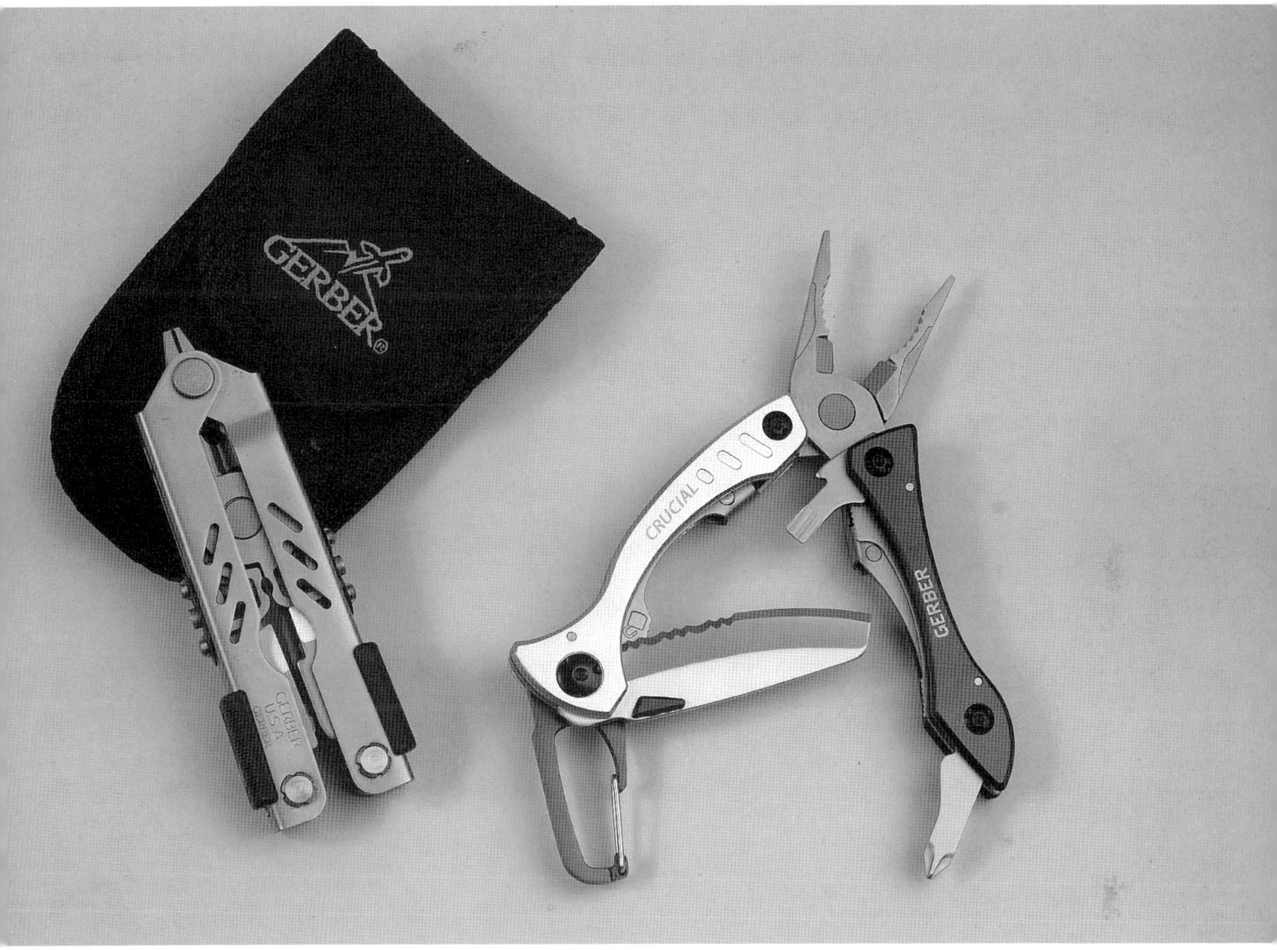

产量位居前几名的工具钳生产厂，都采用不回头生产旧型号的策略，迫使玩家要立刻下手买，这样可以尽快将市场上的现货销售完。

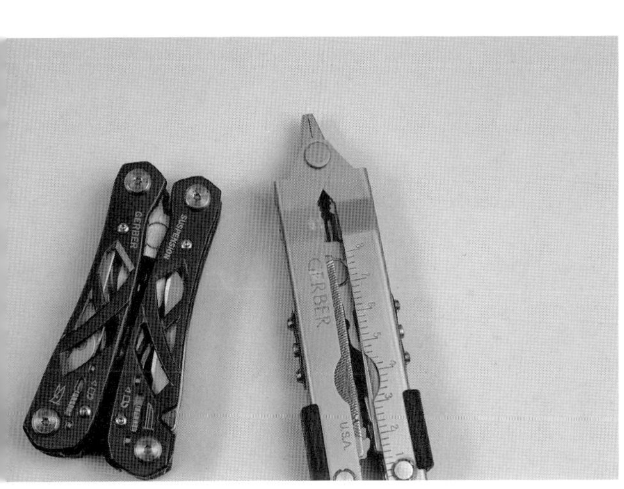

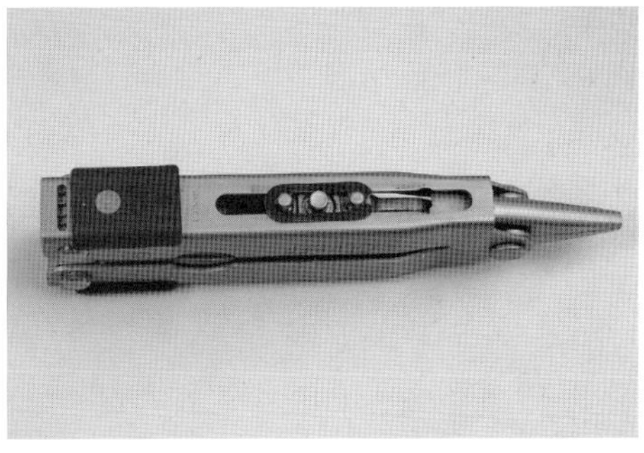

GERBER 甩钳上有锁扣，能慢慢无声地将钳头推定位，手柄尾端的黑塑胶，属于其他功能件的锁扣。

GERBER 甩钳同样有生产轻量化的中等型号折叠钳。

功能件的多寡决定价钱与用途

钳头无法折叠的工具钳，通常体积较大，功能件较少。

钳头固定的工具钳通常价钱较低，功能件较少，构造比较简单，多适合较普通的户外活动，反之则价高、功能件多，适合较专业的户外活动。

折叠钳工具刀是指钳头部分能够折合、收缩伸展，另外还附设有许多其他工具的刀。钳工具刀的钳头不具备折叠、伸缩功能，只将刀、锉、起子等附属工具，纳入钳柄的设计，则功能多受限制，产品有 7 ~ 8 样功能就算不错了。折叠式有十多种甚至多达二十几种功能，一般的户外活动玩家都挑选钳工具刀，价钱略低、坚固耐用，视品牌与功能多寡，大约千余台币到 2000 台币出头。使用器材比较复杂的户外活动玩家，则多选用折叠钳工具刀，防风沙、

既像单手开的刀子、又像折叠钳的多用途工具（LEATHERMAN 牌）。

误 带着一把不够锋利的多功能工具出门，是玩家常犯的错误。

泥浆、海水的能力略逊一些，价钱略高些，3000 ~ 5000 台币。折合工具刀的其他附属工具，操作状态要能固定，几乎已经是标准规格，买家要留意一些。

近 10 年来，户外活动的项目越来越多，技术器具日渐繁复，操作某项目的同时，临时要用钳、刀等工具，玩家都希望能够单手操作，还能兼顾眼前正在进行的活动，所以设计能够单手开合操作的钳、刀等工具，已经蔚为主流，例如：WAVE、CHARGE、COMPACT TOOL、SWISSTOOL 等都拥有单手打开、合拢钳头的功能，但后两者的其他附属刀、起子等还是需要双手打开。WAVE、CHARGE 的刀、锯齿刀能够单手开，也能单手释放锁定构造合起刀子。另外 WAVE、CHARGE 能够单手打开、合拢钳头功能，都有几个分解动作，请参考分解图。

去野外千万不要带不够锋利的工具钳

降落伞的伞绳拉力只能承受 250 千克，现在的高分子纤维户外活动绳索，与伞绳同样粗细，大约都有 500 千克以上的拉力，各种帆绳、缆绳、垂钓编织线、攀岩垂降绳等的拉力更惊人，这也表明纤维质料更坚硬，一般户外用途刀具的刃口只有 HRC58 度左右，用力割一两刀，刀口就钝掉了，很难割断直径 1 厘米以上的粗绳，当然，懂不懂割绳技巧又是另一回事。如果割直径 0.5 厘米左右的绳子，即使割断了刀口也基本上钝了，为了增加割断高分子纤维绳的效率，很多种类的

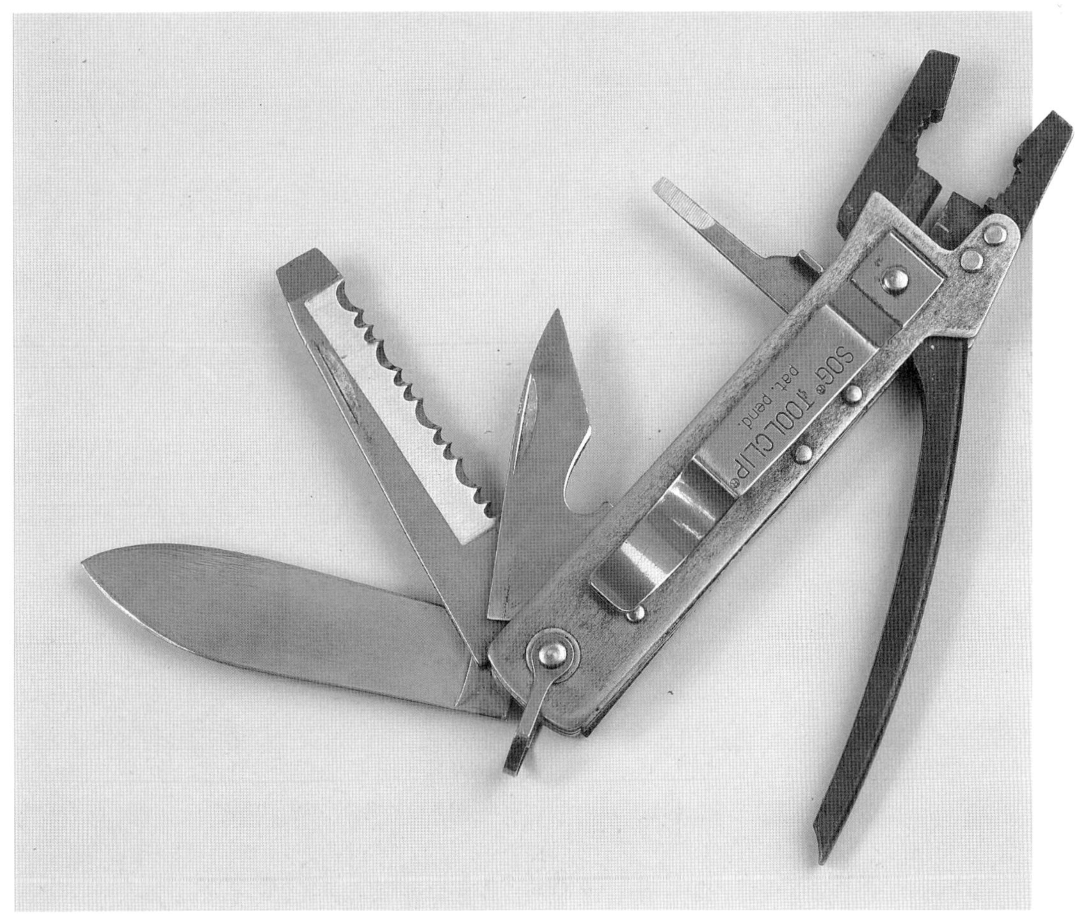

多功能工具钳的钳头无法折叠，但是各种功能件很耐用很结实。

刀都有锯齿刃的设计，同样 HRC58 度，却大约能增加 3 倍割断绳索的效率与锋利持久度。锯齿刃钝了一般人很难重新磨利，所以锯齿刃平时应该备而不用。等到水上活动、绳攀垂降被绳索缠住，在千钧一发之际，就可以抽出锐利的锯齿刃割断绳索脱困。平时一般的切割还是用平口刃。

WAVE 的单手开锯齿刃在单手开的按压位置，即刀背上镌刻有城垛状条痕（触摸识别记号），就是希望玩家在危急间，即使眼睛看不见，凭指尖感觉也能拨出锯齿刃。玩家平常没事，可以摸黑闭眼把玩开合锯齿刃，以掌握安全自保技术，即使一辈子只用一次也是大赚！专业用绳玩家的锯齿刀，请选用 SPYDERCO 刀厂的专业锯齿刃割绳刀。

携带多功能折合工具钳刀去户外活动时，请谨记这是一个急用备案的工具箱，紧急时才拿出来用，如果你的活动需要大量地削砍荆棘灌丛来开路或劈柴升火，锯断挡路的枯倒木，请您另外携带开山刀、斧头、锯子。一般人可能不会拥有磨利上述利刃的技术与工具，所以常常使用会变钝，等到危急的时候，那些工具可能也派不上用场了。工具钳的锉刀、钢锯，一旦钝了，几乎没办法再磨利。钳子剪断铁丝的功能是有限的，请细看原厂说明书。湿木锯子和剪刀虽然有再磨利几次的可能，但是需要较复杂精细的技巧。磨刀子虽然简单，多数人却可能都不会。很多人因为家中、办公室急需一时将钳刀拿来用，久而久之变钝了，那该怎么办？应该再买一把全新的作为野外专用，把旧的拿来随便用，之后可以当作实验对象，设法学习怎么把变钝的利器恢复锋利，多试几次就会无师自通！听说部分刀店有提供磨利服务，购买时最好问清楚。

折叠钳单手开合动作

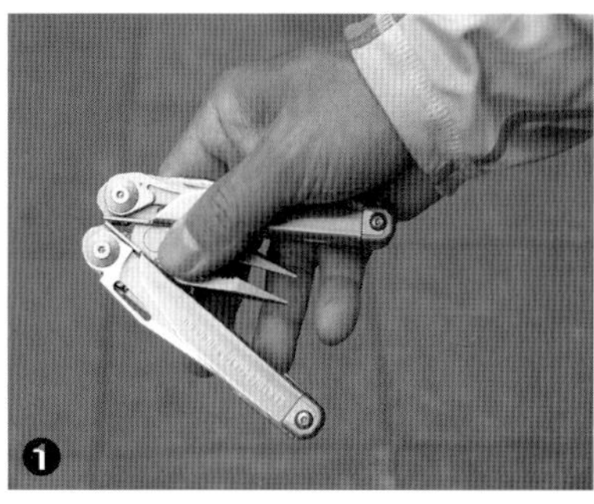

取出折叠钳用中指、无名指、小指将握把推开。

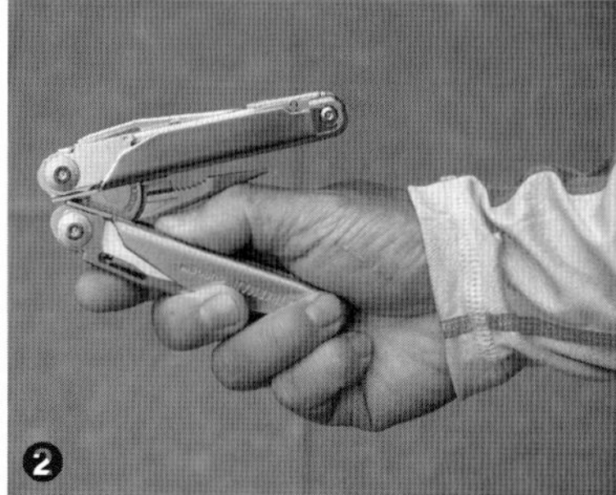

将另一侧的握把翻转朝上，往前方朝下用力甩出，即成下图的状态。

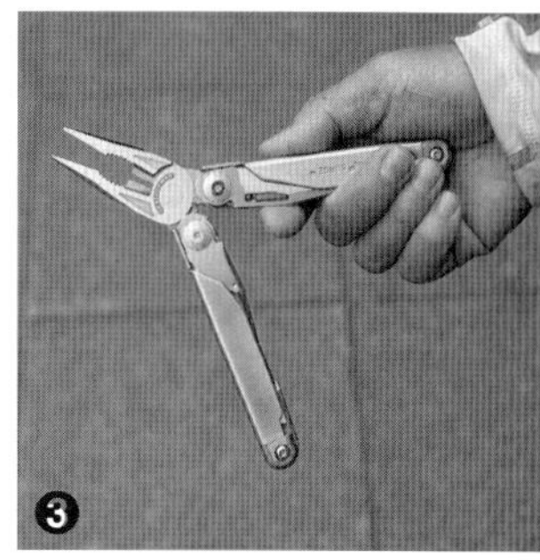

完成翻甩动作后，通常另一侧的钳柄还没到位。

将另一侧的握把朝大腿推挤使其变成使用状态。

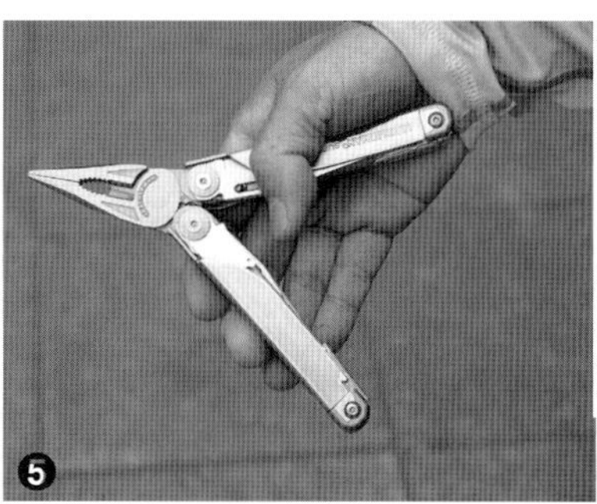

如果你的手掌够大，直接扣住另一侧握把用力紧握，即成使用状态。

误 多功能折叠钳构造复杂，玩家通常没有阅读说明书仔细把玩，所以无法适时发挥其功能。

图为日本杂牌的产品，耐锈蚀的能力明显不足，但仍不失为耐用的工具。

单手收合折叠钳的连续动作图

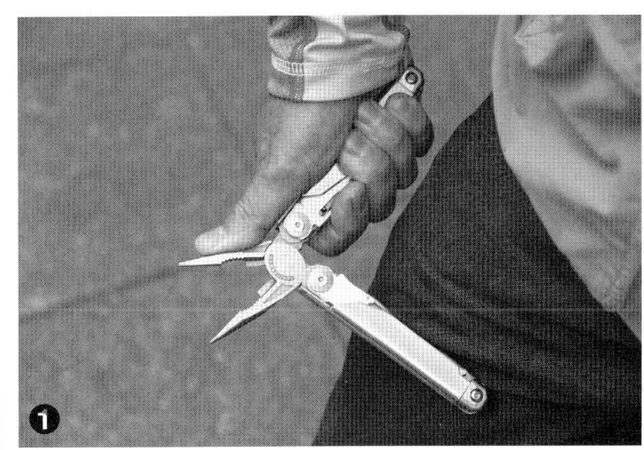

大拇指顶住钳尖，以大腿为支撑、压住另一侧握把，将手中的握把折起，即可完成单手收合的动作。

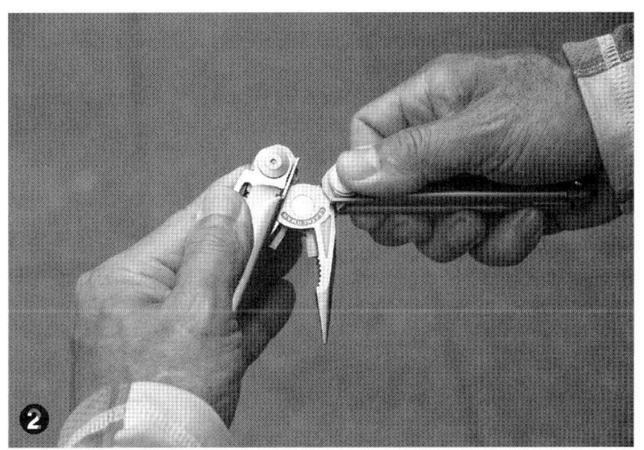

当然也可以两手一起将比较新涩的握把收合起来。

ALL ABOUT THE KNIVES

瑞格华股份有限公司

中国台北市西宁南路36号1楼之104

中国台湾贩卖刀具的著名老店，除了世界各国著名工厂刀之外，还有一大半的产品属于高级手工刀，或者稀有的品牌刀，以及一小部分高级二手刀，各类产品种类繁多，是台湾玩家必去的专业店。

SOG
SOG-TAC Mini Automatic
09878
08/2012
Ser. 1663
Tomcat 3.0™
VG-10 Seki-Japan

「格斗刀与求生刀」

热兵器时代最火的冷兵器

战士随身携带历史最久的格斗求生刀，在20世纪上半期受到极度压缩，只剩下了刺刀，但是到了20世纪下半期开始咸鱼翻身，现在竟然成了大热门。

1 初露锋芒

二战是军用格斗刀翻身的分水岭

不论是部落民族或冷兵器时代的军人，除了主要武器以外，都会另配一把短小好携带的格斗求生刀，但是到了火器大兴盛的年代，格斗求生刀却逐渐被人们淡忘了。

格斗刀、求生刀的起源甚早，人类大概发明钢铁刀以后，牧民、猎人、战士、士兵随身佩戴的短刀，就已经扮演起格斗刀、求生刀的角色了。台湾早期的原住民随身佩带一把开山刀、一包盐、一袋燻干山芋头，就能在深山生活半个月。开山刀既是出草馘首的格斗刀，也是与山猪搏斗、劈砍柴火的求生刀，所以格斗刀、求生刀的概念其实很早就有了。再举个例子，日本武士随身佩戴一把主要的长刀，再配一把中等长度，或者一长一短，随身佩戴长、中、短三把刀的较少见。关于古董武士刀的价格，存在一个有趣的现象。如果同一个工匠锻造，等级相当而且没瑕疵的话，长刀价钱假设为 100 万日元，短刀 50 万日元，中等长度的刀（日文：脇指）却只值 30 万日元。中刀所需的玉钢原料、锻造的工夫都比短刀多，为何反而不值钱？武士与士族妇女的短刀有很大的不同，妇女佩戴的短刀刀身薄约 4 厘米，一般多为近身自卫。武士短刀的刀身几乎是妇女用短刀的两倍厚。当双方鏖战短兵相接，两方武士墜下马扭打成一团，长刀早已不知掉到哪里去了，将敌人压制在泥地上的武士只能抽出腰间的厚刃短刀，以刀尖撬开甲胄钢片的缝隙，然后用力戳进去夺去敌人性命。为了撬开甲胄钢片，所以刀身加倍厚，这一点近年来开始兴盛起来的格斗刀也学到了。

为避免短刀从持刀撬开甲胄的手上滑落，武士的短刀有个小护手，护手日文称为“镡”，用于近身相搏的武士短刀也称为镡刀，所以镡刀也算是格斗刀的一种。江户幕府统一日本后，日本人几乎四百年间都没有机会骑马打仗，镡刀早已成了古董中的古董，近代流传的古董短刀以士族妇女护身的薄刃怀剑为主。不管是镡刀还是怀剑在日本都是英烈坚贞的象征，所以

市场上常见的泰雅族开山刀，直到目前仍然是原住民在山区活动的好帮手。

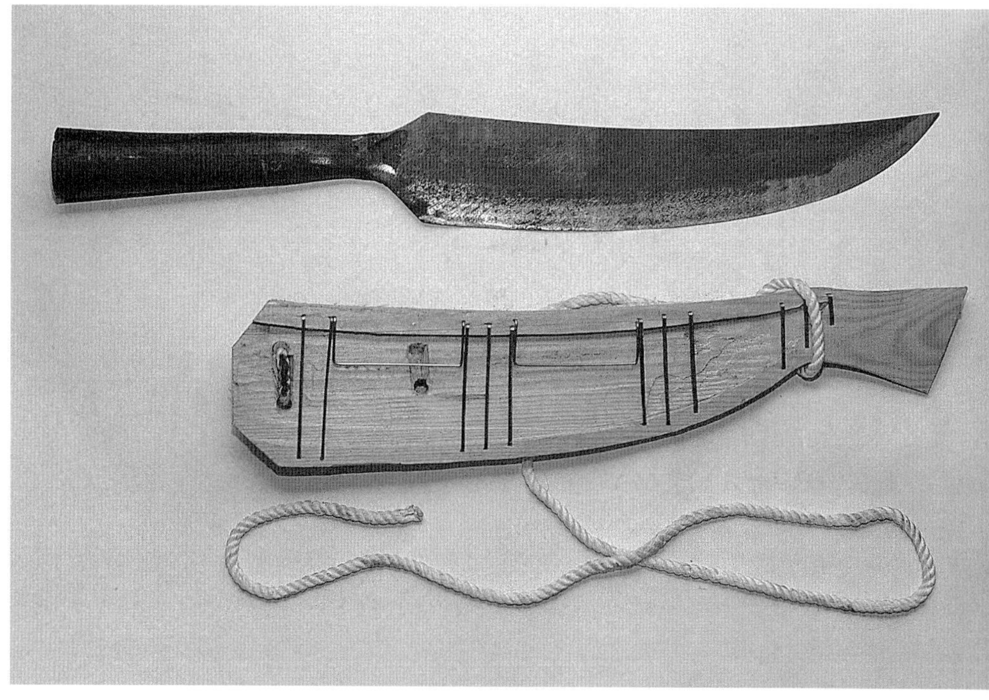

武士刀大磨上示意图

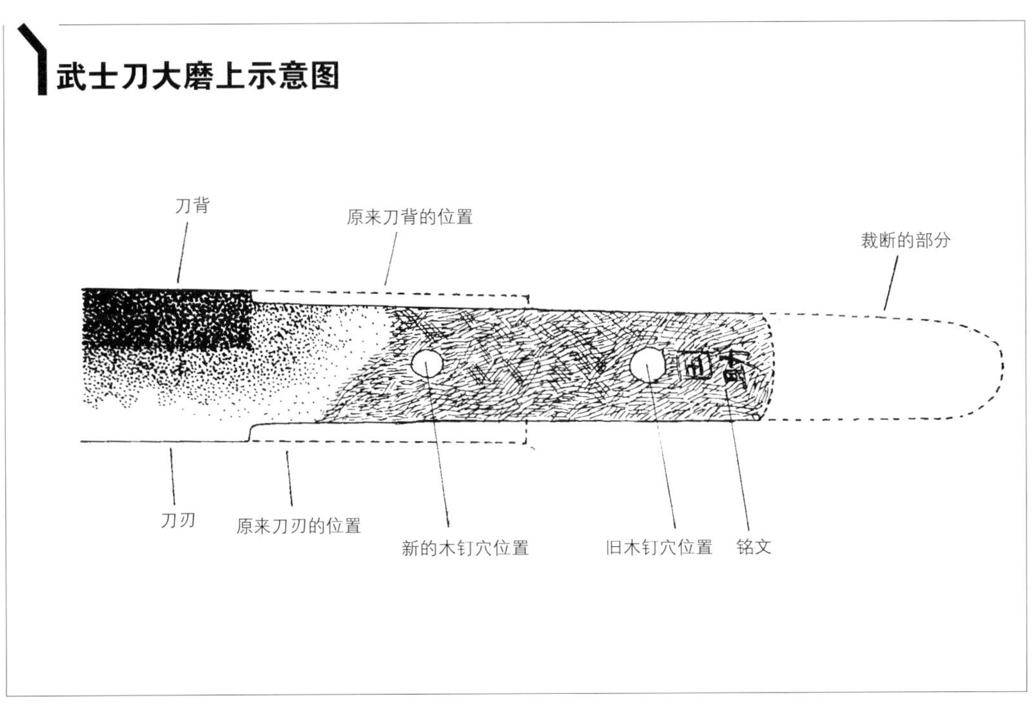

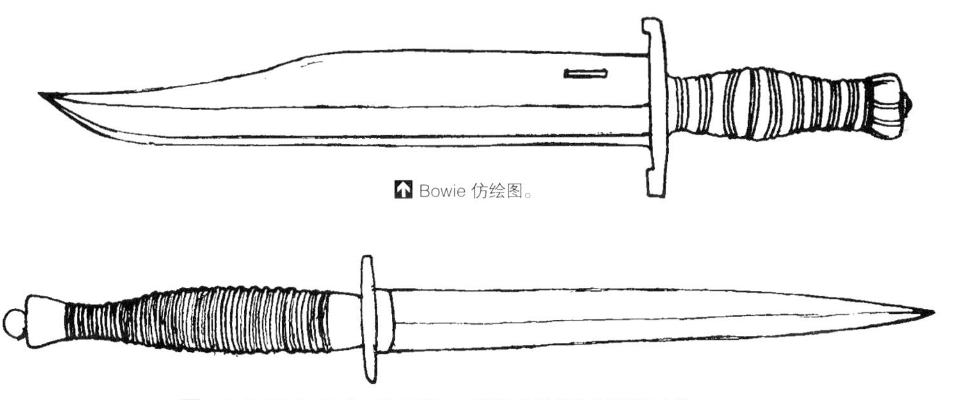

Bowie 仿绘图。

二战英军的格斗匕首，除了杀敌，据说还让特战队员遇难时自裁。

价钱较高。中等长度的武士刀，通常都是武士的长刀被夺，抽出中刀应变，或在府邸官署内下犯上，可能流亡逃入丛林，中刀可以当开山刀用。武士刀的脆弱点在刀身与榫头接连处，如果超出刀强度的负荷能力，刀子就会从此处断开；若刀身有瑕疵则会断刀身。一旦断在榫头，则刀身尾段修磨成榫头（日文：大磨上）改造成为中刀。如此锻造的工匠不想留下臭名，很少在榫头凿刻铭文（刀匠姓名为主的文字），所以中刀无铭居多，即使鉴定知道是哪位刀匠的无铭刀，价钱自然比有铭文的差很多。中刀的背后充满负面故事，导致短刀比中刀值钱。即便中刀如此充满负面评价，武士除了精练长刀用法，还需精练中刀用法，既要以中对长、以中对中，还要练中刀对空手，所以中刀也算是格斗刀的一种。西洋战士一般同时配备长刀和短刀，说明不管何时何地，短刀总有格斗刀的用途。

南北战争期间博伊刀开始逆势突围

美国南北战争末期民穷财尽，北军炮兵已无余裕配发步枪，只能广泛配发一种全长约 60 厘米的皮鞘大猎刀，一方面能砍树清射界、安营扎寨修整阵地防护工事，另一方面当敌军攻入阵地时则可以近身搏斗，整体用法很像“台湾先住民”的开山刀。战时兵荒马乱，迄今博伊刀（Bowie）的名称还无法确定是怎么得来的，仅推测是某位首创此刀的铁匠姓名，经炮兵验证实用性高而广为仿效，于是流传至今。平民兵由于没有长久练习刀剑武术，挥砍杀敌时动作不是很精准，所以博伊刀的刀尖部分做成了两面锋利状，增加了不学也能刺杀的杀伤力，长久以来的博伊刀都如此设计而成为传统。直到今天还有很多猎人、钓客、露营野餐的民众都还在腰间配挂一把博伊刀，为使刀子轻便，总长度已缩短至当初的六成左右。

二战期间英国特种部队袭击德国时，队员都配发刀柄用青铜铸造，钢铁制狭窄长刀身、厚脊两刃的匕首，这也是典型的格斗刀。美国卡美卢斯厂为参加太平洋战争的美军制造了一款人手一把的 MARINE fIGHTINGKNIFE，既是格斗刀也是求生刀，丛林作战时用刀子的机会很多，刺刀要保持锋利不能乱用，所以会额外配发一把格斗刀。

同一家公司另有 PIOLET SURVIVAL 求生刀，是朝鲜战争、越南战争中飞行员的随身配备。此举也说明了，在枪炮火器大兴的时代，求生刀还是非常重要的配备。

武士刀长刀上仿古的护手，在日本有很多玩家收藏。

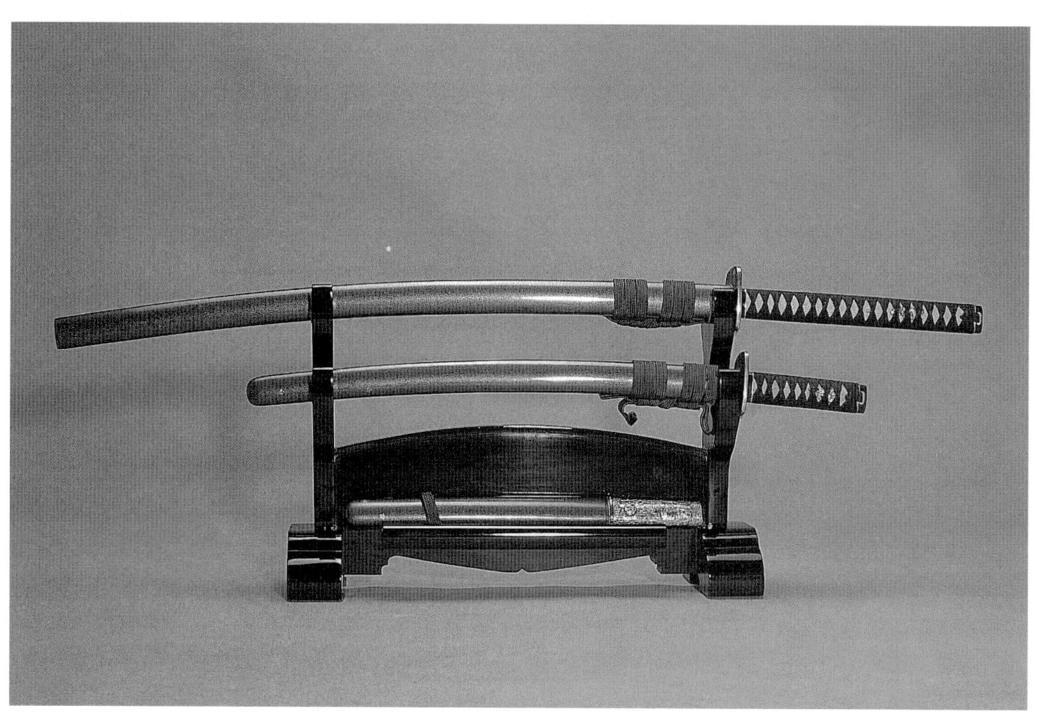

仿古的武士刀长、中、短三刀组。

日本战国时代武士妇女的防身腰刀比江户期更精制，传世者少，上图为仿古品。下图：平民防身短刀称为合口，素木刀鞘，通常刀刃精品少。图中刀刃有佛教密宗图腾的破魔三钴剑，属于精品。素木刀鞘另一用途为保存鞘，图中的刀刃拆自腰刀，放入素木鞘保存。

按 1：6 全比例缩小的仿真日本武士人偶，可以看见腰带下方短刀的刀鞘。

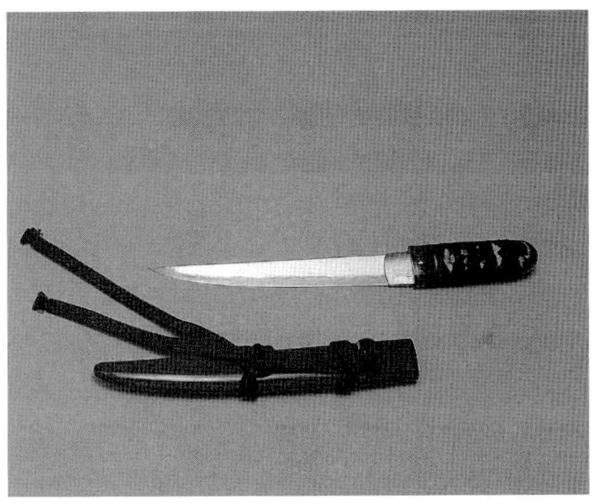

江户幕府时期女性武士用的短刀，称为怀剑，通长刀身的厚度较小。

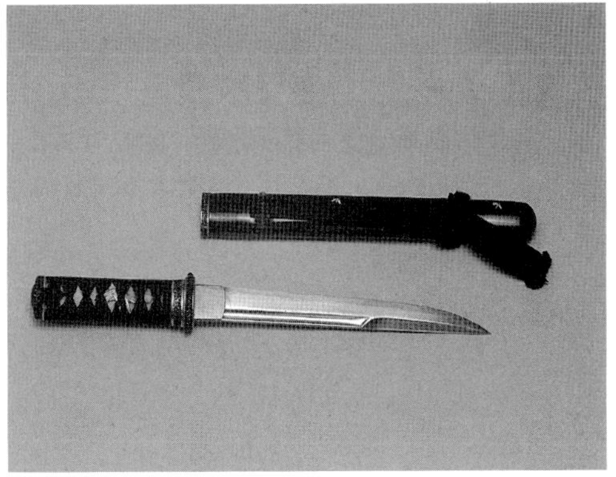

日本战国时代武士用的镡刀，刀柄有一小护手，刀刃为罕见的刀尖双刃，类似美国南北战争 Bowie 构造，搭配极厚刀身，确实是撬开甲胄铁片的利器。

求生刀开始塑造独立的性格

↑ 更安全专业的汽车安全带切割勾刀，衍生自剖开鹿、羌等食草动物的腹皮用的勾刀。

从格斗刀独立出来的求生刀，具备最初设计的特殊性格，若不了解当初设计的特殊用途，误以为那是多用途的万能刀，可能要大失所望了！

大概是在朝鲜战争和越南战争期间，求生格斗刀在市场上划分出了一块求生刀的新区域。朝鲜战争末期美军已广泛装备了第二代喷射战斗机 F86，替代原有的 F84，到发生越南战争时 F86 战斗机几乎都被 F100 所替代，F86 的引擎的轴承钢就是后来大量使用的 440C 不锈钢材。当时坩埚钢锭锻造碾轧成型的 440C 不锈钢材的硬度，大约比今天粉末冶金的同种钢材硬度少了一度。有位刀匠的朋友是战斗机的飞行员，曾前往越南参战，他设计了一把求生刀馈赠朋友以壮行程，以防万一还能野外求生。求生刀的刀背设计成了锯齿状，用于锯开飞机机身蒙皮从迫降的飞机里逃出。刀背锯齿的设计之前也出现在卡美卢斯厂的 PIOLET SURVIVAL 刀上，后来求生刀的锯齿设计略有修改，兼具了锯湿木头的功能。求生刀最特殊的刀柄设计被多数人忽略了。中空圆管状的刀柄容易加工，里面放有防水火柴、钓鱼线钩等求生用品，刀柄柄头还装有一个简易指北针，以便迫降在敌区时用来指引方向，非常有助于熟悉地图，甚至将任务区地图全部背下来的飞行员逃离脱困。一些山友既不用地图，更没人记地图，也不带指北针，爬山时能不迷路？当时 440C 钢材还没有商品化，从退役飞机引擎取下轴承，锻造成为防锈免保养的求生刀，再加上电影推波助澜，称求生刀为蓝波刀，创下

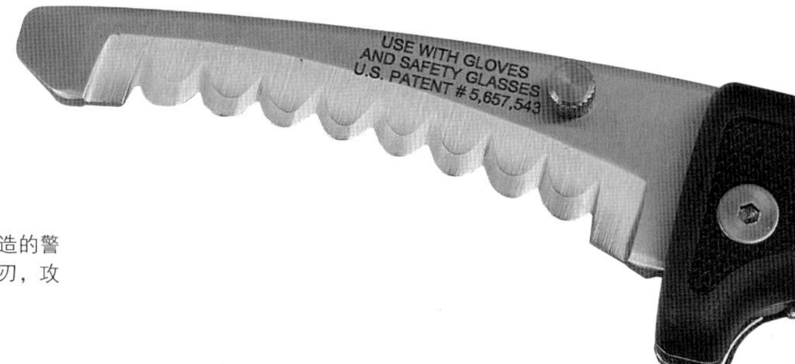

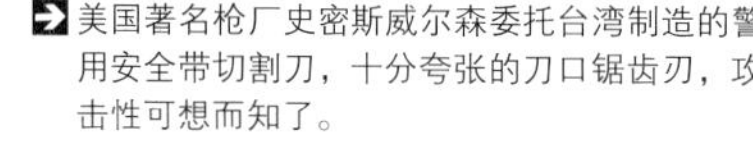
→ 美国著名枪厂史密斯威尔森委托台湾制造的警用安全带切割刀，十分夸张的刀口锯齿刃，攻击性可想而知了。

求生刀好像剁骨刀，格斗刀好像片刀、西式蔬果刀，相信应该能简单而清楚地解释两者的不同。

了非常成功的故事营销案例。求生刀在越战时期知者甚少，在越战后反而大红大紫，甚至可以说与莱泽曼折合工具钳携手，揭开了 20 世纪末期各类不锈钢刀具市场大繁荣的序幕。

在台湾当时真正美国原版的求生刀少之又少，绝大部分都是台湾仿冒品，甚至远销东南亚等地。仿冒品只是仿冒了产品的 99%，至于真品的内涵没人在意，所以也闹了很多笑话。比方说：“刀背锯齿让伤口碎裂难以缝合”（其实那是锯开飞机蒙皮逃命用的。）所以，根据伤口难缝合太过凶残的传说为由，没多久颁布的“枪支刀械管制条例”将其列为违禁品。没过几年“台湾枪支刀械管制条例”又解除了求生刀的管制，不需申请即可持有，但大量流通的求生刀早经若干户外活动者验证实用性低而乏人问津。

求生刀的刀柄呈圆柱状，一般人的手掌握力不足，劈砍树干必定会导致刀刃劈砍角度左右偏移而砍不深，闽南话俗称为“翻（音：兵）刀”，若非如电影主角中的猛男那样强壮，恐怕无法用求生刀砍树干。蓝波刀身厚约 5 毫米，刀口斜面约 2.5 毫米宽，相对甚窄，导致刀子呆重，降低了劈砍的效率，再加上厚皮革刀鞘几乎比硬木鞘还笨重，很多人爬山、溯溪带一回就再也不敢带了！求生刀厚刀身、厚嘴刃，其实是代替铲子挖洞、撬开飞机残骸用的，劈砍切削仅仅是附带用途，充当开山刀当然不合适了。

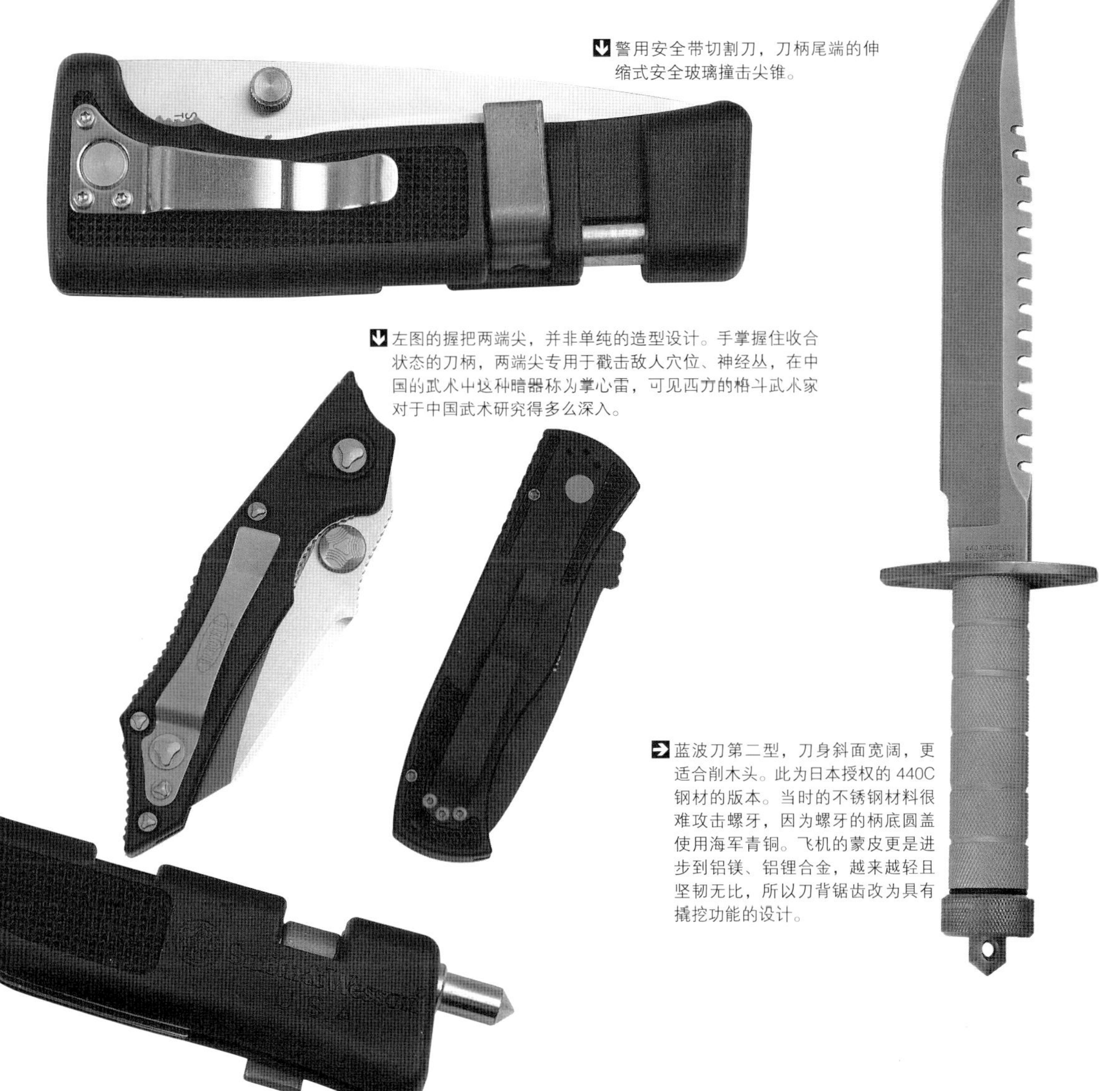

警用安全带切割刀，刀柄尾端的伸缩式安全玻璃撞击尖锥。

左图的握把两端尖，并非单纯的造型设计。手掌握住收合状态的刀柄，两端尖专用于戳击敌人穴位、神经丛，在中国的武术中这种暗器称为掌心雷，可见西方的格斗武术家对于中国武术研究得多么深入。

蓝波刀第二型，刀身斜面宽阔，更适合削木头。此为日本授权的 440C 钢材的版本。当时的不锈钢材料很难攻击螺牙，因为螺牙的柄底圆盖使用海军青铜。飞机的蒙皮更是进步到铝镁、铝锂合金，越来越轻且坚韧无比，所以刀背锯齿改为具有撬挖功能的设计。

3 谁与争锋

求生刀爆红后迫使格斗刀重塑特色

求生刀爆红始于战争结束之后的很多年，可以说是电影塑造了求生刀，不是因战场的需要而重生。格斗刀与求生刀正等待下一场试炼而蜕变。

西班牙的奥托刀厂，曾经改进了求生刀的功能，使其更具实用性与格斗功能，在冷战时期被北大西洋公约组织的多国采用，可惜台湾仅少量进口，识者不多。马国森 AL MAR 的格斗刀与蓝波刀同时在中国台湾流行，都相当著名，可惜当时刀厂只有 440C 钢材可以选，阳极哑黑色表面处理技术还不成熟，所以尽管该品牌有多款够资格的格斗刀，却因刀身亮晃晃的，有可能暴露特战人员的位置，稍嫌美中不足。不少爱好溯溪溪钓者都买来当开山刀，却因 440C 钢材的锋利持久性不足，砍茅草还行，砍木头很容易钝。如果你因此认为那些格斗刀不怎么样，其实是不正确的。在同一时期美军都选用索格厂碳钢制造的格斗刀。求生刀、格斗刀都不是开山刀，勉强代替开山刀用，当然不会感觉好用了。溪钓溯溪、登中级山用刀的机会较多，当时台湾可以选的开山刀不多，市面上大型格斗刀锋利持久度不足，所以很多人钟情碳钢（CHRIS REEVE SEBENZA）格斗刀，或者卡美卢斯厂的含钼碳钢刀。遗憾的是，含钼碳钢料早已停产，市场上流通的是库存。读者可能有点想不通，特种部队不是要走别人不能走的丛林小径，出乎意料袭击敌营，既然走丛林怎么会不需要开山刀？特战人员如果非走丛林不可，与登山溯溪者穿越丛林的方式绝对不一样，后者多少都需要砍些茅草侧枝丫清出一条路，万一迷路、走错路，回头还可以找开路留下的刀痕当路标。特战人员穿越丛林的方式称为潜行，绝对不留下任何一根踩踏折断的树枝痕迹，而为敌军提供追踪阻断去路的蛛丝马迹，甚至鞋底都要包布条，避免留下可辨别的一小块鞋印，自然不可能大张旗鼓地劈草砍树来开路了，至于长程丛林行军需要开山刀则另当别论。

格斗刀因为波湾的巷战再度浴火重生

20 世纪 90 年代的第一次海湾战争爆发后，新武器和新战术的变革令军事专家为之震慑，之后的波湾二战，就连小小的军用刀具也因此产生极大的变革，这一变革的大方向，就是旧式格斗刀、求生刀的没落，新一代的格斗刀与用刀观念兴起。根据参加波湾二战的美军士兵的经验，许多部队经常要进入民宅搜索，狭窄的民宅内长枪碍手碍脚，长枪上的刺刀在想象中拥有近身格斗的能力，实际上根本施展不开。那些据守民宅有经验的海珊政权军人，发现美军入侵立刻将美军扑倒在地，不要说长枪，连手枪都没有机会瞄准射击。美军单兵的装备多且复杂，无线电、夜视镜、手榴弹、弹夹等口袋，还有连身饮用水袋等，只要被敌军随便抓住两个口袋，就很难挣脱。参加过实战的军人发现，以前学习格斗技巧都讲求拳打脚踢的远距攻击，等到面临敌人两人抱在一起打滚时，这些招式都不管用，所以波湾二战之后，美军开始重视柔道、擒拿更甚于拳脚功夫。其次，手枪不但在贴身格斗时不管用，而且万一自己被扑倒，敌人有两人以上时，手枪被夺甚至会危及自己和同胞的性命，并且也不可能每个人都配发手枪，此时大家才惊觉，原来廉价简单的刺刀、甚至是一般的短刀、匕首、户外活动的单手开折合刀都很管用，冷不防抽出来随便往敌军身上划一刀，几乎 90% 的敌人都会松手就擒，如果是经过格斗刀训练的美军，可能第一刀就能夺去敌军的生命。格斗刀是非常容易控制杀伤力的格斗武器，所以波湾二战期间，各种兵器之中最廉价的格斗刀再次谷底翻身，成为美军近身格斗的显学。

误 格斗刀容易清洁、锋利好切、坚固耐用、操作方便，是格斗刀在户外活动用品市场大受欢迎的原因。

格斗刀如果兼具撬挖功能者，都如蓝波刀一样，具备较厚、较宽阔的刀身，在刀身上加上迷彩涂料是一种新科技。此类折叠式格斗刀已成为主流，曾经红极一时的求生刀原版艺术品在市场上已难得一见。

折叠格斗刀是每位特战员的必备品，图中刀柄直板锁已锁住刀刃。弹出式格斗刀的锁刃构造与刀把合为一体，比上一代的构造简单，直板与刀柄间细缝不易被沙土卡住。传统厚刃带鞘求生刀容易因撬挖任务而受损。现在格斗刀的造型开始简单化以节约采购经费。

单手快速展开刀刃的折叠刀已无法满足格斗刀的需求，新一代折叠式格斗刀渐成弹簧刀的天下，蓝波刀等已成收藏品。图中刀背近支轴处有拨杆只需用手一拨，刀刃即可弹出锁住，比上一代的弹簧刀少了一道锁刃的程序。

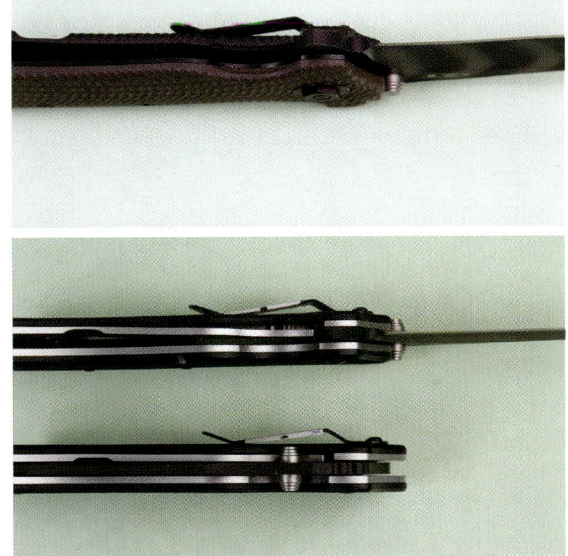

上图为传统直板锁锁住刀刃，此时直板离开刀把留下缝隙，下图可见直板与刀刃中间有缝隙，同样有被风沙卡住的问题。

左图可见直板锁与刀柄合而为一的细节构造，圆形金属片为刀柄直板锁的结构强化支点。右图为一般传统的单手开直板锁。

格斗刀将求生刀挤到了配角的位置

左起四把都是直板锁单手开格斗刀，最右边的是弹簧刀。刀柄凹陷设计称为指沟，有防止刀刃脱手、增加刀刃切割效果的作用。

格斗刀贴身格斗的优势，容易掌控杀伤力的长处，已经广泛受到美国警察的接纳，警察执刀制服歹徒，将大幅颠覆民众的老观念。

波湾二战在民宅内与美军贴身格斗的，未必是穷凶极恶的海珊政权军人，多半是守土保家的平民兵，如果用枪伤及平民兵和住宅内的平民，最终医疗支出必定会转嫁到占领者的美军身上，而如果是刀伤的话，医疗成本就会大幅减少。再者，在砖墙、水泥墙壁的房屋内开枪，如果发生跳弹打伤谁也是一个高风险难以预料的事。还有，当敌我两人满地打滚扭打之际，近距离对敌人开枪，也会产生难以预料的大风险。子弹打中敌人坚硬的骨头，弹头乱窜钻出身体后，还可能打中自己人。在此紧要关头，自己人抽出一把锋利短刀，往敌军身上划一刀，大概就能制止敌军的反击而让他乖乖投降。波湾第一、第二次战争间隔大概10年，同时参与两次战争的特种部队人员，大概都到了役期上限要退伍了，所以波湾二战结束后，从2000年开始，几乎过半的美国新刀厂，都是波湾退伍特战官兵开设的。很多传统工具刀工厂，也都在近几年推出格斗刀或类似的产品，以满足市场的需求。求生刀主要配给飞行员用，万一身陷敌阵可求生自保，需求量远不及格斗刀。

擅长近身格斗、精通格斗短刀的特种部队退伍人员，有些开设了教育训练班，教导民众怎样保护自身安全，有些受聘为警察的近身格斗教练，给警察传授近身格斗的专门武术，美国警察因此吸取波湾二战的教训。如野火燎原一般，越来越多的警察，值勤时会额外佩带格斗刀，作为保护自身安全的警械。警察执勤，所遇到的问题与海湾战争搜索民宅时遇到问题差不多，例如，在室内开枪跳弹怎么办？误伤民众怎么办？与歹徒扭打预防枪支被抢夺而仓促开枪，打死轻刑犯虽然无责，应该还有更好的执法方式吧？所以美国警察开始使用刀械，以上的诸多难题随之迎刃而解，轻轻割伤歹徒一刀，留下歹徒的血液DNA样本，很快就能从遗传物质分析得知歹徒是谁，歹徒就永远逃不掉了，之后选择适当的时机，在完全避免造成其他危害时再包围逮捕该名罪犯，可以大幅减轻执法所造成的社会成本。此外，发生车祸后，伤者被困车中，在油箱漏油随时可能引燃的危急关头，部分军规格斗刀的刀柄装设有一根碎窗钢尖，原本用于来不及展开折刀前猛戳敌军，现则用于击碎车窗，抢救车内伤患。如果车

了解格斗刀、求生刀诞生的环境，考量自己的需求与其诞生背景是否相符，这样就能买到适合自己需求的刀。

内伤患被安全带绑住怎么办？格斗刀的刀口锯齿原本是增加杀伤力的设计，现在又可以变成割断汽车安全带的利器。安全带乃高强度尼龙纤维、高密度编织而成，平口刀很难割断。

21 世纪军警人手一把的格斗刀

格斗刀逐渐成为新世代刀具的主流，先是特种部队，接着一般的战斗部队、后勤部队、执法警察、私人保镖等陆续成为格斗刀的主要顾客群。后来一般户外活动的民众也开始购买格斗刀，可能出于品牌崇拜，钦佩格斗刀的设计巧思，或者经过实用验证，发觉功能强大的格斗刀，确实比传统户外活动刀多了很多优点，例如：格斗刀的刀身有特殊涂料，为了防止反光，增加了不锈钢的防锈性能，甚至让刀身更光滑，刀容易刺得深，增加杀伤力等，或者用于厨刀时，可以避免切下来的菜粘黏在刀身上。上述种类繁复的刀身涂层，几乎每一个刀厂都有自己的一套，有些还能做成迷彩或讨好玩家的各种鲜艳的颜色，各个都采用了高科技涂料与加工技术，本书实在无法一一举例说明，玩家打算购买的时候，得花点时间弄懂这些技术，再思考愿不愿意花那一笔钱，因为波湾退伍军人根据实战经验设计的刀，除了涂料采用了高科技，刀柄、刀刃、加工机器也都全部采用高科技，综合这些新材料、新科技制作的格斗刀，不管是有鞘短刀式样，或者单手开折合刀，甚至半弹簧刀、全弹簧刀，各个来头不小，起码要价 1 万台币以上。

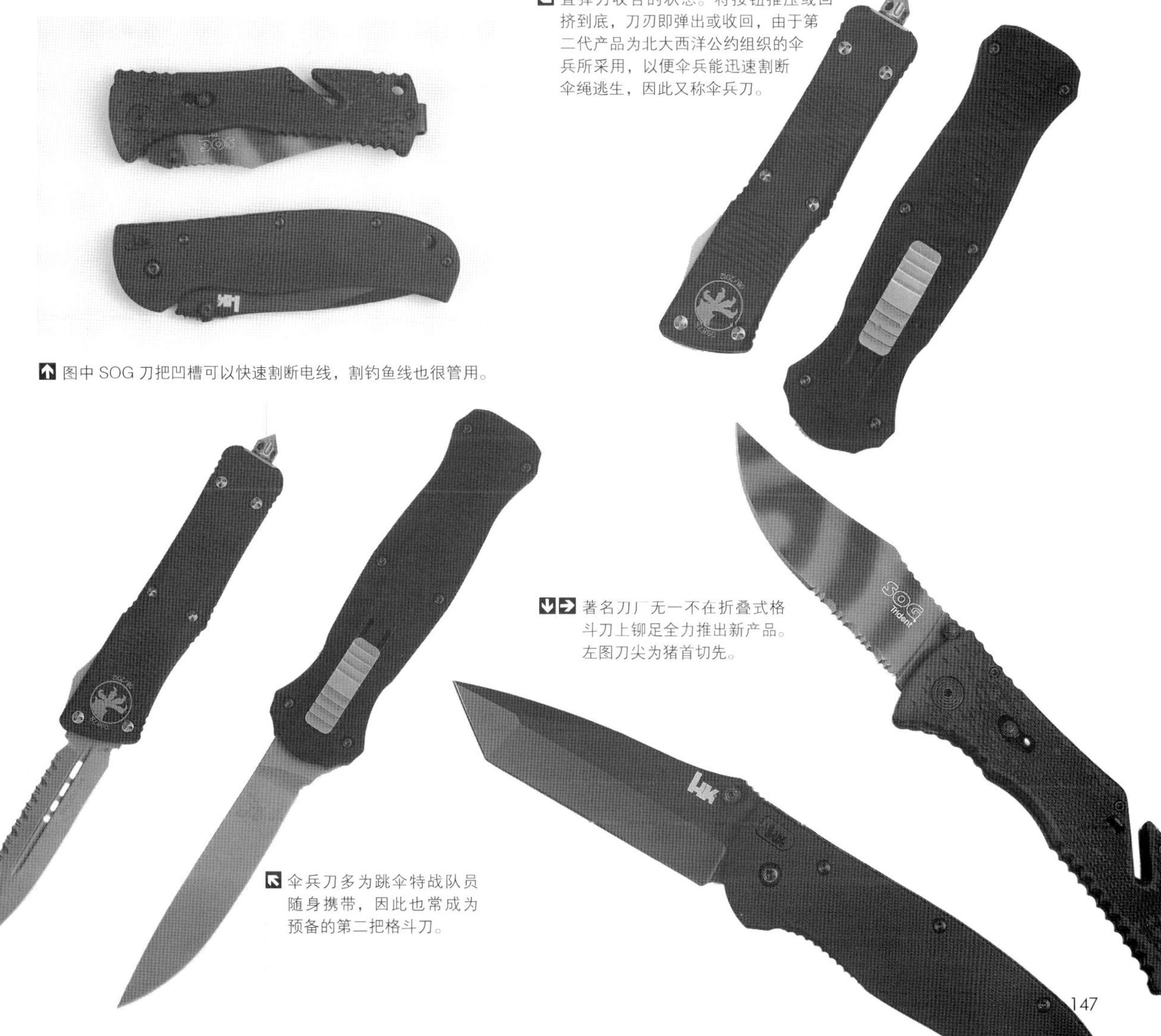

↘ 直弹刀收合的状态。将按钮推压或回挤到底，刀刃即弹出或收回，由于第二代产品为北大西洋公约组织的伞兵所采用，以便伞兵能迅速割断伞绳逃生，因此又称伞兵刀。

↑ 图中 SOG 刀把凹槽可以快速割断电线，割钓鱼线也很管用。

↓→ 著名刀厂无一不在折叠式格斗刀上铆足全力推出新产品。左图刀尖为猪首切先。

↖ 伞兵刀多为跳伞特战队员随身携带，因此也常成为预备的第二把格斗刀。

5 群雄并起

折叠式格斗刀从此花样百出

花样百出的折合格斗刀，可从锁刃方式、刀刃结构、附属功能、刀刃钢料、刀柄材料、刀柄结构、刀身刀柄涂装以及刀刃开展方式等，一窥其脱颖而出的优势。

多数折合格斗刀的刀柄背部采用镂空设计，即使填满灰尘泥浆，也很容易清洗，不妨碍刀刃的展开。因为制作较困难，所以价钱较高。有些刀柄采用航空级铝合金，即使是入门级的产品也需万元台币。若采用完全不锈蚀的钛合金，则通常要价将近两万元台币。有些格斗刀的刀刃采用超轻量钛合金，因为锋利度不够，便用镍合金焊材，喷涂碳化钨的尖锐粉末在刀口斜面上，锋利度十分吓人且可怕。碳化钨是切削硬化钢材的车刀、钻尾专用的材料，既坚硬耐磨又锋利。还有一些刀刃采用可硬化的钛合金，类似三层夹钢，外面两层是碳纤维积层板，所以刀身能做得非常薄，刺穿能力大增，刺穿防弹背心就像刺穿海绵坐垫一样，而且强度比传统不锈钢刃更耐弯折，刀子总重量很轻，这些新科技的刀的性能，已经超出了人们的想象。当然，这些具备优异性能的刀子已经是一种武器了，未必是一般人需要的户外活动刀具。此外军警近身搏击，能够快速取出刀子给对方最快的一击，通常是大幅降低危险的关键。在慌忙时展开刀刃的速度不够快，这成了很多单手开的格斗刀被嫌弃的理由，于是半弹簧刀、全弹簧刀、直弹式弹簧刀等，纷纷出现在市场上，玩家因此也眼花缭乱，不知如何挑选。美国有些州的法令规定非军警保镖，不得持有上述半、全弹簧、直弹弹簧刀类产品。

格斗刀加速展开刀刃的再进化

所谓半弹簧刀是刀柄的内部构造有弹簧连动，利用按钮、拇指仿单手开轻推刀刃，则刀刃立刻弹出半开，只需再轻轻一拔刀刃即可完全伸展锁定，全弹簧刀则是按压开关后，刀刃完全弹跳展开、自动锁住刀刃，变成使用状态。1985 年韩国人取得全世界第一款直弹式弹簧刀的专利，笔者购得一把保留迄今，虽然刀刃不怎么锋利，外观也老土，却一直舍不得丢弃转送，因为这么好的发明确实令人称赞，连拆解研究都舍不得。随后德国取得

单手开设计的折叠刀，很难说没有格斗的功能，右边第一把的刀尖变钝，似乎攻击力较低，实则刀尖较钝能防止骨头夹弯刀尖。

误 社会环境向来认定刀是凶器，完全不解刀的工具价值，以负面观感认定刀具其实是畸形的价值观。

将扁钻刀的尾环套在拇指上能防止暗器被夺。

第二个专利，并且成为北大西洋公约组织里部分国家伞兵的装备，可以方便伞兵割断误缠身体的伞绳，因此也被称为伞兵刀。

近年来有 2 ~ 3 家美国退伍军人开办的工厂，取得了多种类似的专利，只需轻推开关，刀刃即直接弹出、锁刃，再反向轻推开关刀刃即缩回，出、收刀之际里面弹簧的颤动手感，总有一种令人说不出的愉悦。例如：美国微技术（MICROTECH）刀厂有两三款弹簧刀，只是刀刃稍嫌短了些，特战人员可以当作第二把备用刀。格斗刀近年来有两大新潮流，追根究底竟然都是台湾的老玩意，从没料到会在格斗刀界引发这么大的回响，而原创地台湾竟然没有参与，个中缘由颇值得思考。扁钻是一种法定凶器，从扁钻的精良程度可以看出持有人的身份等级。所谓扁钻是一小段两刃匕首，加上一根细长的柄，柄端有一铁环，如此奇怪的造型在格斗刀中属首创。

刀王诞生地竟在盛宴中缺席

扁钻应该是从汉人、平埔族共同创造的镖山猪的一种长矛尖演化而来，将细小匕首尖刃与细

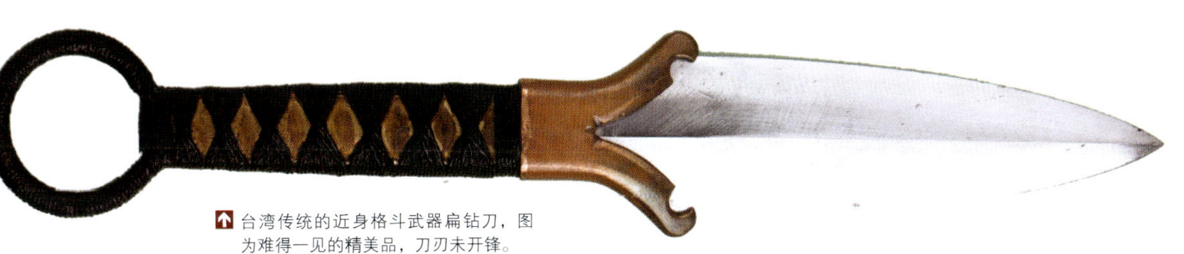

台湾传统的近身格斗武器扁钻刀，图为难得一见的精美品，刀刃未开锋。

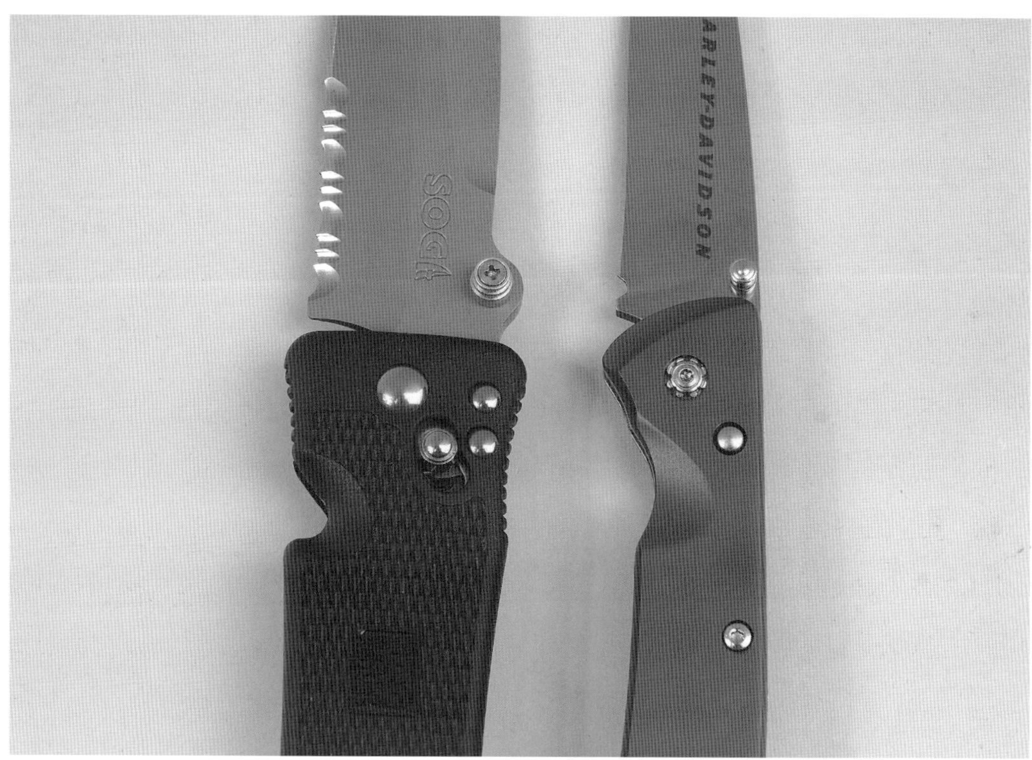

半锯齿状的刀口设计，多用于切割绳索、安全带，甚至是肌腱等坚韧的东西。

长钢柄连起来，能增加深刺的效能。扁钻的另一端是个铁环，正确的持握方法是将拇指套入铁环，一旦铁环套牢在拇指上，几乎目前所有武术的空手夺刀招数，都很难将扁钻从持用者的手上打落。

如果让这种凶器被美国的特战人员看见，恐怕会尊其为史上最强格斗刀。但他们现在也渐渐积累了一些经验，近来有很多小号反曲刃格斗刀，都在柄末端加上圆铁环套在指头上，就是设想刀子很难被夺，以及在短短的刀柄上，增加持握的稳固性。2013 年美国蝴蝶（BENCHMADE）刀厂的 SOCP DAGGER 就是台湾扁钻的山寨版。接下来谈反曲刃格斗刀引发的第二个热潮。台湾著名的士林刀就是反曲刃，完全丧失直刺的功能，所以一般人没办法下意识地刺人，而刺击对人体造成的伤害也最大。西方的各种餐刀、厨刀、猎刀几乎都是尖锐直刃设计，都有可能成为一刺毙命的凶器。

反曲刃的刀反手出招，由下朝斜上划上来，中国刀术武艺称此种刀法为阴刀，日本居合剑道称为逆刀，长刀的阴刀很难用兵刃架开，短刀的阴刀更是难防，一般情况下就是迅速跳开躲避。一旦反曲刃配合反手阴刀伤到人，都是很严重的大伤口。日本对阴刀等高杀伤力的用刀招式会加重量刑。士林刀的原创者老早就想到了反曲刃的威力，刻意将刀柄做得很细，若反手阴刀伤人，刀柄就会握不牢而松脱偏转，大幅减轻杀伤力。谁能料想得到，这是 150 余年前的创意与远见！

格斗刀目前成为市场上最主流、设计式样最繁复的刀种，本文无法逐一详细介绍。在中国，市面上能看到的品牌、种类并不多，很多真正专业级的格斗刀价钱高，一般户外活动实用性低，但为了满足读者求知的渴望，以下摘录若干品牌供读者参考。

世界当红格斗刀刀厂举例

爱默生（EMERSON）厂的代表作“指挥官高级折刀”（COMMANDER），采用微反曲、

误 格斗刀是军警有效且容易控制杀伤力的值勤用具。

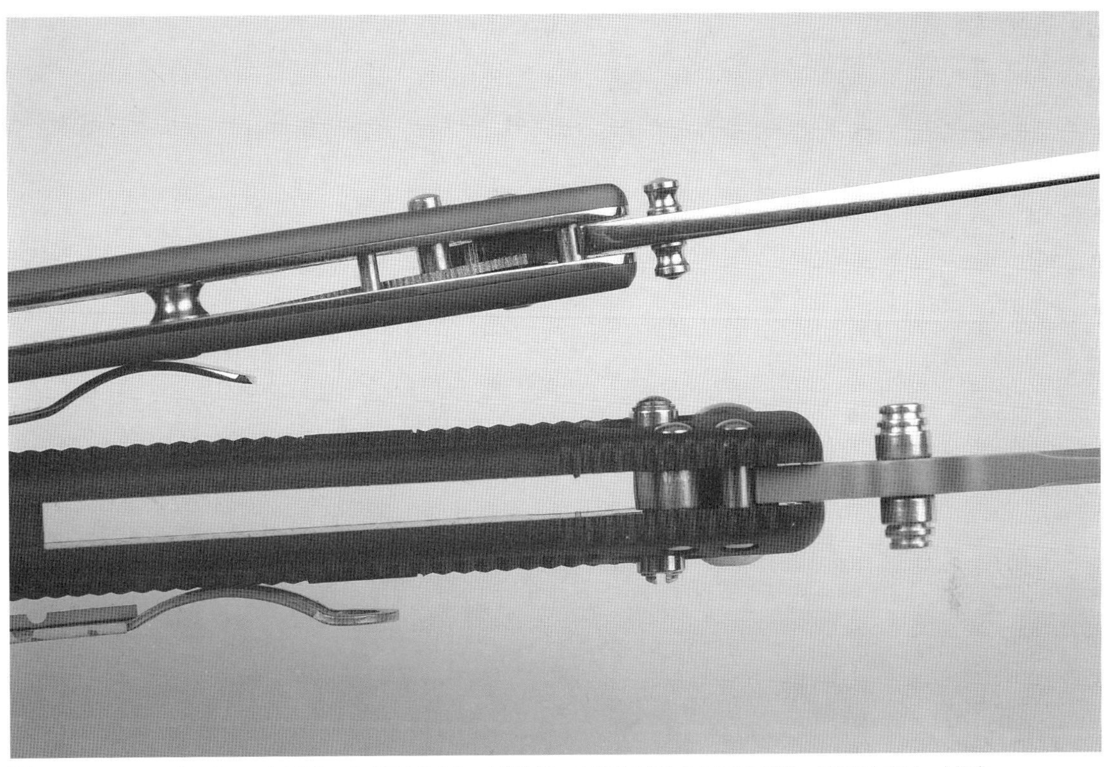

折叠格斗刀的手柄背部多采用中空设计，有助于清洗塞住刀柄的泥沙，户外野餐切食材之后容易清洗，对玩家而言是一大福音。

这两把都是新一代弹出式格斗刀。如果已有弹簧辅助弹出刀刃，但还要稍微设法助拔刀刃者称为半弹簧刀。

收合状态与一般折叠刀无太大不同。操作靠近支轴的拨杆、按钮可迅速将刀刃弹出。此为新一代弹簧式格斗刀。

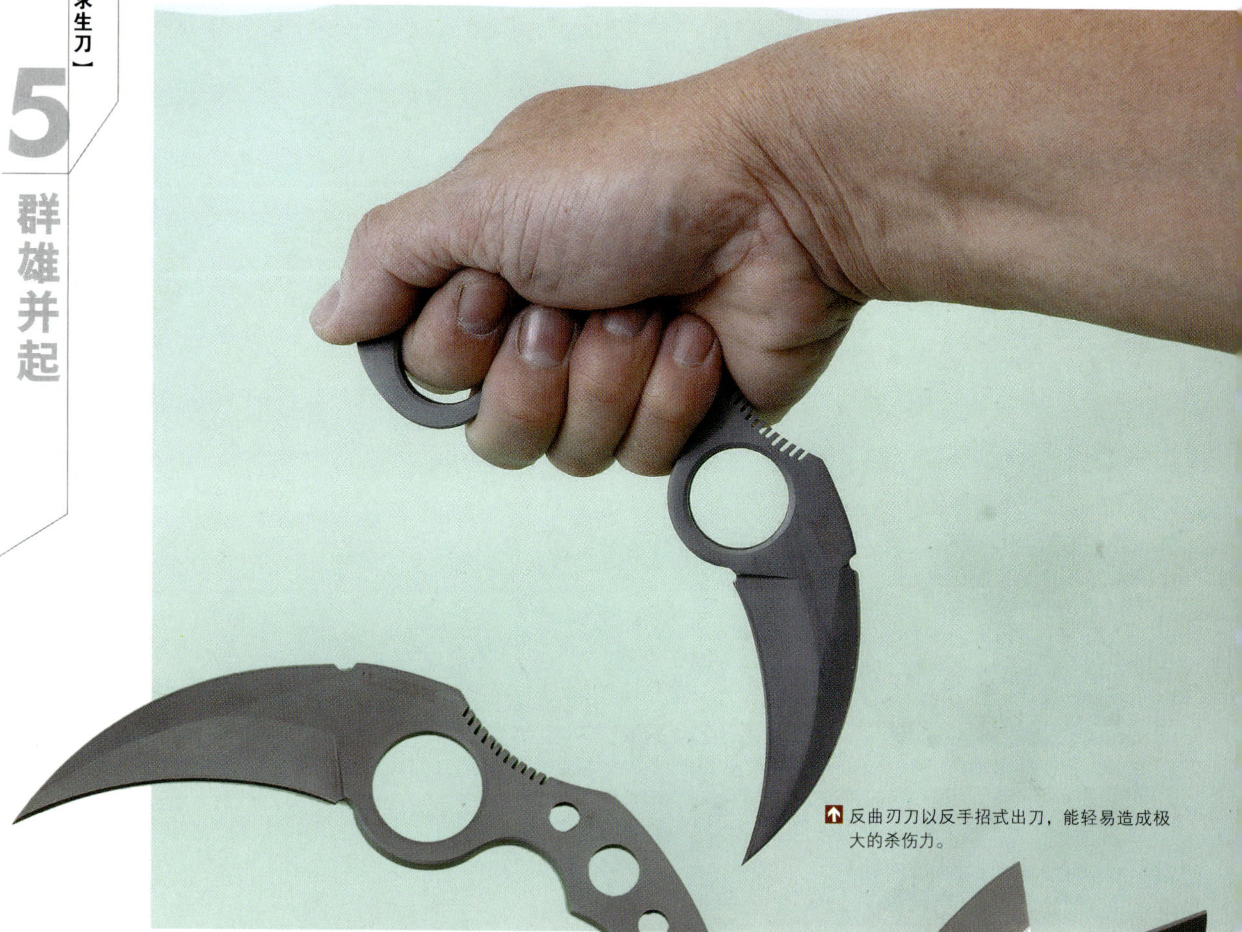

反曲刃刀以反手招式出刀，能轻易造成极大的杀伤力。

台湾山寨版的反曲刃格斗刀。下图则称为微型格斗刀。柄尾端、中间的孔洞都与扁钻有异曲同工之妙。

右图为美国首创格斗短刀武术（Tactical Knife）的 ERNEST R. EMERSON 设计的一款格斗刀。此刀为单斜面构型，刀背近支轴处突起，用于勾挂口袋外缘，抽刀时顺便可以把刀刃带出，一个动作完成抽出刀子、展开刀刃的动作。

士林刀在台湾传承了150余年，其设计超乎人们想象，原来当初茄形刃的造型就是要避免直刺、反手等杀伤力强大的错误用刀行为。

半锯齿刃增加其杀伤力。KARAMBIT FOLDER 反曲刃产品直板式锁刃设计，或加单手开轮扭，刀柄后端加圆环，在格斗刀市场独领风骚好几年。CQC-7 单手开直刃设计，刀尖采用日本武士刀的“猪首切先”，比较适合直刺、戳刺金属板硬壳、地面挖窟窿埋地雷等等，CQC-8 典型的微圆弧刃，154CM 钢板制造。注：日文的猪首切先，是指武士刀一种较厚短的刀尖设计。相传元朝伐日，武士刀原本细长的刀尖与前宋南军对战纷纷受损，当时京都的业余刀匠正宗发明的新设计，使刀尖变厚缩短而更坚固、不易受损，但却失去了线条的美观，刀尖变丑变短，仿佛猪头一般，在元朝伐日后广为流行，后世刀剑鉴赏家特称之为猪首切先，日文的猪首即猪头，切先就是刀尖。

KNIGHT'S KNIFE，日本人直接称为黑骑士，用单手拇指开按压的正六角洞，可以当作固定扳手。格斗刀通常还有其他的用途，刀刃的钢板都很厚，为了增加刀身的强度，都采用棱线构造，所以刀口太厚不太适合切菜肉、削木头用。黑骑士可能针对这一点，选用独特的日本式单斜面构造，增加切削软材料的性能，却也因此使刀刃两侧受力不均，存在刀口容易缺损的风险。出品黑骑士的美国 ARMAMENT 公司，专门为美军特殊部队研发秘密武器，涂覆在黑骑士刀身的哑黑色保护层非常坚硬，以刀身切罐头，几乎不会在漆面上留下刮痕，应该用的是 M-16 A4 铝合金枪身新一代的保护涂料。

MASTER OF DEFENCE 折合格斗刀，刀刃使用的是 154CM 钢材，刀柄用的是 6061-T6 等级航空铝合金。手把附 cod cutter（刀柄有镂空凹沟，将电线放入凹沟用刀刃切断），刀柄背部是镂空设计，设计制造者是美军海豹部队的格斗技教练。一般是支轴侧锁定按钮，也有直板锁、反曲刃等多款，刀刃有平口、半锯齿刃、全锯齿刃，还有部分刀尖开两刃的设计，也有一到两款有鞘短刀式样。刀柄使用铝合金，虽然外表涂覆有极佳的保护层，但长时间使用后，或者被硬物磨损了保护层，承受海水侵蚀的能力就会减弱。

RYAN 格斗刀产品的种类很多，折合刀式样的数量略大于有鞘短刀式样。刀刃、手柄造型怪异是该品牌产品的一大特色，内凹、反曲刃、锯齿刃设计，主要着眼于增加杀伤力。部分刀刃采用 5 毫米左右的 ATS-34 厚钢板，棱线构造，两者都导致对一般软材质的切削功能不足，却突显了其耐粗暴使用的格斗刀特色。另有一部分刀刃采用 3 毫米左右的 ATS-34 钢板，对软材质的切削能力较好。大部分刀刃的刀尖采用两刃设计。手柄采用碳纤维积层板镂空、雕刻指沟等设计，增加握刀的牢固度，确实很有实用价值，不过污损后冲洗比较麻烦。采用钛合金直板锁刃设计，

某些格斗刀强调轻量化，以减轻特战人员的装备重量负荷。图中刀把发亮者所用的材质为轻量化钛合金。

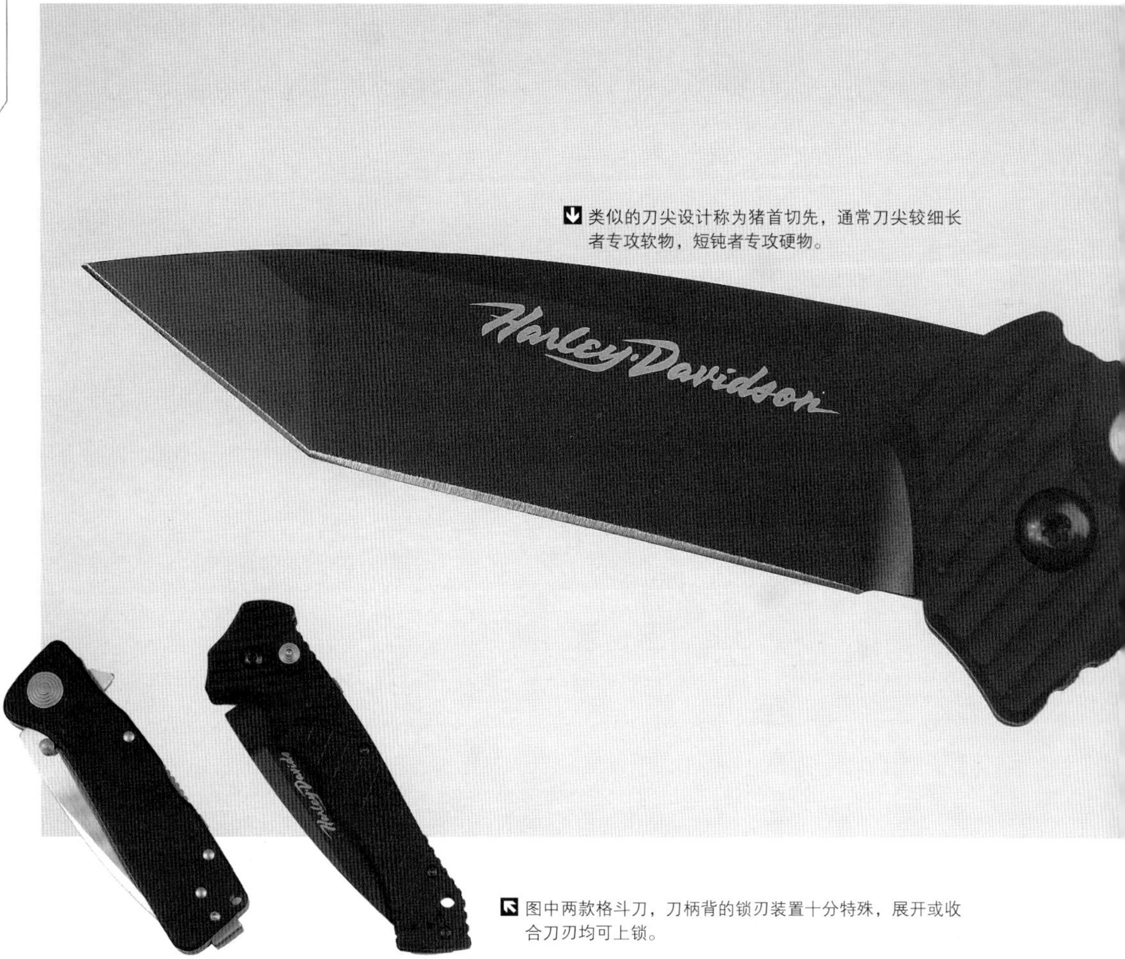

类似的刀尖设计称为猪首切先，通常刀尖较细长者专攻软物，短钝者专攻硬物。

图中两款格斗刀，刀柄背的锁刃装置十分特殊，展开或收合刀刃均可上锁。

钛合金手把分隔板。

STRIDER 使用约 5 毫米厚度的 ATS-34 钢板激光切割一体成型，手柄卷缠伞绳，刀背搭配多种锯齿，部分款式刀尖开两刃，部分款式刀尖采用日本武士刀的“猪首切先”，非常适合用猛烈的力量刺穿车辆硬金属壳，或者用来刨挖泥土中埋设的地雷。另有造型诡异的反曲刃设计，杀伤力更强。新近产品改用 ATS-34 升级配方的 BG-42 不锈钢钢板。

WILSON TACTICAL 刀厂的部分产品，刀刃采用斜平面设计，刀身宽阔、略薄，比较方便切削木材，算是对格斗刀用厚钢板棱线构造，不利于切削硬物的改进，户外活动的使用价值较高。近十年间格斗刀大放异彩，刀厂商希望由军警用刀渐渐蜕变成为户外活动常用刀。之前已经创立的厂牌，也都竞相推出刀身宽薄、斜平面设计的格斗刀，他们相信以格斗刀坚固、简单、可靠、耐用的设计，一定能在户外活动的刀具市场掀起一股购买的热潮。所谓较适合切木材的刀刃设计，大约有以下几种：斜平面宽度 1 厘米，刀刃厚度 1.0 毫米；斜平面宽度 2 厘米，刀身厚度 2.0 毫米；斜平面宽度 3 厘米、刀身厚度 0.3 毫米等。以刀身宽阔略薄的平斜面格斗刀引领新风潮的产品不止一家，美国 HTM 刀厂就曾一口气推出四款，刀身用 154CM 钢材制造，刀柄为碳纤积层板。

以上介绍的个人品牌的格斗刀，通常价钱都

要注意的是，刀刃长度超过 7.5 厘米的格斗刀，拥有较大杀伤力，万一盛怒之下或被迫自卫伤人，可能因错误用刀造成无法挽回的结局。

比较高，产量也不大，可能不太容易买到。下面介绍的格斗刀品牌都是较具规模稍有历史的，找到货的可能性也较高。这些工厂有：美国的老厂卡美卢斯（CAMILLUS），近年来有好几款折合格斗刀问世，刀刃采用 VG-10、AUS-8 钢材，可能有刀身太厚、刀尖两刃的问题需要注意。另有 SPERSPEED 弹簧刀，按压刀柄侧扳机，刀刃即可弹出。BROWNING 品牌另创 BLACK LABLE 系列格斗刀，要留意购买双刃匕首是否违反相关法律规定。卡秀（KERSHAW）、索格（SOG）、巴克（BUCK）、博克（BOKER）各有好几款价格平民化的格斗刀，这些厂家还生产有鞘短刀、折合刀，可购来当作实际用途的户外活动刀，然后顺便可以鉴赏和研究格斗刀究竟与一般刀有何不同。价格大众化的格斗刀与高价格的格斗刀，最基本的差别在于刀柄金属材料的种类、刀身钢材的不同。前者刀柄材料多为近似 420 的不锈钢钢材，采用热处理增加其强度与韧性，或者使用航空材料级的 T6 铝合金，刀刃使用 VG-10、AUS-8 钢材，近似 ATS-34 或性质略有提升的钢材，而后者的刀柄多用钛合金，刀刃都是 ATS-34 或性质更好的钢材。刀柄若使用铝合金，不耐海水浸泡的问题需要考虑。高价的格斗刀，有些不仅仅是刀身钢材、刀柄材料高贵，还因为刀身、刀把增加了漂亮的装饰，像美国 SHEFFIELD 厂即属其中的代表。还有一些采用了特殊设计的刀价格也会高一些，例如 CRKT 折合刀的刀柄采用镂空设计，能够清洗刀柄内部，排除刀刃卡死的困扰，CRKT 其他专业版的格斗刀种类也很丰富。

多功能钳的尖刀、锯齿刀能够单手开，具有锁刃功能，通常也是特战人员必备的工具，也是备用的格斗刀。

爆破人员拆炸弹专用的马国森多功能钳，曾是越战时期特战人员的重要工具，如今已成收藏品。玩家用力切割时要留意锁扣可能受损，这是类似的产品偶有的通病。

OU-51

「开山刀」

登山溯溪队伍勘探新路线的基本工具

披荆斩棘开路必备的开山刀，其造型设计与当地的植被相关联，地方特色较强，不容易与国际接轨，寻找合适的国际产品难度高。

1 初露锋芒

承受最大实用考验的大型刀 地方特色明显，

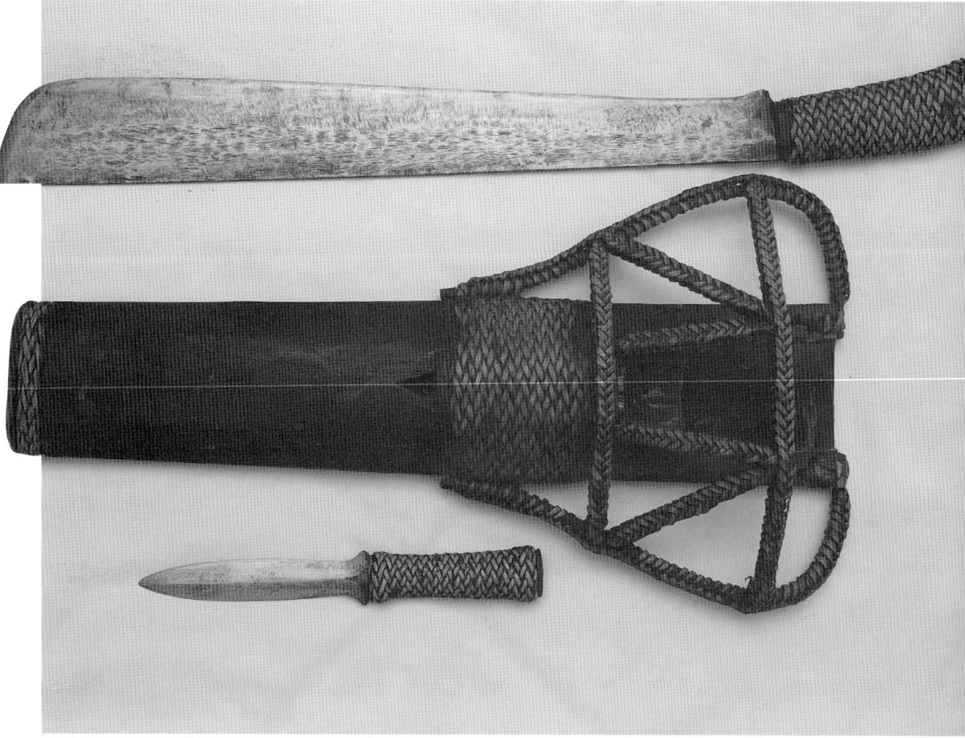

南岛民族用的开山刀组，主刀为十八斩刀式样，短刀为双刃匕首。

开山刀完全是为了满足当地人多样化的农牧渔猎综合的谋生需求而生。通常开山刀既是工具也是武器，甚至是猎刀加上斧头的多功能实用刀。

开山刀是台湾新创的名词，中文文献尚未找到相关的词汇。开山刀主要用于在山区活动时砍伐阻碍行进的树枝藤蔓，或者伐薪取火，英文称为 bush knife，直译为灌丛刀，日文称为山铊 nada。在很早的铁器时代，人类在森林、莽原（非洲稀树草原）或者树木非常稀少的典型草原等地活动时，会随身佩戴某种工具刀防身自卫、对抗猛兽，或者伐薪取火暖身、烘烤食物，甚至搭建简易的防风雨、避日晒的茅屋。

在不同的自然景观地区使用的工具刀不同，如果属于植被非常茂密多样的亚热带原始林、云雾林、热带雨林，砍树的机会比较多，刀的总长度通常在 50 厘米左右，重量约 500 克以上，才能产生足够的重力加速度，提升劈砍树木的效率，这样的刀比较像典型的开山刀。典型的开山刀除了砍树开路，还兼具解剖兽体的功能，以上就是一般人印象中的开山刀。

有趣的是："台湾先住民"各族都有各自代表性、不同造型的开山刀。登山的民众聘请原住民挑夫，发现不管哪一种造型的开山刀、哪一族的原住民，都很擅长辟草砍树开路。他们自己狩猎穿梭森林，尤其追踪野兽时，却通常采用潜行。因为原住民一方面舍不得珍视刀的耗损，再加上开路挥刀很累人，另一方面，劈树砍草时发出的声响会吓跑野兽，而且新伐树枝后散发的味道会驱离即将进入猎区的野兽等。后来特种部队仿效原住民的方式，也不用刀开路。

开山刀的诞生
紧密契合当地的森林景观

温带森林的冬季通常会降大雪，压垮树木的枝丫，夏季短温度不高，两者都会限制树木生长，树木因枝丫稀疏，森林不是很茂密，不太需要砍伐藤蔓树枝丫，就能钻出一条路，所以在温带森林地带，猎刀解剖兽体的实用性远大于开山刀。温带针叶树种的木材多属直丝，木质松软、含油脂，容易燃烧，用猎刀简单削取少许木屑，就能燃起熊熊大火。

斧头伐木取火、造原木屋的效率比猎刀或开山刀好很多，有些猎人将猎刀、斧头的概念合而为一，变成大猎刀 bowie，这种刀兼具开山刀的功能。美洲温带森林的印第安人，不懂冶铁锻造，铁器供应困窘，通常一把斧头既当作猎刀，又当伐木取火用的刀，甚至有时还当投掷的武器，如果够勇猛，还能撂倒大型兽类。

在热带稀树草原，特别是非洲，狮子、豹子这些猛兽频繁出没，能供食用的斑马、牛羚等都属于大型食草动物。对抗大型动物，大部分的原住民都使用镖枪、长矛，冗长的长矛钢尖与木杆的总重量不轻，投射时在离手的瞬间汇集巨大的重力加速度，才足以猎杀大型的动物。所以当地原住民主要携带的自卫狩猎武器是长矛，甚至将长矛尖当小刀，雕刻木头削制小型日常用品。少数人则将长矛尖改造成开山刀，兼用解剖猎物的猎刀。

在 15 世纪末大航海时代，西方人在殖民全球之前，在原有的生活领域，不太需要开山刀，关于开山刀的认知有限，由于入侵新殖民地后，经常需要穿越灌丛 bush，而将开山刀称为 bush knife，后来演变成整个西方列强，将主要的一款开山刀称为 machete。因近代玩刀的风气以西方世界首开先河，从无到有的发展过程完整，诸多厂牌都隶属西方，因此本文主要介绍有品牌的开山刀文，而不以“台湾先住民”开山刀为主轴。

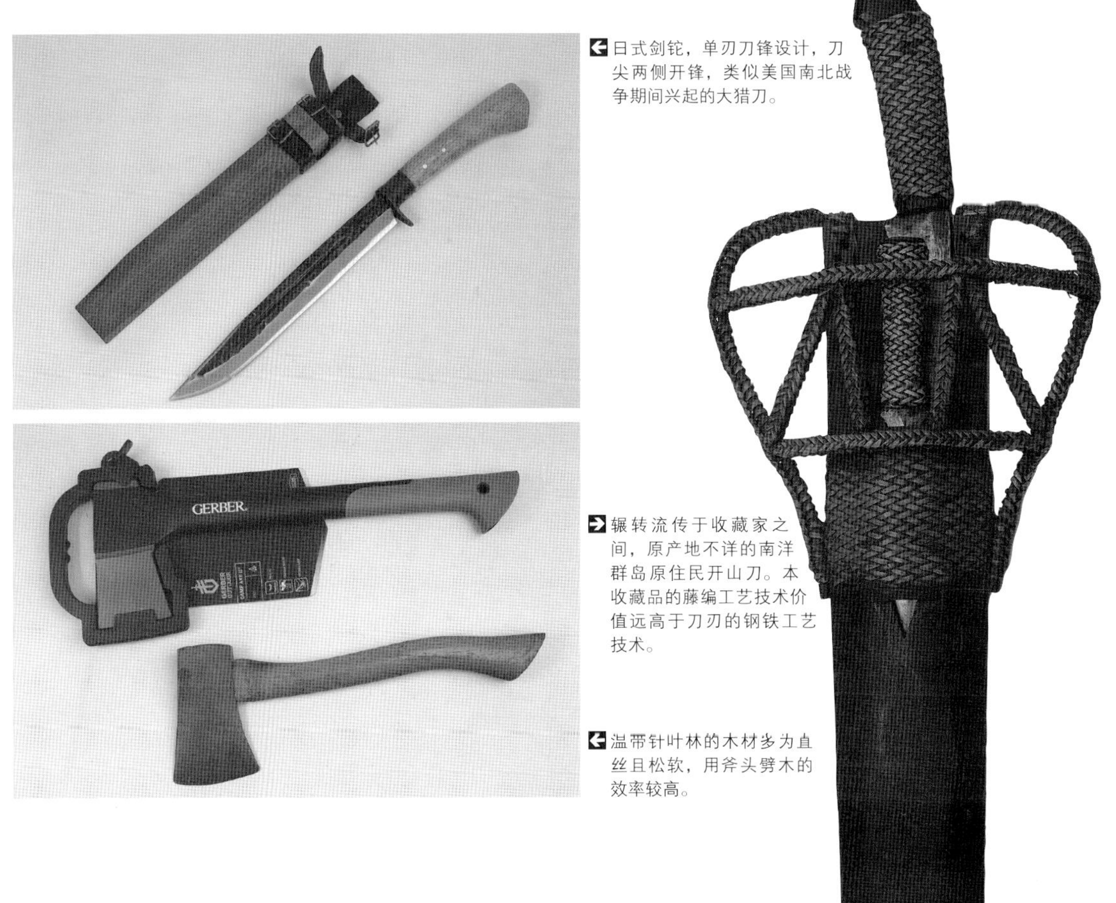

日式剑铊，单刃刀锋设计，刀尖两侧开锋，类似美国南北战争期间兴起的大猎刀。

辗转流传于收藏家之间，原产地不详的南洋群岛原住民开山刀。本收藏品的藤编工艺技术价值远高于刀刃的钢铁工艺技术。

温带针叶林的木材多为直丝且松软，用斧头劈木的效率较高。

日制仿“十八剁刀”的设计，钢材属于特殊的 OU-31，虽然锋利，但因刀前段太厚而显得有些笨重。

十八斩刀或称十八剁刀，原本刀刃的标准长度为 45 厘米左右，图中为小型版全长 40 厘米左右。

现在仍为针叶林劈柴伐木首选的碳钢斧头，握把为玻璃纤维强化材料。

背、剑脊两面的任何一面去拨开对方的刀剑，则对方的刀锋受损小，我方的刀剑锋口几乎不受损，但是这个招式非常不容易掌握，擅长刀剑武术者，一辈子都在练习这种技术。大多数的平民兵，还有航海时代的水手，几乎不可能掌握这种技术，更何况我一刀砍过去，对方也没练过这种技术，就会像电影里演的那样，直接用刀口架住我方砍过去的刀锋，闽南话称这种情况为："刀嘴相咬"，两把刀都会产生严重的缺口。

Machete 为求轻便，加上当时已有水车热辊轧钢板，以 1.8 ~ 2.2 毫米的均质薄钢板一体成型，刀尖段加宽，好比棒球棒的前端加粗，劈砍力量更集中，效果更好。薄钢板刀锋的斜面容易加工，和西瓜刀一样，刀身薄的刀砍柔软松脆的物体砍得深。钢板薄的刀身有弹性，硬碰硬会导致刀身激烈晃动，不擅长刀剑武术者刀嘴缺损的问题得以减轻，当作开山刀误砍石块后缺损也小。在环境不方便的帆船上，薄钢板刀的缺损也容易磨掉。拥有以上优点且容易大量生产的水手刀去掉护手后，变成西方世界唯一的一款原创开山刀，后来随着大航海时代的殖民者被带到了殖民地，所以今天的非洲、中南美洲、亚洲的印尼群岛，以及美洲、欧洲都遍布 Machete 开山刀的身影。

二战之后台湾接受美援，很多炮兵、战车部队连带接收相关的附属装备，其中就有很多的 Machete，因为制式装备刀的刀刃全长 18 英寸（1 英寸 =2.54 厘米），而被阿兵哥昵称为十八斩（剁）刀。有些十八斩刀的刀鞘附设刮刀器，刀子钝了在上面刮一刮就会变锋利，有些刀背附带锯齿可以当作湿木锯，用于排除阻挡战车、炮车的各种树干障碍，但军方担心充员兵不服管教，万一拿起十八斩刀犯上作乱，所以几乎所有的十八斩刀都会收起来保管，只有装备检查时才拿出来透透风。演习时才配发给士兵。

开山刀可以一刀劈断树枝丫。图中的光腊树干树枝比竹子坚硬难劈。

误 质量好且最容易购买的十八斩刀并不适合台湾多数的登山环境。

在火器与冷兵器的过渡末期出现了多种开山刀

打铁店卖的勾头镰刀（左）、笋刀（下）、割草和槟榔用的镰刀（右上）。

菲律宾原住民的 Polo 和廓尔克部族的反曲刃弯刀 Kukri，都在 20 世纪初期跨越国际崭露头角，随后日本和中国台湾地区的原住民刀也受到了人们的青睐。

西方刀具厂商到了 1980 年左右，440C 成为普遍的制刀钢料，推出另一款模仿菲律宾原住民的开山刀，称为 Polo 或 Bolo。一部分的菲律宾岛屿曾被印度殖民，大部分较开化的原住民各族，早已学会冶铁锻造，因此生产出了拥有自己独到设计理念的开山刀，由于这一部分的开山刀太复杂了，本书只好割舍。

大航海时代，西班牙曾经殖民菲律宾，18 世纪换成了美国，所以欧洲、美国人都知道有 Polo 这一款开山刀。英国人在二战的缅甸丛林战场也有少量配发，也在 440C 钢材普遍化的年代仿制销售，因而占有一小块市场，但远不及十八斩刀普遍。英国人雇用尼泊尔的一支少数民族廓尔克族当佣兵，长期生活在3000米以上的高山地区，他们为了生活奔波负重登山，肺活量大、体能佳，成为英国佣兵的主要来源。廓尔克佣兵在丛林战发现，十八斩刀的弹性刀身不适合劈砍硬木，从故乡带来该族的传统反曲刃设计的廓尔克 Gurkha 部族的弯刀 Kukri，据说在贴身格斗时，该弯刀总长度仅40厘米左右，却能轻易使敌人毙命。

廓尔克弯刀里最长达120厘米者属于兵器，中等长度的属于开山刀。因为多数的不锈钢刀无法耐受砍硬木，所以目前流通的产品都属于当地工匠制作的高碳钢手工锻造品。英军曾生产制式的廓尔克弯刀，并配发给佣兵，但目前应该很难找到真品。

十八斩刀对硬木的劈砍能力如何？笔者已经见过好几个用这种刀劈硬木，结果刀身弹回，划破登山靴或虚惊一场的例子，因为牵涉到用刀的方法，下面再谈。

因为十八斩刀的刀身具有弹性，当劈砍硬物产生的力量超过刀身刚性所能支撑的程度，刀身就会通过激烈晃动来抵消力量，所以即使刀口碰到坚硬物也不会有太大的缺口，这也说明了十八斩刀的刀身设计本身就存在劈硬木能力不足的问题。

菲律宾的 Polo、Kukri 与反曲刃镰刀的设计原理一样。刀砍向树枝、杂草等，物体都会向后倾倒远离刀锋劈砍的力量，所以劈砍的力量会减弱。反曲刃设计的一大优势就是劈砍树枝时，树枝被勾住后可以再用刀锋削断，不像一般正曲弯刀需要较高的技巧与劲道。

怪异设计的反曲刃潜藏着强大的威力

反曲刃开山刀的第二大优势是：利用加宽大的刀尖段以及向下弯曲的刀前段，大幅提升握刀者的刀锋方向感，出刀准确而且产生的破坏力强大。读者不妨做一下试验：手持木工用的L型角尺，与一般直尺水平指向前，手腕些微左右扭转倾斜，直尺不易感觉倾斜角度的变化，而角尺的

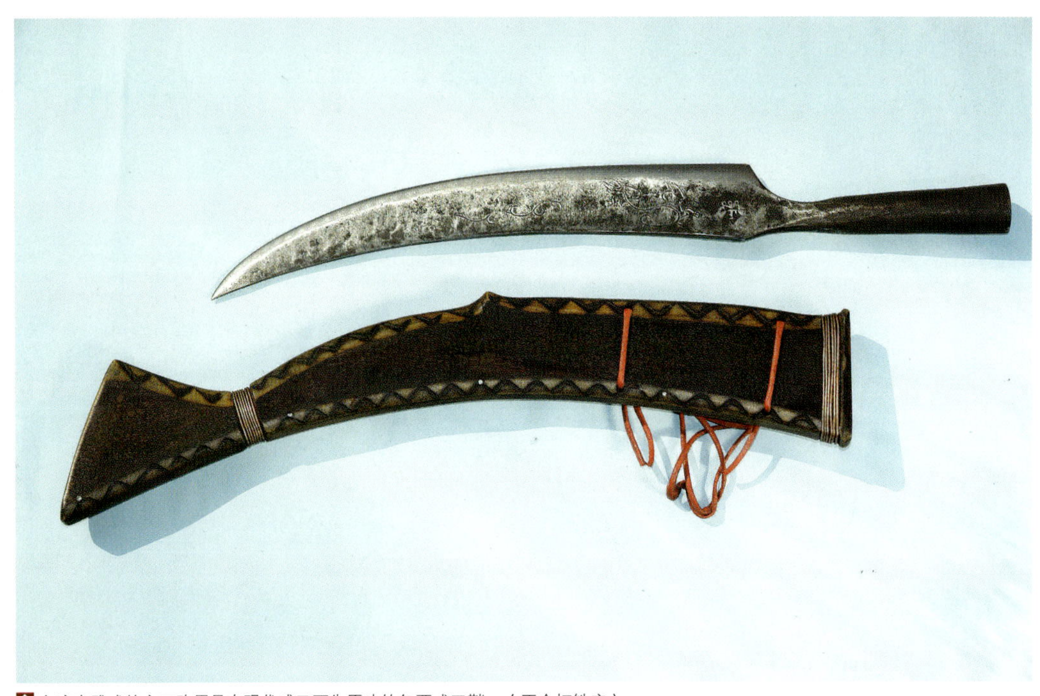

台湾泰雅式的弯刀改用具有现代感又不失原味的包覆式刀鞘。（正合打铁店）

误 廓尔克部族的反曲刃开山刀超乎众人意料，具有惊人的劈砍硬木的效率。

目前在国际市场流通的台湾制造的菲律宾原住民式 Polo 开山刀。

尼泊尔廓尔克族弯刀与菲律宾 Polo 弯刀均属反曲刃构造，劈砍效率略大于一般弯刀。

短端不论向上、向下都非常容易感觉到手腕左右些微倾斜的变化。这是开山刀非常重要的设计元素。

十八斩刀用加宽的刀尖段和刀身长度获得了类似但些微的效果，若刀身缩短则效果递减，出刀准确性降低。日式山铊刀的刀柄向下垂弯，可以产生类似反曲刃提升出刀准确性的效果。停留在石器时代的原住民，无法发展独特的钢铁开山刀。虽然西方殖民者以自身强势的钢铁器文化对原住民进行殖民，但殖民的时间相对较短，冶铁锻造技术并未融入当地，所以形成了十八斩刀遍天下的现象。

反观南洋群岛、中南半岛等热带雨林区，夹在中国和印度两大文明古国之间，虽然在古代，中国的政权长期以来严禁铁器输出，但是每当政权改朝换代，前朝的遗臣、世家可能流亡海外，将冶铁锻造的技术也传入了当地，于是热带雨林地区出现了重要的谋生工具——开山刀。

4 独占鳌头

在日本称王的山铊

笔者手工自制的仿泰雅族式弯刀，刀尖短而宽阔，深砍树枝时不太容易被夹住。

开山刀常常要面临极限挑战，一旦派上用场就是几个人轮流挥砍，开山刀的钢料、刀身刀柄的坚固等都要经受重大考验。

十八斩刀独占鳌头的原因是实际使用的原住民、军人没有其他选择的机会，尤其原住民没有机会生产适合当地自然环境的开山刀。相同的情况在日本也存在，二战时日军入侵到热带雨林地区，当时他们使用的开山刀还是造型朴拙，外观长方形、单陡斜面构造的山铊。受单陡斜面构造的限制，以右手持刀为例，只能由右侧向左边斜砍而下，很难高举在左肩往右下斜砍。一旦单陡斜面的棱线撞到树干，刀子还会弹开令人虚惊一场。所以用上述挥刀方式的话，右脚在前、左脚在后才不会砍到自己的脚。

南洋丛林的灌木丛藤蔓杂乱无章，挥刀开路必须左右开弓，只能从单一方向劈砍的山铊用起来很不方便，后来他们找到了救星。他们在台湾当地征召了一支高砂族义勇军，这些人使用的是各族原住民的不同造型、斜平面构造的开山刀，以数倍于日式柴刀的效率在原始林中开路，大幅提高了日军的作战效率。战后到日本经济复兴的末期，户外活动兴起，促使日式山铊产生重大变革。

在封建社会日本的统治阶级，在镇压平民确保独裁统治方面，一如任何国家的封建统治者，非常忌讳民间拥有武器，所以日式山铊（柴刀），就做成了没有刀尖的样子，以免被认定为武器。日本列岛从事狩猎的居民，多在秋末、冬初结束农忙后才有余暇出猎。到了秋天叶子落了，地表植被枯萎，森林变得开阔，容易行走，也容易发现远方的猎物，再加上薄雪期地面上会留下野兽的脚印，容易追踪。人们趁着好时机可以狩猎捕杀到熊、山猪、鹿等肉量丰富的大型野兽，不需要像在热带雨林或者台湾的亚热带云雾林一般，需要左右开弓劈砍灌木丛和藤蔓开路。因此长久以来山铊就足够满足当地人们的需要。

误 钩头镰刀与开山刀的挥砍原理截然不同，多数人因为不了解而砍缺了开山刀的刀口。

历史悠久最有组织的狩猎团队的必备刀

山铊的少数例外：日本秋田县属于多山之地，这里有专门的狩猎团组织，日文读音称为matagi，以黑熊为目标，兼猎山猪、鹿等大型动物。全世界像这样精密分工的狩猎团体并不多见，应该传承了两三百年以上，甚至还留下文字记载的狩猎秘籍。

直译为“马塔基”的猎团，分为领队、射击手、镖枪手、追踪搜索员、负重挑夫等等，常一人司二、三职。猎团草创期的火绳枪只能单发，后来的弹壳式固装弹、无弹仓的村田步枪（三八式步枪的前身）也只能单发，万一一枪没有击毙猎物，旁边待命的镖枪手还有机会用镖枪刺死猎物。镖枪手所使用的枪尖，就是有刀尖的剑铊，单陡斜面构造，刀尖的一边开有小小的锐利锋口，类似Bowie的设计。当黑熊扑向猎人，双掌挥舞时，有时会意外架开猎人的单刃枪尖，这样枪尖就会从熊皮上滑走，失去刺杀的先机。如果将枪尖变成双刃则不会存在这个问题，猎杀效果几乎百分之百。

马塔基的剑铊刀柄与刀身一体锻造成型，刀柄铁管状，与“台湾先住民”的刀几乎相同，长木柄在步行登山时可以当手杖。

日本的户外活动普及之后，登山、溯溪、溪钓、赏鸟、生态摄影、自然生态观察者在任何季节都有入山的需求。春夏季入山时，草木生长茂密，山铊单陡斜面构造，不仅没有刀尖，而且只能单侧劈砍，所以用途受限，无法满足一般户外活动者的需求。猎人掌握了潜行的技巧，可以不

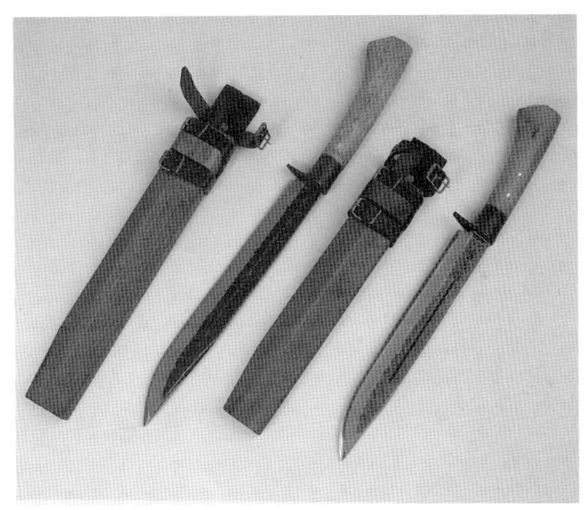

选购日式剑铊必须留意重量合不合手，一般而言，刀身长的较重，短刀较轻便。

用劈草砍树来开路，但是一般户外活动者没人懂这些技巧，碰到深山老林只能用蛮力挥刀辟路。这样做倒是有一个好处，循着刀迹返程不会迷路。所以斜平面构造且有刀尖的剑铊（有刀尖的山铊称为剑铊），在日本的需求量与日俱增，并在日本市场上独占鳌头。

日本开山刀只针对国内市场的特殊需求

全世界除了日本，没有哪个国家的人民如此普遍持有具有本国文化特色的开山刀，这也说明了多山、多森林的日本地域生态的特殊性。日本的剑铊市场，除了部分是品牌工厂的产品之外，大部分是地区打铁铺的产品。他们多数是向钢料厂购买白纸、青纸系列的高碳低合金钢片，包夹

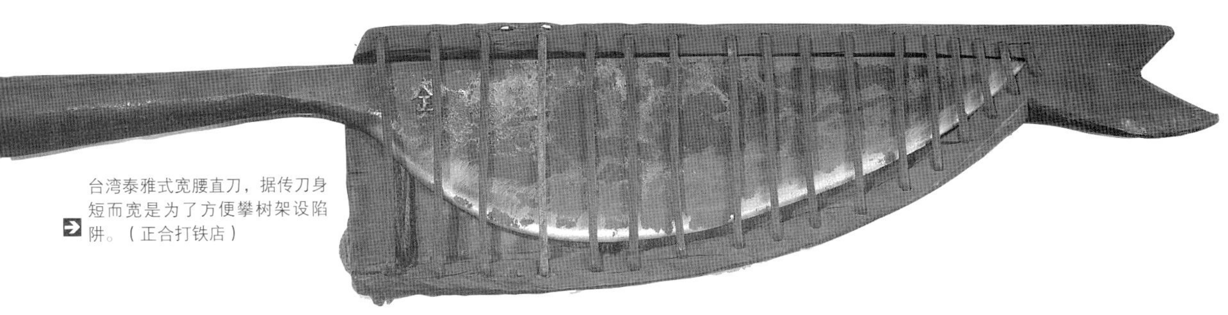

台湾泰雅式宽腰直刀，据传刀身短而宽是为了方便攀树架设陷阱。（正合打铁店）

在低碳钢刀身中，所以劈砍效率非常好，锋利持久度也够，可惜刀身的大部分采用的是几乎无法硬化的低碳钢。低碳钢的开山刀虽然有不易生锈的优点，适合粗用，但也有刀口厚度不能做得太薄的缺点，刀口做得太薄时，猛烈劈砍会使刀刃偏歪，而刀口太厚的话，劈砍的效率又差，刀刃砍不深。若自行磨薄，刀身可能变轻，少了重力加速度，劈砍效率不仅会变差，而且刀身可能在猛烈劈砍时发生弯曲。

日本将其工业炼钢能力与传统锻冶技艺结合，在人们对开山刀的式样有多样化需求之际，迅速推出多种但大同小异的剑铊，以满足市场的需要。若客观评估日本剑铊的实用性、坚固性、耐用程度，大致上后两者都可以打很高的分数。与十八斩刀相比较，日本剑铊对于针叶树种的枝丫劈砍效率较高，但是劈砍灌木丛和软草的效率较差，显然还是针对日本岛屿上的温带针叶森林生态环境而设计的。

反观十八斩刀，劈砍木头的能力比剑铊差，但是劈砍软草的效率比剑铊好很多，尤其长达 54 厘米的十八斩刀，劈砍植株较高的草时，例如五节芒，手不会碰到草，不容易被割伤，确实效率比剑铊好很多，可惜刀太长，感觉有些拿不稳，劈一阵子就觉得手腕很酸。这是因为刀的力矩加大，长时间挥舞就会很费力，如同冗长的钓竿一般。东方人身材稍矮，标准尺寸的十八斩刀太长，若缩短又不宜短于 48 厘米，否则劈砍效果大大降低。目前有品牌、质量可信赖的开山刀就那几种，能兼顾硬木树枝丫和蔓藤软草的完美开山刀何处寻?

高级的剑铊刀身为多层锻造钢，刀刃夹“安来青纸钢”，相当锋利耐用。

山铊或剑铊的刀柄保留有粗犷的古风，很多玩家希望木柄能做得更精致一些。

误 砍针叶林软木与阔叶硬木的开山刀不能混为一谈。

十八斩刀之后陆续登场的最强开山刀

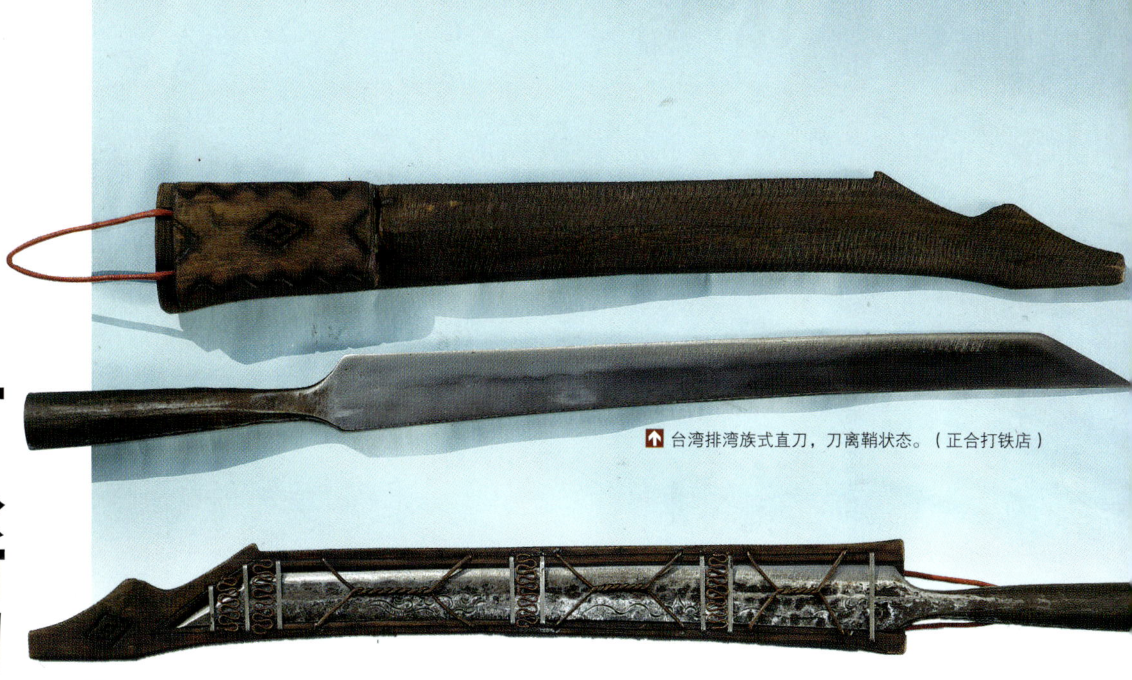

台湾排湾族式直刀，刀离鞘状态。（正合打铁店）

台湾排湾族式直刀。（正合打铁店）

世界知名的开山刀种类，远少于“台湾先住民”刀，跃上国际舞台的开山刀顶多只有三、四种，“台湾先住民”的开山刀将近十种，后续发展值得期待。

数百年来全世界针对自然环境不断演化而来的开山刀有几种？西方、日本加起来不到十种，究其主因在于各地区森林生态的独特性，制作铁器的工艺技术，再加上数百年没有政治干扰的独特环境。

台湾属于亚热带、热带雨林生态环境，在山区的低山、中山带阔叶硬木树、先锋软木树、藤蔓、软草占据森林的任何角落。“台湾先住民”的铁器受到大陆冶铁、锻造技术的影响，一开始可能是以物易物，后来发展到定做交易。再后来，一些清末的老照片显示，台湾若干地方已有原住民面孔的冶锻工匠。在漫长的操作钢制开山刀的摸索期，原住民基于同族人的认同，使用同一种造型的开山刀，历经几代人的不断使用，终于摸索出了适合自己族人活动领域使用的开山刀造型。与“台湾先住民”情况类似的是菲律宾的原住民，不过他们的 Polo 开山刀早先台湾一步登上了国际舞台。

“台湾先住民”截至目前，可能拥有十款左右不同造型的开山刀，远远超过全世界已知的总和。到底哪一族主要使用哪一款，虽然大致能够确定，但很可能不是绝对。例如原住民媾和、娶亲，需要送开山刀、猪当作礼物，泰雅族送给排湾族开山刀，这么慎重的礼物，一定会给钢质最好的刀，往往和亲日期已定，时间比较仓促，根本没时间订制排湾族的直刀。

钢铁器具在冶炼的过程中，不论使用木炭、煤、焦炭，都会有未燃烧的炭屑，夹在钢铁里面，如果对钢铁器物中夹杂的炭屑进行分析，即可得知是用哪一种炭冶炼的。例如，对“台湾先住民”的刀具进行研究，夹杂煤的可能是清代制作的，夹杂木炭的可能在台湾制作的，夹杂焦炭的则很有可能是日据时代的产品。还有，工业量产的钢料质地均匀纯净，如果是人工锻冶者的，会留下钢与钢锻造熔接产生的微小细缝，在金相显微镜下不难看清楚，也就是说，研究“台湾先住民”刀的来源与年代，并不是没有方法。

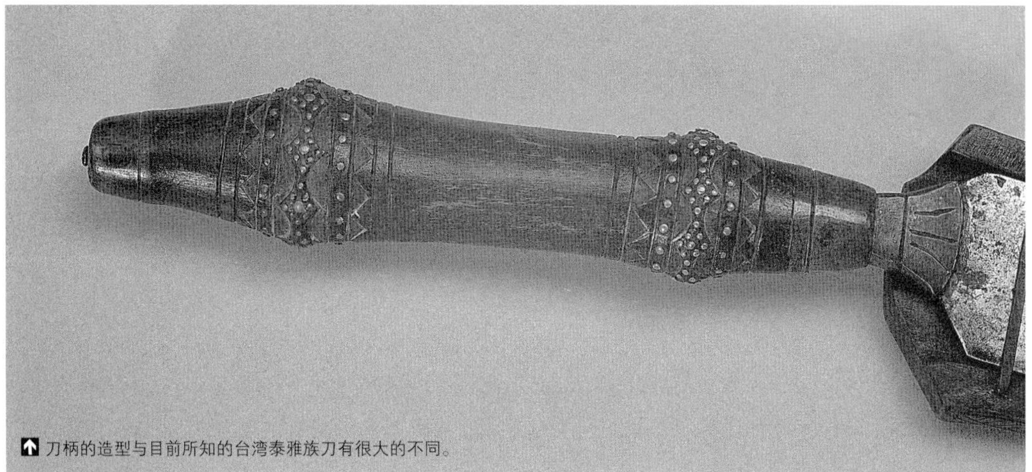
刀柄的造型与目前所知的台湾泰雅族刀有很大的不同。

泰雅排湾综合体的刀鞘纹饰的特写。

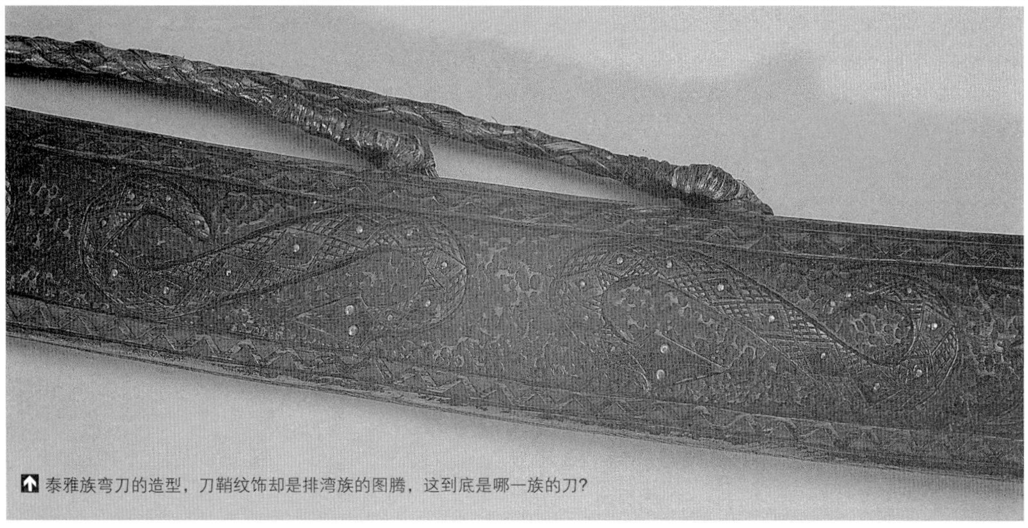
泰雅族弯刀的造型，刀鞘纹饰却是排湾族的图腾，这到底是哪一族的刀？

误 分辨数百年内制作的碳钢刀，人们无法以碳 14 确定年份，却很容易用钢铁内夹杂的碳颗粒辨别年代。

爱刀的原住民终将找到代表台湾的开山刀

有一张拍于清末台湾的老照片，照片中有一位神色和脸庞神似泰雅族的原住民，蹲坐在骑楼下抽烟斗，一把来复枪的枪托抵地，枪管斜搁在左肩上。老照片中的那把枪大有来头，是连射 13 发的 WINCHESTER 著名的 Lever Action 来复枪。人类史上第一款连续射击最多发子弹的步枪，第一款不需要离开瞄准线，能够连续瞄准射击的步枪，也是第一款发射速度最快的步枪。这么先进的步枪，怎么会落到“台湾先住民”手中？很简单！他是洋行买茶叶、樟脑油押货的保镖，美国枪厂刚出品不久就到他手上，该枪最大射程百米内，发射速度大约是后来日军三八式步枪的 3 ~ 5 倍。汉人爱金银财宝，原住民爱刀枪。笔者与原住民长辈多次相处后发现，他们试刀锋不锋利时，拿起刀把它当梳子顺向刮头发，感觉越粗糙者，说明刀口的钢越硬、刀越锋利，比汉人用大拇指刮刀口更能准确判断。

“台湾先住民”的开山刀，是人类与大自然争斗留下的文化瑰宝。非常可惜的是，台湾这个传统钢铁工业这么发达的地方，竟然让开山刀这种瑰宝几乎沦亡殆尽，实在是暴殄天物。瑞士多功能刀有五亿多美元的年营业额。

“台湾先住民”各族的刀，除了排湾族后来可能参考了日式山铊，采用部分单陡斜面构造以外，其他都采用微斜面构造，微斜面构造的刀必须有适当的宽阔面，才能获得足够的重量，所以刀身通常显得较宽阔。劈砍时，宽阔的刀身非常好掌握方向，所以在蔓藤枝丫横生乱窜的树丛中，几乎任何角度都能出刀挥砍，这是其他西式、日本式的开山刀做不到的。宽阔的微斜面刀身采用平面研磨，以维持适当的刀口厚度，以前重 700 ~ 900 克的较多，现在 500 ~ 600 克的较常见，可能与现在不需要劈砍粗枝丫有关，所以不需要太重的刀了。

“台湾先住民”的开山刀采用均质的钢一体锻造成型，刀口经热处理后变得极硬，刀身有韧性，当刀口劈砍硬木受到反作用力时，经过宽阔且有弹性的刀身的缓冲，刀口不易大块崩掉，这是宽阔微斜面构造刀的一大优点。刀锋部分采用蛤刃研磨，这不是日人独创的，而是沿用日本人的称呼。原住民宽阔的刀力学设计优异，方向性非常容易掌控，再加上蛤刃的帮助，只要掌握了挥刀技巧，用开山刀劈树木侧枝时，第一刀会在侧枝留下一个刀口，第二刀也能准确滑入第一刀的刀口，一根大臂粗的树干两刀就能砍断。台湾的打铁行业已近黄昏，原住民的刀文化也在急速消失。笔者期待有朝一日能拍着胸脯骄傲地向大家推荐哪些原住民开山刀是金字招牌。

“台湾先住民”佩带开山刀打猎图。

笔者仿制的泰雅族式弯刀离鞘状态，为减轻重量，刀鞘背面省略了其他造型设计。

笔者仿泰雅族式弯刀，包覆式刀鞘里面涂漆加工，不会附着污物而锈蚀刀身。

“台湾先住民”配挂刀的方式。

本图为“台湾先住民”胁下佩挂的方式。

本图为“台湾先住民”左腰佩刀的方式。

误 电影中夸张的挥刀画面误导了民众，导致很多人错误地挥动开山刀。

挥舞开山刀的巧劲

大斧头劈开大木块的瞬间。劈斧头用劲的方式好像挥锄头。

人体的肌肉有耐受极限，农夫、樵夫的力气不会输给剑客太多，力气上既然差别小，那么为什么不是人人能成为剑客？挥舞开山刀和挥舞刀剑一样，适时停住劈砍动作是锻炼的重点。

帆船航海时代的水手，日常要做很多重体力的工作，手臂的力量应该不会输给擅长使用刀剑的剑客太多，为什么他们不能稍加训练成为使用刀剑的好手？因为手臂力气不是决定挥使刀剑技巧高下的绝对因素，劈斧头的樵夫、扛锄头的农夫，臂力并不输给水手，但不是每个农民、樵夫都能成为使剑、挥刀的高手。

笔者有一把日本居合剑道（使用真刀的剑道）练臂力专用1.5千克中等重量的硬木素振刀，有位朋友是专门除草的有机农夫，拿起素振刀说重量还好，锄头重约1.8千克，再加上锄头的重量集中在锄头的前端，所以觉得素振刀的重量还好。我让他挥一下看看，不要太用力，不然会打碎地面瓷砖。果然他差点打碎瓷砖。挥锄头、挥斧头的动作都一样，举高施力向下使木柄即将与地面平行，就不需要再出力了，只维持锄、斧下坠方向的正确性，利用锄斧刃部下坠的重力加速度，挖泥土或劈裂树干。而使用刀剑往下劈砍时，则要锻炼在任何位置能随时停住，两者大大不同。

如果把刀剑当锄头、斧头那样用，一下子劈到底，刀剑武艺的理论称此为空门。对手利用空门一剑刺来或一刀劈过来，我方再举刀剑去架开对方的兵器，动作会慢很多。劈砍时留下空门，等于给对方一个机会把自己送上天堂。

练刀练剑时，不论西式和中式，在桌面竖立一根尺，挥木剑从与直尺平行的位置劈砍而下，

用开山刀剁引火用的碎木屑，泰雅族擅长此妙法。

在 10、15、24、36 厘米的任一位置说停下就停下，那就是使用刀剑的高手了。高手一刀砍去能随意停住，这就能避开低手用刀口架开高手的刀锋，造成的刀口相咬。我们常看到有人表演挥刀砍开放在人肚皮上的西瓜，而肚皮却丝毫无伤，这个特技其实是练习刀剑的基本功。如果让农夫和樵夫来挥木剑，大概每一剑都会直接砍到桌面上。

事实上，使用开山刀劈砍时就像挥舞刀剑。例如，一根长在石头旁边的拇指粗的刺葱树干挡住了去路，一刀挥过去，如果劈断树枝后没有立刻停住刀子，刀就会砍到石头，所以擅长使用开山刀的原住民，刀子几乎不借人，根本的原因在于挥刀用劲的方式与锄头、斧头不一样。

同样是砍“刺葱”，如果用勾头镰刀来砍，砍断树干后，即使勾头尖撞到岩石，刀口也不会受损，因此农夫偏爱用勾头镰刀。与擅长使用勾头镰刀的农夫、向导一起登山探勘，他们找你借用开山刀时，一定要先观察对方勾头镰刀的勾头尖，如果磨损严重，开山刀一定不能借给他用。

不懂得开山刀的用法容易造成误伤

在用开山刀劈砍树枝时，如果刀子砍入树干后还持续往下出力，不仅浪费力气，而且刀口容易缺损，木柄容易损坏。一般人这样挥刀砍个几十刀，手掌必定会起水泡。

使用十八斩刀砍软草，挥刀的时候要尽量轻

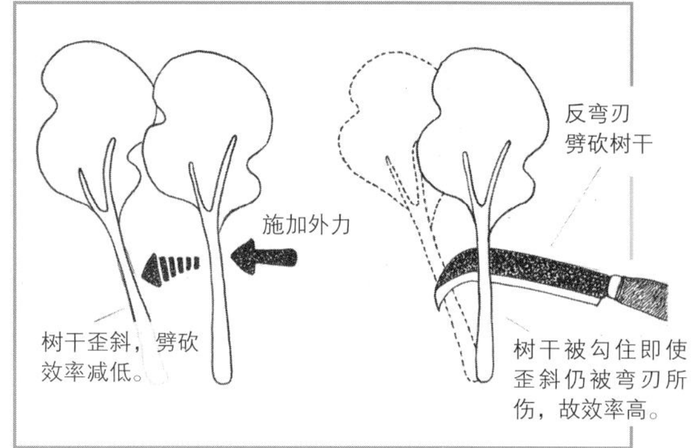

巧、出力柔软、刀不需要握太紧，如此能持续挥刀很久，手掌也不容易起泡，如果戴有手套，手掌能得到更好的保护。但是如果用砍软草的方式去砍硬木，则刀子可能碰飞脱手。如果刀子握得很紧，挥砍的力量很大，持续用力劈到底，刀身

阔叶树干里面的木纹通常顺逆方向交替，比起木纹为直丝的针叶树种，更需要用大斧头来劈砍。

误 正确挥砍开山刀，不是用手臂，而是手臂、腰力兼用，需要玩家长时间慢慢体会。

就会被弹开乱弹跳，很难控制方向。东方人个子矮小，刀子相对比较长，刀子乱弹跳不受控制时，砍破登山鞋划伤脚都是很有可能的，除非握力很大，或者练过刀剑，感觉刀子要飞走，立刻使劲握住，好像挥剑任意停住一样，才能降低刀子飞走的可能。

在刀柄上加上失手绳，虽然可以将刀子固定在手腕上，保证刀子不会掉到悬崖峭壁底下，但是万一刀子蹦飞了，依然不能保证刀子不会伤到自己。最可行的办法是，一旦感觉手酸握不住刀子了，就换个人来砍。戴手套可以解决手酸的问题吗？可以，但是手掌小的人戴手套会感觉十八斩刀的刀柄太粗，不容易抓握。

现在很多近郊山上的路线已经大众化了，沿路都被砍得很干净，就算随身携带开山刀也没机会练习。只有人迹罕至的路线，才有机会练习用开山刀开路。在开路时，可以将清掉的树枝多砍几刀斩成碎段，这样也可以增加练习的机会。向导在前面挥刀开路时，后面至少要留 4 ~ 5 米的安全距离，后面的人靠近时要出声喊“后面有人”或者“有人”，连喊两三声，当前面的人停止挥刀回头看时再靠近。

一般人操作开山刀者挥刀之际，会让刀尖往后伸出很长的一段，握刀的拳头举到耳朵后方再挥刀，除非是很用力地砍粗壮的树干、木质老藤，

用开山刀开罐头，将刀刃往下压，不要左右摇晃，以免刀口缺损。

一般不会使用腰力，采用这种非专业的挥刀技巧，手臂容易累、伤到后面的人的概率大。以刀剑武艺的角度来看，举刀时刀尖往后很多，出刀攻击就会慢，这是一种会使自己没命的空门。专业的挥刀技巧是，举刀的拳头与额头齐平，距离额头约 2 ~ 3 个手掌宽度，刀尖向上，这样就能利落挥刀，然后用腰力加上手臂力量，这样就能持久挥刀。但这个技巧存在一个问题：背着背包会限制挥刀者扭腰使力。长久以来轻装的原住民并没有这个问题。挥舞十八斩刀也没有扭腰使劲的问题。因此需要长途开路的行程，原住民都用大刀砍粗、后面再用二把手小刀砍细的，以节省体力提高行进效率。

开山刀正确与错误的挥刀预备姿势。

本图为正确预备挥刀的架势，刀尖向上比较安全。

本图为错误预备挥刀的架势，刀尖向后有不确定性。

附录 1

ALL ABOUT THE KNIVES

收藏刀与古董刀剑

悠游在目不暇接的收藏刀大观园

坊间喜欢搜集各种刀具的玩家不在少数，他们收藏的刀具称为收藏刀，以上的说法与定义很模糊，因为收藏刀的范围包罗万象，有些人专门收藏军用刀，例如：第一次世界大战、第二次世界大战，以及朝鲜战争、越南战争等军人配备的刺刀和开山刀，所收藏的刀具范围可能比较明确。有些人专门收藏一些地区的民族用刀，比方说“台湾先住民”的冷兵器，或者蒙古族、藏族的传统刀等，收藏刀的范围也很清楚。很多年轻朋友的收藏，属于本书第二章到第七章介绍过的各式新品，数年前到数十年前的产品，甚至是某家刀厂建厂五十年纪念刀，海湾战争胜利十周年纪念刀等等，这些都算是收藏刀。有些刀子的构造与工厂生产的刀大同小异，外观的装饰却异常华丽，属于著名手工刀师傅的作品，价格可能相差几十倍。因为范围实在太广泛了，所以通常人们听到收藏刀一词，总是摸不清楚大致的范围。

有些人喜欢收藏古董刀剑。古董刀剑很大一部分都是当年国家军队、贵族私人军队所使用的武器，但是，并不是工业化生产线量产的固定规格品。工业革命之前，几乎没有所谓的

长久以来台湾民间有玩家收藏原住民刀，图中的弯刀很可能是太鲁阁族刀，而不是泰雅族的佩刀。

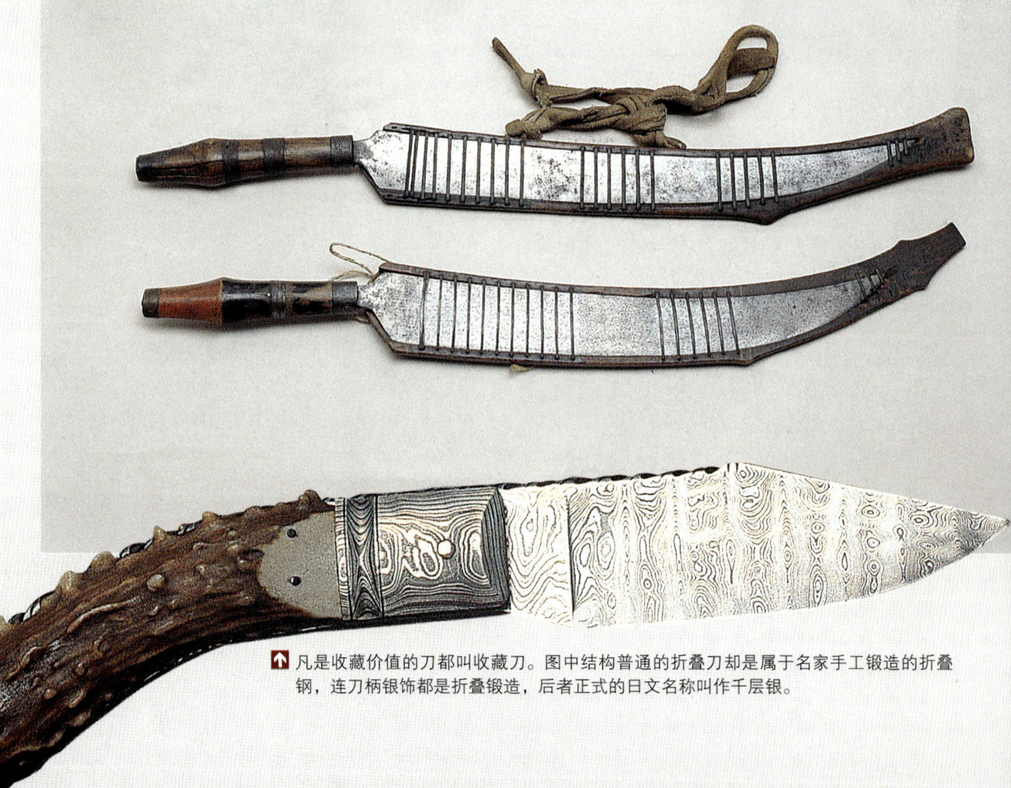

凡是收藏价值的刀都叫收藏刀。图中结构普通的折叠刀却是属于名家手工锻造的折叠钢，连刀柄银饰都是折叠锻造，后者正式的日文名称叫作千层银。

目前俗称的武士刀，其日本正式名称为打刀，江户幕府结束战国时代才开始普及。战国时代骑马的武士所佩带的刀称为太刀。

生产线用模具来量产制式武器，国家和贵族军队所用的武器，可能就近在领地、战区附近的城镇治办。例如，抗倭名将戚继光觉得当时参战的军队武器良莠不齐，于是自己治办刀械，在单刀近护手处镌刻“戚”字借以识别，并督导武器的质量，因为大将军亲身治办所以质量极佳，后来被文物搜集者称为戚家刀，加上戚家刀背后的故事，大幅提升了收藏的价值。

工业革命之前西方贵族、日本世袭的武士没有什么武器，都是自己在领地找到铁匠定好规格，等做好后验收，所以规格紊乱。以武士刀为例，铭文：河内守国助，曾经三代人用同一个铭文，在古董刀剑市场很有价值。另一例：备前长船祐定，百余年两百多个刀匠使用同一铭文，即使刀剑质量极佳，也因为“菜市场铭”而无太高的价值。刀刃长度同为69厘米者，仅就刀的厚度而言，就有6.5～8.5毫米各种各样的规格，不像今天的兵工厂、民间刀厂所生产的产品质量一样，规格整齐。

回过头来谈所收藏的古董刀剑，可能曾经是军用刀，或许是侠客刀刃，可能几百年传了好几手前两者均是，在台湾，必须达到一百年以上的才能称为古董刀剑，才能够在不损及古文物的前提下，维持原有的刀剑锋利度，若非超过百年，即使是数十年前完成的仿古刀剑，也不能将刀剑开锋。

讲到此处，本章的范围稍微清楚了。民族刀剑的范围太广，没办法谈，“台湾先住民”的冷兵器，又是一个大范围的专门领域，本章也无法讲清楚。工业革命以后的军用刀，在国际收藏界拥有很多的收藏群体，买卖中古军品的军火商、电影道具商隐身其间，很难用短短的一小节文字深入介绍。本文必须提醒读者，全世界的冷兵器、民族用刀，绝大部分没有国际交流，很难有国际级别的拍卖行情，以往都是收藏家就近在自己国家收藏当地的刀剑，美国人搜集南北战争的马刀、大猎刀，英国人搜集火器发明之前，厚重盔甲骑兵所使用的巨大双刃剑、斧头、盾牌、盔甲等。日本人只收藏本国传统的兵刃等。凡此种种都说明搜集古董刀剑没有国际化，直到近20年来，因为日本、中国，甚至泰国、印度的武术电影跃上国际舞台，电影里面的各民族冷兵器令全世界的冷兵器收藏家眼界大开，原来全世界的冷兵器大观园，竟是如此丰富多彩，这才开始有收藏家跨国收藏各种冷兵器。

本文以为，无论哪一种兵刃，华丽的外观加上营销与刀相关的故事，都可以增加古董刀剑的价值。当然，外行看热闹，内行看门道。不管刀刃如何造型华丽诡异、嵌珠镶玉，曾经是哪位名将、大侠的贴身兵刃，最终都要讲究兵刃的锋利与坚固，而锋利性与坚固性又离不开锻冶铸造钢铁刀剑的方法。全世界最具代表，将来最有可能拥有普世价值的古董刀剑，目前大致拥有国际知名度的有五大类，分别是陨铁，印度乌兹钢，日本复合锻与刀口固体渗碳，中国的水钢与牙钢，以及手工锻造大马士革钢。此一顺序并非以价质、坚固或发明顺序排列，而是以目前受到世界各地收藏家了解与注目的程度、增值潜力来排序。

西洋刀剑种类庞杂，实在很难简单说明，在欧美有专门搞收藏研究的特殊行业。

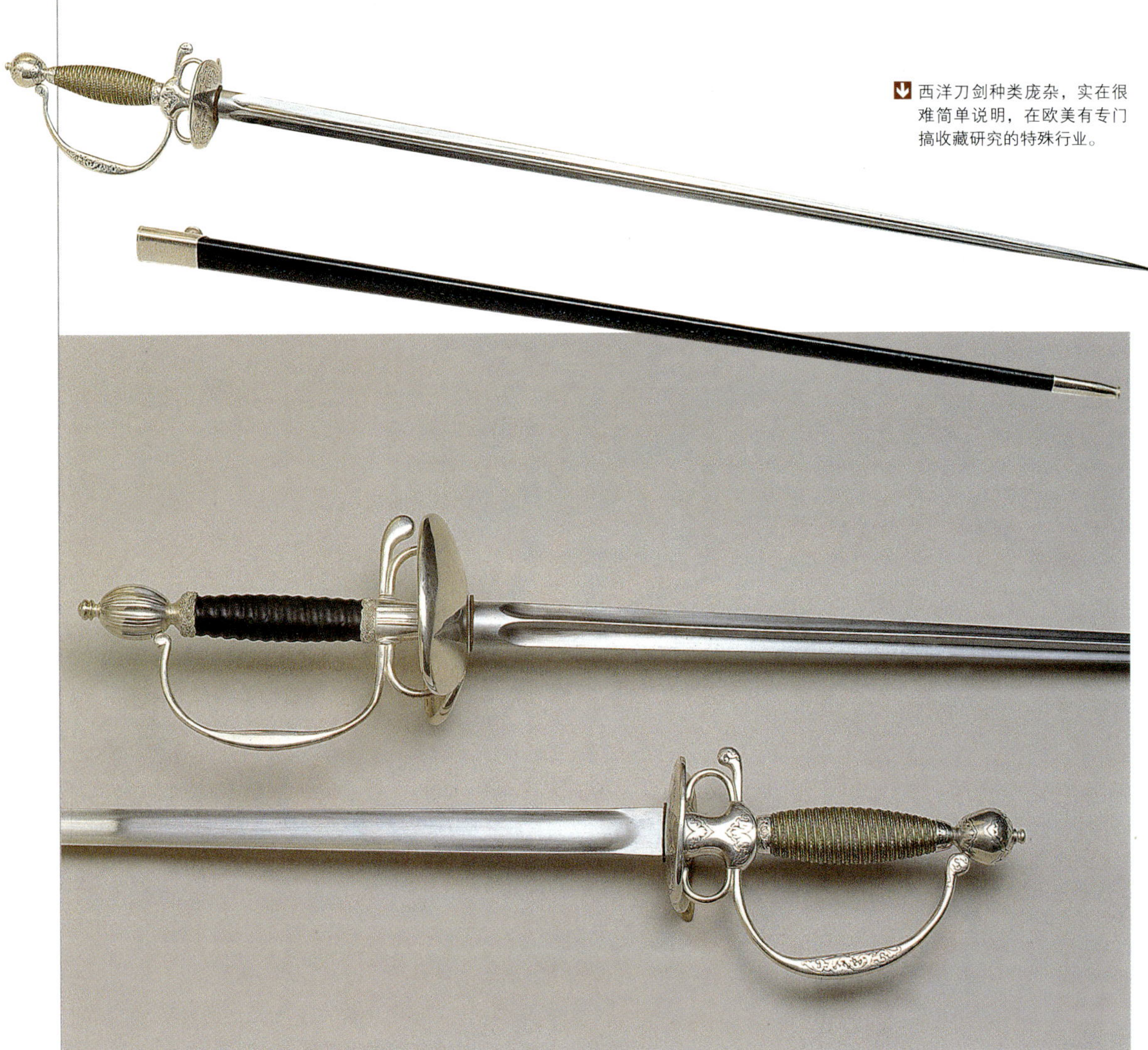

西式的剑身、护手特写，剑身的结构两面不对称，主要以刺杀为主。

日本手工刀名家制作的折叠刀，牛骨刀柄，刀刃镜面研磨，目前价值不菲。

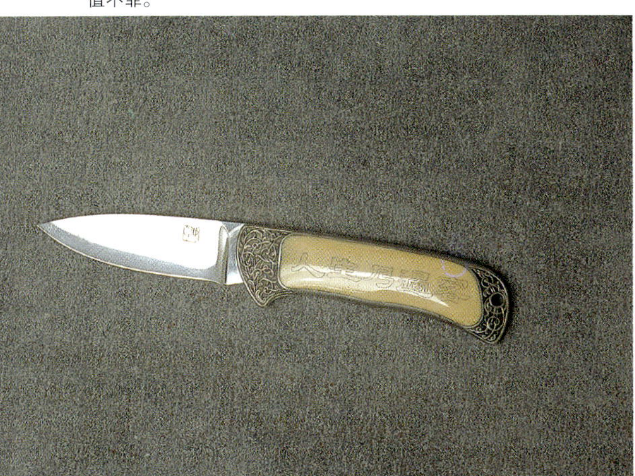

欧美贵族古典风折叠式仿双刃匕首，刀刃雕刻、刀柄镶珍珠贝壳。做工耗时，一位刀匠一生做不了几把，富豪收藏家才玩得起的高价品。

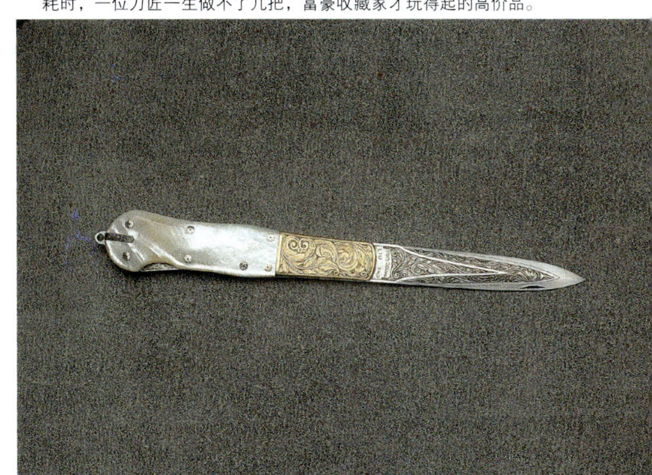

受到电影的影响，原本在日本非正统武术的忍术也风行全球，相关武器也变得炙手可热，图为忍者所使用的镰刀。

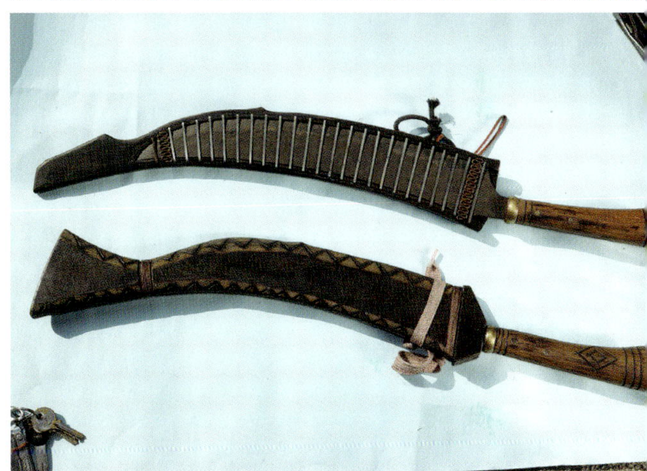

台湾大溪正合百年老打铁店的泰雅族湾刀，其刀姿装饰与百年前老照片里的刀无太大不同。

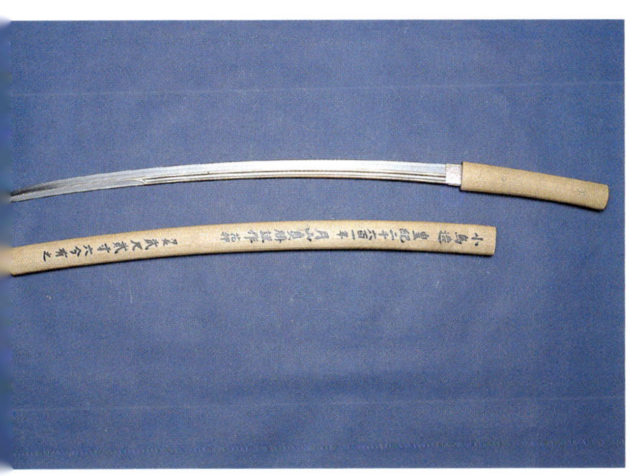

全世界收藏刀唯日本独有的保存鞘，使用的朴木质软，不会刮伤刀刃镜面，又不会使刀刃生锈，适合长久储存收藏刀剑。

目前传世的中国古董刀以清朝腰刀最多，刀身较短、宽阔的刀属步兵用刀，刀较细长的称为马刀，属骑兵用刀。戚家刀的大致外观与清朝腰刀一样，因属战争消耗品，刀的装饰很朴素。

具备超硬合金钢的基本条件

用天上流星坠落下来的陨铁锻造的宝刀是天赐的神兵利器，必当所向披靡，这或许就是陨铁兵刃至今在收藏家中魅力不减的原因。

欧美的刀剑、刀具锻冶专家，不少人都擅长利用陨铁锻冶大小刀具，西方人认为陨铁拥有神秘的力量，因此多为顶级收藏家眼中的宝贝，当然陨铁来源也不便宜，很多陨铁供应商的货源，来自沙漠、荒原等地广人稀附近城镇的居民。夜间观察流星坠落何处再前往搜寻，转卖到专门市场，目前公开交易的行情大约每克数美元以上。如果是指头大的陨石价钱较低，鸡蛋柚子大的，越大的价钱越高，通常陨铁制刀师傅都尽量用一块陨铁完成一具刀剑，所以越大的陨铁越值钱。其次是成分，陨铁通常都含铬、镍、钴等元素，具备超硬合金钢的基本条件，利用陨铁所含其他金属元素不均匀的特性，锻造的刀具表面的金属元素分布不均匀，就会形成特殊的花纹，经过酸洗可以更凸显花纹，可以营造刀剑的神祕感与价值感。为了使刀剑锋利，通常在刀口部分另外夹钢，这是很平常的做法，但这也会使刀剑的价值相对降低。

有些师傅挑选成分特殊的陨石，锻造的刀剑、匕首异常锋利，这种“纯”陨石的刀具通常比夹钢“不纯”的价钱高很多，但因合适的陨石难找，所以适合制作“纯”陨石锋利刀具的陨石价钱就会高很多，辨认陨石的眼光是刀剑师傅提高自己行情的独门绝技。全世界各主要民族，迄今还有很多收藏家钟情陨石刀剑，也有相关的产业链，但因价高作品少，玩家人数相对稀少。曾经在中国台湾的展览会场上展出过一对陨石太极剑，剑身造型古朴，剑外观装饰也很朴拙，即使剑柄、剑鞘的装饰很容易更换，但是剑身锻造折叠的纹路看起来不像是伪造的。佛教教义认为流星是夜叉，不是什么好东西，不过也没有严格说铁陨石到底是不是夜叉，而人们为了追求刀剑的神秘力量，遂将佛教教义抛诸脑后。可能很多人会质疑，既然铁陨石也是含铁、铬、镍等常见元素，应该很容易冒仿吧？炽热的铁陨石在外太空的真空中，没有导体将陨石的热量传递散发，要经过几万年才会冷却。电子显微镜发明以后，德国人魏德曼用显微镜观察铁陨石，发现里面有特殊的组织，以目前的科技无法伪造，铁陨石中的结构于是也被称为“魏德曼组织”，是目前鉴定陨铁的精确的科学证据。

武士刀上面锻冶折叠钢料产生的纹路称为地肌，但绝大多数的地肌纹路极为模糊，像图中如此清楚者极少见。陨铁刀剑的纹路通常比此图更加鲜明，但此刀不是陨铁刀。

地球上谜样的最强刀剑

马刀，刀身为乌兹钢。

即使现在有极少数工匠能够仿制印度的乌兹钢刀具，但也仅限于短刀匕首，而且没有测试报告证明物理性质完全相似，所以新董乌兹钢刀具的价钱还是居高不下。

西方最早接触的乌兹钢冷兵器来自印度，但它并不是说在今天的印度这块土地上发明的，只能说在印度曾经大量被制造流传，因缘际会而闻名于世。根据权威的研究报告，现在所称的印度乌兹钢（wootz）是波斯的萨珊王朝（公元224—651年）发明的，当时称为spaina，北魏时期（公元386—557年）传入中国，spaina流传至今被称为镔铁。中文武侠小说多有提到，但由于现实中几乎不存在，所以很多人都认为那是编撰的故事。一直到明代，西域边疆的少数民族，以及中亚等地（相当于今天的阿富汗、苏联的联盟国等回教徒生活地区），都曾经拥有该项技术，但是生产规模很小，今天也早已失传。

明代曹昭著有《格古要论》记载："镔铁出西番，面上有螺旋花者、有芝麻雪花者，凡刀剑兵器打磨光净，用金丝矾矾之，其花则见，其价过银，造假者有黑花………"这是中国古文献提及镔铁的最详细记载。其中的西番是指现在的印度。该书至少提及镔铁的两种花纹，事实上还有更多的花纹，文中还提到用金丝矾检验镔铁的方法，可能是目前中国文献关于镔铁的最早记载。

镔铁既是波斯人发明的，北魏时期已经传入中国，西域的少数民族，一直少量持续制作镔铁，但是镔铁到底是什么东西、怎样制作，却一直非常神秘，其中明代称其价值比白银还贵，或许这就是它一直不能广为流传的原因，否则顽铁变白银，那是何等暴利的行业，再加上镔铁是制作兵刃的绝佳钢材与敏感科技，皇权时代一经公开，必然收归国营，所以只能秘密从事，难以广为传播，也因此它在中国、中国西域、中亚等地同样都失传了。

西方学者是在印度乌兹钢（镔铁）失传将近300年以后，才发现它的不一样。有位英国外交官，19世纪中叶在印度搜集了4000把送回国，其中有20余把在20世纪初辗转送到美国博物馆，经一位钢铁冶炼方面权威的教授研究，才发现那是他看不懂的钢铁种类，虽然后来知道那是很纯净的铁，含碳量从极少到2%左右分布极不均匀，刀具可能因此呈现出了花纹，但那名教授始终都不知道这种钢铁是怎么制造出来的。

波斯回民发明镔铁，始终都只将制作技术传给回教徒，传世的兵刃都属回教徒的造型，这也可以说明中国西域的回教徒为何拥有制作镔铁的工艺技术。公元 1347 年一个史称巴罕曼利苏丹的王朝创立了，传位到 1526 年因篡位而结束。巴罕曼利王朝进入 15 世纪已经极度衰弱，王朝各地出现群雄割据，一共有伊迈德王朝、阿狄王朝、巴利德王朝、库底甫王朝等苏丹国。应该是在巴罕曼利王朝的中叶或末期，以及群雄割据的时期，同为信仰回教的其他擅长制作镔铁的民族，将此技术传入以回教徒占多数的各个苏丹国，于是德干高原开始大量生产乌兹钢兵刃，之后这些割据诸侯国战争频繁，约两百年内纷纷灭亡。

在那两百年里，大炮渐渐成为攻城利器，封建城主的城墙不再坚不可摧，政权更替频繁，冷兵器变成配角，所以乌兹钢刀剑在此昙花一现。南宋（公元 1127—1279 年）多次以大炮击退元军，明朝（公元 1368—1644 年）初期军队已普遍配备火炮，而在印度德干高原地区，大致比明朝晚了 100 年，即巴罕曼利王朝到了中后期，火炮才急速普及，于是刀剑沦为了配角。今天的印度仍有少数的镔铁（乌兹钢）燧石击发的前膛装药枪传世，可以想象乌兹钢应该是在公元 1450—1550 年之间极度兴盛后迅速式微。

德干高原政局动荡了 200 余年，以至于现在不知到底有哪些诸侯国曾经如何大量生产乌兹钢冷兵器。在德干高原诸侯国期间及之后的一段时间，乌兹钢冷兵器再传回到阿拉伯世界的大马士革，但此时此地的镔铁制作技术也沦亡，不知此为何物，于是以多种金属铜、银、镍、铬、铁陨石等锻接熔合成为兵刃，模仿乌兹钢的花纹，希望能够达到乌兹钢的强度与锋利度，这种钢被称为大马士革钢（ damascus ）。仔细观察这两种钢还是有区别：经过磨光以后，乌兹钢表面光滑，花纹之间没有细缝，但大马士革钢表面粗糙，花纹间有细缝，这多半是年代久远，各种不同金属的锈蚀速度不同所造成的，或者是以稀硫酸、硝酸混合酸洗侵蚀刻意营造岁月痕迹的结果。不

马刀的刀刃、护手特写。虽经过研磨，但仍可隐约看见水流波状的乌兹钢纹路。鎏金花纹已磨损。

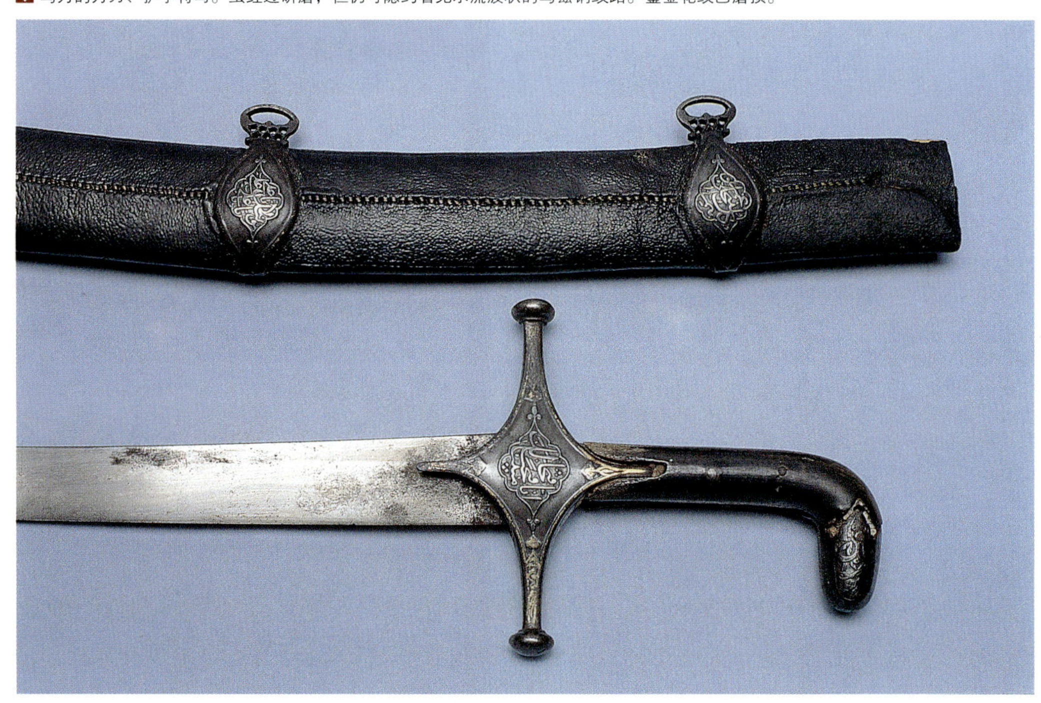

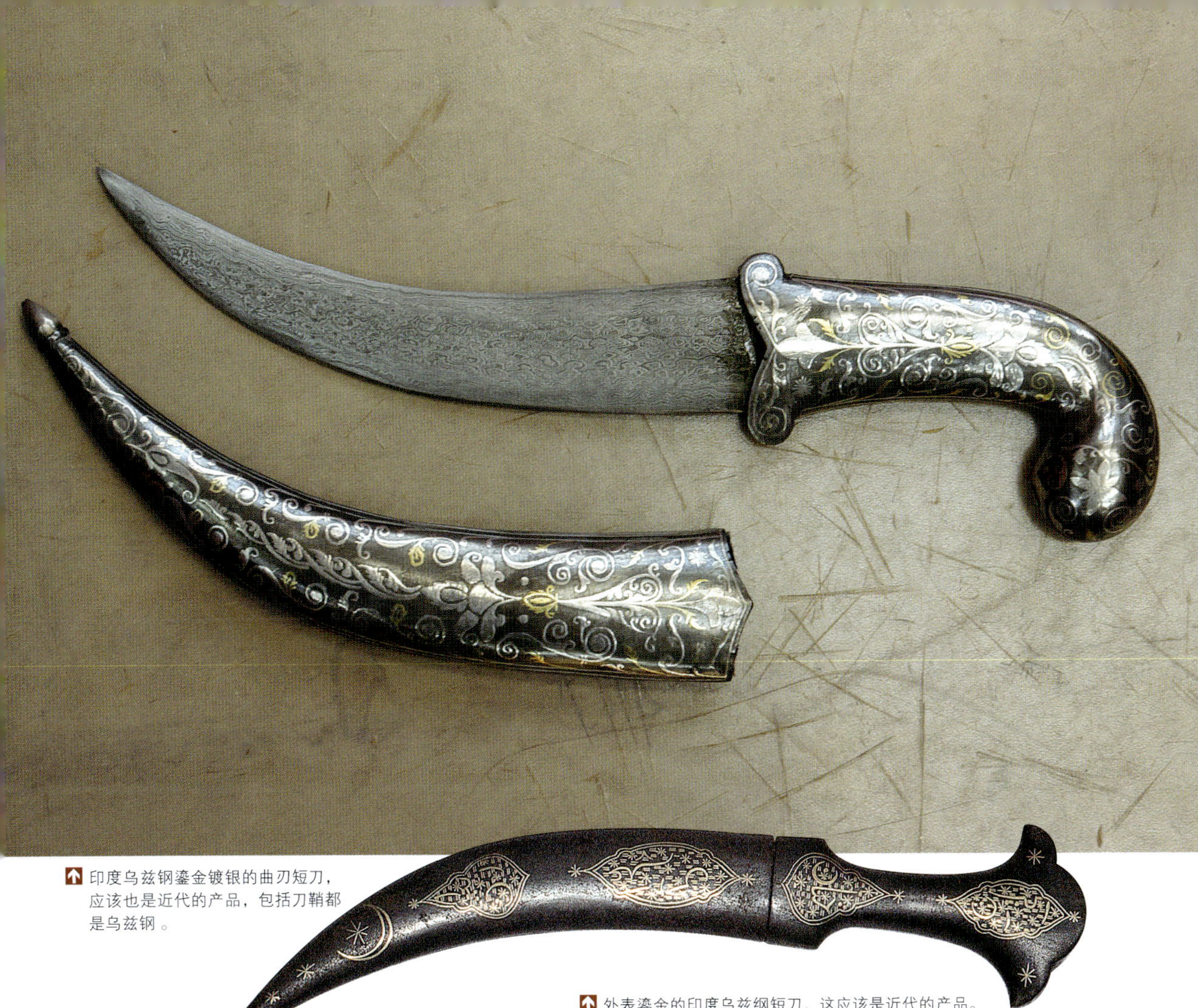

印度乌兹钢鎏金镀银的曲刃短刀，应该也是近代的产品，包括刀鞘都是乌兹钢 。

外表鎏金的印度乌兹钢短刀，这应该是近代的产品。黄金质软，外观鎏金的装饰不可能保存这么久。

过，近年来量产的大马士革钢表面也很光滑，花纹无细缝，酸洗与否可选择。德干高原割据诸侯国陆续灭亡后，冷兵器流落在割据诸侯、印度教征服者及民间，300 多年后，才有英国外交官收购四千具乌兹刀带到西方国家的故事。德干高原苏丹诸侯国灭亡后，当地仍有少量的乌兹钢持续生产着，甚至有人认为现在依然还在生产，只是秘不示人而已。

大约在 20 世纪 50 年代，瑞士的冶金学教授曾经对乌兹钢做过了钢材物理测试，发现了一个惊人的结果，其截面积每一平方厘米可承受 94 ~ 361 千克，每一平方毫米可承受 193 ~ 347 千克的撞击力(刀砍不凹)，这些数据因为没有对照组，一般人不容易明白。简单地说，它的物理性质是一般钢铁刀剑的数倍。同样截面积的乌兹钢刀剑，能承受一般刀剑 1 ~ 3 倍的力量而不折断，与传统复合锻日本刀相比，大概是后者的 2 倍，与美国南北战争的马刀相比，可能达到 3 ~ 4 倍。至于刀面耐砍不凹的性能，乌兹钢刀和上述所列的刀大约有 1 ~ 7 倍的差距。因为马刀只是采用含碳量在 0.6% ~ 0.8% 的均质碳钢钢材一体弹性化热处理，所以容易弯曲永久变形和折断。马刀表面硬度不足，在耐砍不凹的方面，与乌兹钢刀有的差距较大。如果以复合锻武士刀的皮铁为例，含碳量通常在 0.8% 左右，因为里面夹藏了一层略厚的软铁，所以能热处理到 850℃左右，非常坚硬，与乌兹钢的刀砍不凹性能差距比较小。直到今天，仍然有很多刀匠秘密研究乌兹钢的制作技术，有些人已经获得成果，但因一把短刀售价数万元美元以上，所以没在市场上广泛流通，却不失为拥有收藏潜力的刀具。

3 复合钢与刀口固体渗碳

持续生产流通的新收藏刀剑

给人刻板印象的武士刀套装，一般朱鞘刀只出现在非正式场合，武士在正式场合只能携带黑鞘刀。

日本刀是全世界唯一从冶铁锻造刀身、研磨锋利到发亮，以及柄鞘装饰都遵循千年历史古法的刀，堪称收藏刀剑史上的活化石，而且国际收藏市场也算畅通。

开始解说日本刀复合钢的锻造法之前，必须先了解一个很简单，但很少人知道的刀剑制作基本材料学原理。刀口要有硬度才会锋利，这点大家都懂，如果整把刀都像刀口那么坚硬，就能像乌兹钢刀一样砍不凹了。当敌方的刀剑砍过来时，武士就能轻易拨开对方兵刃，这方面的知识请参考本书第七章。用刀面拨开对方的刀口时，如果刀面不够硬，一定会被对方砍凹。如果刀口够硬、刀面也够硬，以一把均质钢料的刀剑而言，钢的热处理只能一次完成，所以整把刀剑都会变硬。钢料的硬度必然附带着脆性，均质通体全硬的刀剑如果受到了木棒的挥打，就会被打断成三截。所以刀剑锻造的关键是刚柔相济，刀口要够硬、刀面的硬度次之，刀身要有弹性，这是最难做的部分。火器发达后的骑兵马刀以平均法解决这个问题。含碳量 0.8%，整体刀身经过约 600℃的高温一次淬火，刀口锋利勉强可以，刀面硬度还好，刀身弹性不错。

日本人把用均质的钢料锻制的刀剑称为“丸锻”，美国南北战争中用的马刀就是丸锻。元朝伐日之前，日本武士刀都是丸锻，主要使用含碳量约 0.5% ~ 0.6% 左右的均质钢料锻造成型，在刀口进行固体渗碳处理，提高刀口的含碳量增加刀口锋利，刀身、刀口热处理的同时进行，整把刀剑浸入水中急冷，中等含碳量的刀身，在同样的温度下，获得较高的韧性。固体渗碳技术，当然师法中国，但中国应该在宋代牙钢技术成熟普及后，舍弃浪费燃料、耗时高成本的固体渗碳技术。今天日本收藏馈赠给天皇礼品的仓库：正仓院的御物里面有一把约唐代的直刀，刀身近柄处镌刻“丙子椒林”四个大字，想当然这是中国制造，连日本学者都不否认。重点在于这一把直刀，刀口有一层固体渗碳，增加刀口的硬度与锋利，却不会导致刀身太脆硬而折断。刀口渗碳留下的痕迹，采用特殊的研磨技术使其散发可辨识的光泽纹路，日本人称为“刃文(纹)”，是目前全球古董刀剑最特殊的特色之一。注：中国在汉唐之际，主要使用一种直刀，直刀长似剑，有尖却只有一边有斜面锋口，多数的直刀柄端有圆形大铁圜，考古学者称为环头大刀，与中国台湾的历史戏剧里面用的尖宽腰细的大刀有很大的不同；电影道具未经考证。日本天皇的丙子椒林剑，就是不折不扣的唐代环头大刀。

元军征伐日本，被收编来的南宋军队打头阵，士兵配备有大刀、板斧，用板斧可以破坏日军的门板状木盾牌、鹿砦突破其阵地。大刀更厉害了！这不是一般的抗战大刀，是抗战大刀上加上一根长柄，类似关公的青龙偃月刀。一旦日本武士骑马冲过来，南军用大刀挥过去，武士挥刀想架开，结果刀刃受到强烈撞击，从握把里飞脱出来，武士跌下马来，吃上一斧当场毙命，几乎所有上阵的武士，都这样死掉了。日本举国震惊，连天皇都要去庙里斋戒祷告求神，召来台风吹垮元军舰队，这是日本“神风”一词的由来。南军的大刀很重，双手握着长柄挥舞，借助重力加速度，再加上武士骑马冲来，大刀和武士刀硬碰硬，武士刀的刀刃当然挡不住。当时日本的武士身躯瘦小，身高 160 厘米即属壮汉，单手持的武士刀，刀刃

刀身有血槽和雕刻的刀比没有血槽和雕刻的刀在价格上略贵或贵很多。

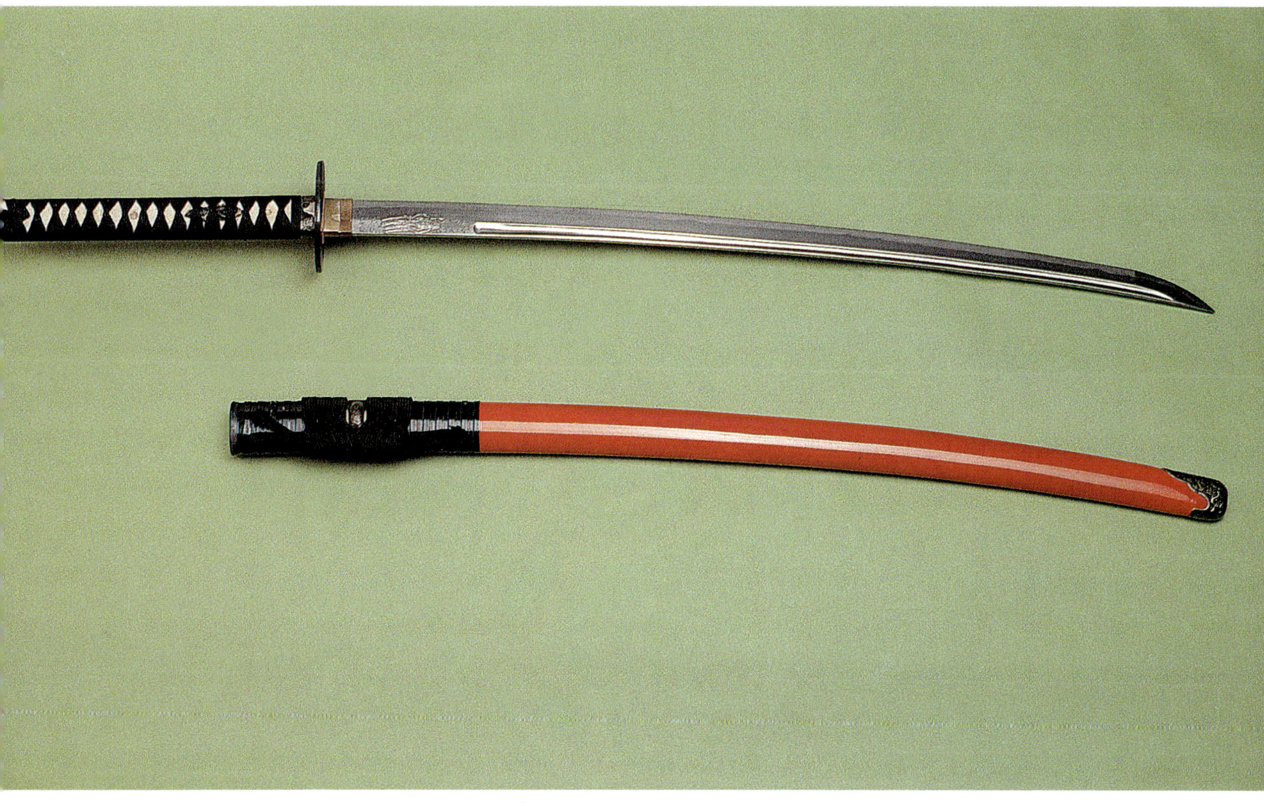

长81厘米、刀尖宽1.7厘米、近柄处仅2.7厘米、厚度0.6厘米，包含刀的装饰配件约0.6千克，步兵双手持的武士刀都比前者略厚重，1千克以下算轻的，最重约1.5千克。娇小单手持武士刀，而且是强度不足的丸锻，与南军交战一回，还能握着光溜溜刀柄逃回来的都算是英雄。日本骑兵的甲胄还是唐代时候传过去的，早已落后五百多年，只能勉强挡弓箭，哪经得起南军的镖枪齐射。元、日交战情节可以参考日本国宝绘卷《元寇来袭图》，非本文杜撰。

元军伐日落幕后，不产铁的日本人从海边捡拾了大量被冲上岸的，约配属四十万大军的钢铁兵器，日人发了一大笔国难财。大量的钢铁武器最终流入铁匠手里，改造锻打成其他钢铁工具或武器。之后的中国明朝还向日本大量买入倭刀。在元军伐日的大时代背景下，出现了一位令现今日本刀剑师傅引以为傲的精通复合锻的一代宗师，其生平不太详细，迄今还有他存世的五把国宝刀剑，刀上铭文：正宗。现在日本的很多刀剑、菜刀、生鱼片刀都喜欢加上“正宗”两个字，都是因为他的划时代壮举。元军伐日之际，正宗是天皇的中低阶官员，业余嗜好锻制刀剑，利用南军的兵器当钢料打造刀剑，发现兵刃外包软钢，里面夹硬钢，相信对于当时接触过宋军兵刃，仅知丸锻概念的铁匠来说，绝对让他们很震撼。正宗鉴于当时无法获知软钢包硬钢的产业基础、技术关键、优缺点，又不想全盘变革，只想传承既有的刀口渗碳技术，于是更改了南军兵刃的创意，改为硬钢包在外面，里面夹软钢，这样处理的刀剑的优点是：

（1）硬钢包软钢，能降低拨开敌方兵刃时，

➔ 武士刀的刀柄上包覆的是鲨鱼皮，这是中国人的发明，而且这种鲨鱼皮不仅限于一种鲨鱼，甚至可能包括魟鱼。

➔ 图中的雕刻刀法既不清晰，对比也不强烈，不难推估其艺术价值有限。

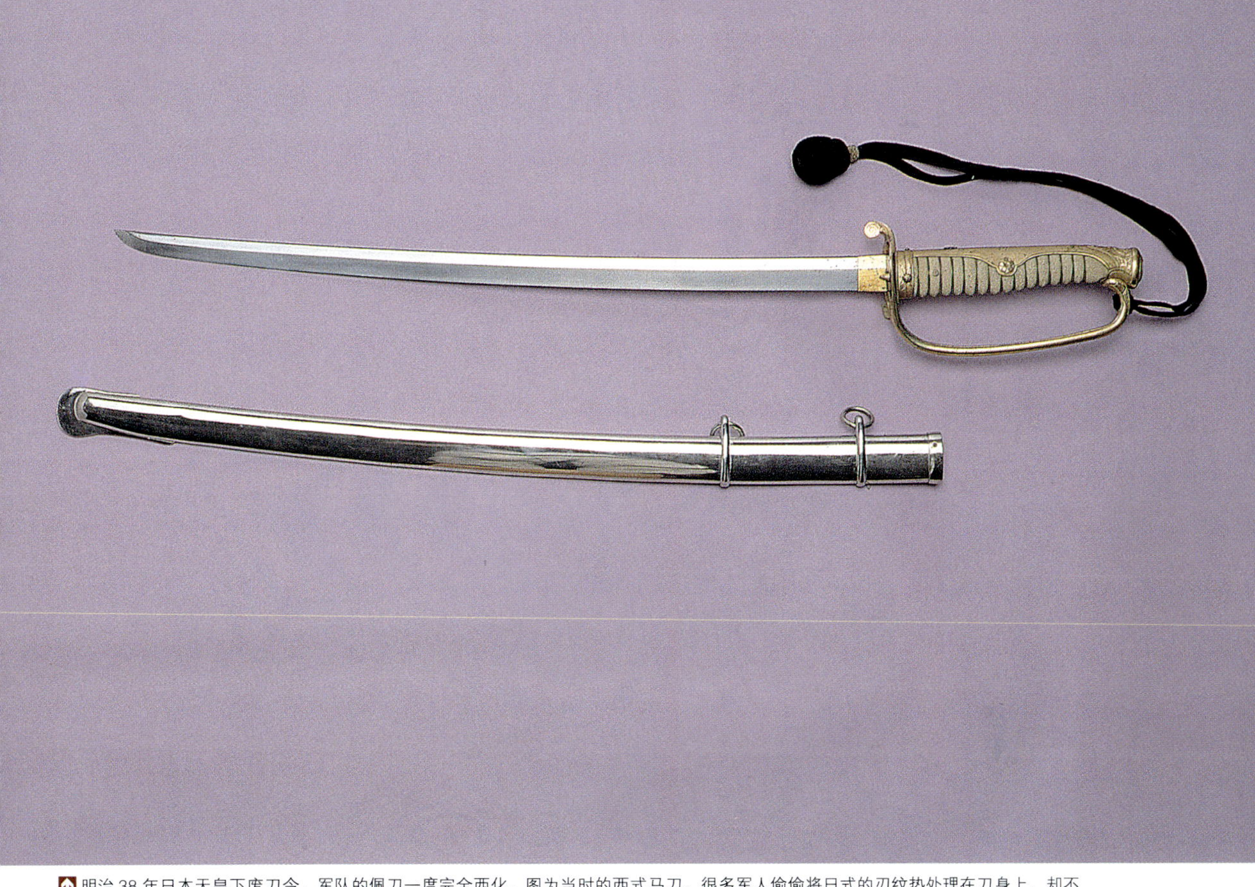

明治 38 年日本天皇下废刀令，军队的佩刀一度完全西化，图为当时的西式马刀。很多军人偷偷将日式的刃纹热处理在刀身上，却不研磨使之显现，于今变成记录重大事件的典藏品。

刀身被砍留下凹痕的可能，这是第一个优点。武士刀淬火的时候，刀口向下几乎水平地沉没入水中，通常刀身一般不会因受热不均而出现曲折变形，较常见的是包钢厚薄不均引起刀身曲折变形，里面包了软钢后，就容易用大铁槌冷锻校直。相对而言，丸锻比较难校直，一不小心就会敲断了刀身。

（2）硬钢包软钢，外表的硬钢尽可能处理得比弹簧钢还要硬些，里面有软钢，两者刚柔相济，刀身的弹性非常好，从格斗挥砍的状态而言，除非硬钢极度厚薄不均，否则几乎不可能折断，强度比丸锻的骑兵武士刀好很多。若硬钢厚薄不均太严重，热处理后刀身异常翘反就可以提前想到了，不会在战场上砍断了刀才后知后觉。

（3）读者可能会问，武士刀外层的硬钢含碳量在 0.75% ~ 0.85%，这样的含碳量足以让刀锋变得极硬且锋利，为何还要在刀口渗碳提高含碳量？其实武士刀淬火的温度约 850℃，但多数的外包硬钢只有 0.75% 的含碳量，刀口硬度只有 HRC58 度，所以要渗入少许的碳，用同样的淬火温度能达到 HRC60 度或略高。这样可以在锋利度与刀锋的脆性之间找到最好的平衡点，万一刀口缺损不会崩掉太大块，还在能够承受的范围。

虽然日本人很自豪，认为自己的武士刀已经达到了完美，国际爱刀人士中确实也有很多人给了这样的评价，但本文还是必须中肯地说，以古代日本人的体格操作这样的刀，在日本本土的战场上，确实是极限也很完美，但是如果跟乌兹钢比起来，差距还是比较大。刀身里面包了软钢，虽然刀身有弹性不易折断，但这会使刀身变成弹性体，劈砍硬物时会承受反作用力。刀身的强度不够，劈砍的力量因为反作用力减小，也就是说猛砍硬物的瞬间，刀的弯度反弹增大，劈砍的力量效率降低。反观乌兹钢，则因强度极大，猛砍硬物的瞬间不会增加弯曲度，挥刀的力量几乎完全变成杀伤力。乌兹钢坚固锋利的刀剑，甚至连欧洲十字军的锁链甲都能砍破。

武士刀的刃文是固体渗碳产生后再经过磨亮，但一般玩赏刀、开山刀只是利用遮蔽物挡住刀身，再磨亮所需的纹路，用“化妆”的方式留下刃文。

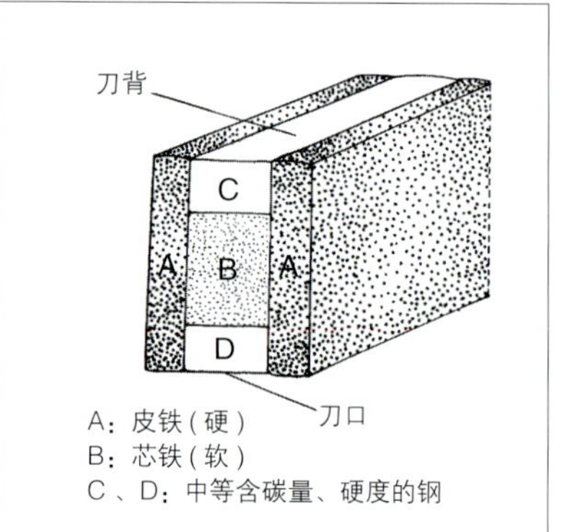

武士刀硬钢包软钢比较复杂，但这种方式仍然常见。

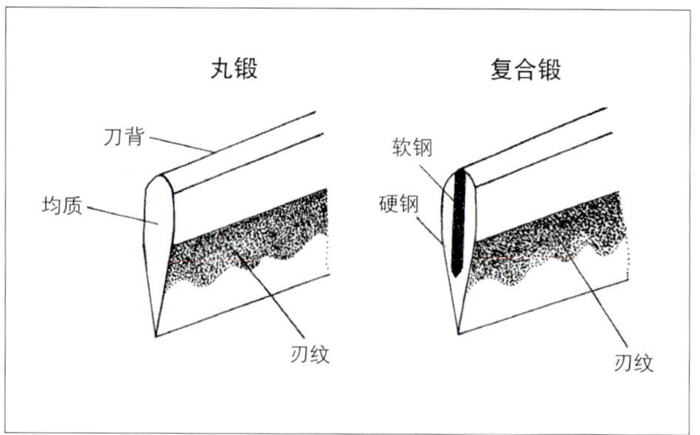

武士刀刀身的截面，左图刀身为均质体，日文称为丸锻；右图为常见的硬纲包软钢，中心深色者表示软钢。

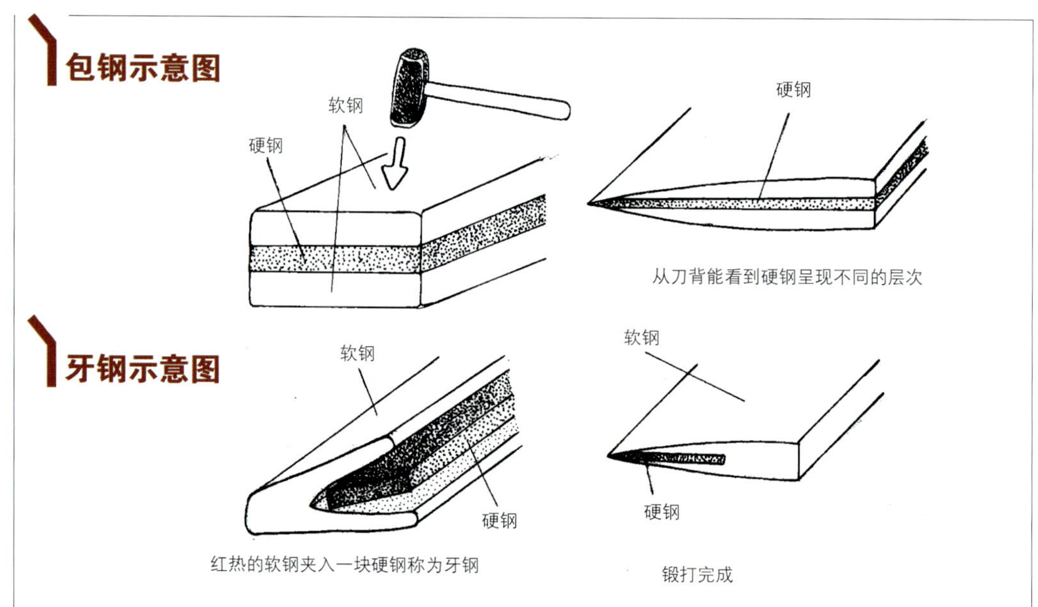

包钢锻造示意图，先把较厚的型钢锻打延长、变薄，武士刀不用此方法，中国高级的大刀几乎都用此方法。

新出土的最强古董刀剑

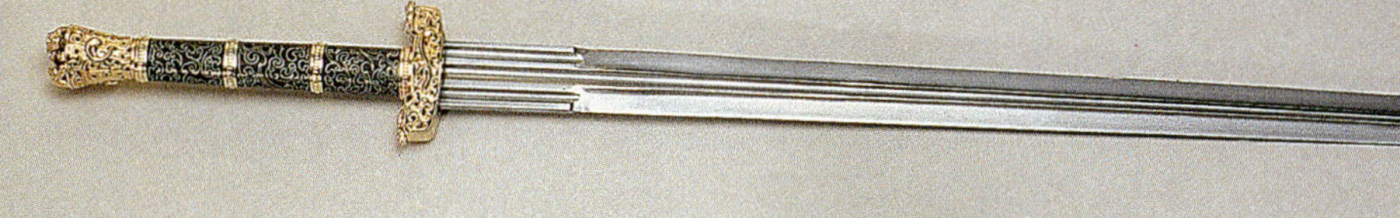

应该是完全仿制明朝或者清代汉人将军的佩剑，剑身长、双手柄，步战和马战皆适宜的猛将佩剑。

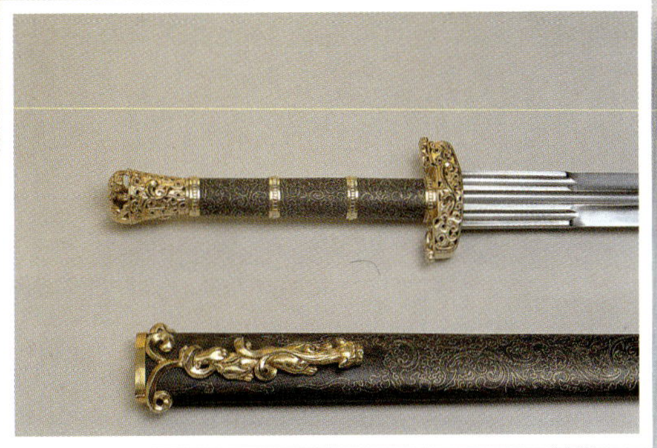

剑身基部特写：有血槽、不锉削剑身斜面，此设计的目的主要为平衡全剑重心，以利于骑兵单手挥砍，以及在格开敌人的厚重兵刃时可以避免伤到自己的剑身。

自古中国军队的规模都比其他国家大很多，迅速配备军队足够的武器是一个严苛的考验，终于在被四面外敌包围的明代，发明了不输乌兹钢的水钢牙钢复合刀剑。

中国宋代或应该在更早的年代，就已经发明软钢包硬钢的“牙钢”技术。商代的铜斧头都采用夹钢片了，后人应该早已知道软钢包硬钢的优点和好处。但是在中国的古代，很多高级制造技术都只集中在狭小的范围内，瓷器、漆器等不胜枚举，所以硬钢包软钢的技术，当然也不是遍及全国每个角落，每个铁匠都会。搜集中国古董刀剑，最大的问题在于如何找到精美品。刀刃是不是有夹钢，稍有经验的磨刀师傅，磨几下就能猜到刀口钢料的硬度，再用细砥石磨几下，就能看见硬钢与软钢形成的不一样的亮面，甚至有硬钢、软钢锻造黏合的界线。不一样的亮面，硬钢和软钢相邻的界线是形成水钢的重要元素，请读者特别留意。这是后来演变成为水钢的重要依据与创意原点。

中国历代每当战事初起，一次调兵遣将都是几万、几十万人，不管是找国家的官方工匠制造兵刃，还是临时向民间铁匠订制，如何在最短的时间制造、修理几万件的兵刃，都是令人担忧的大问题，所以一定要用最有效率的方法，解决兵器的及时供应。中国唐代以后职业军人不多，除了清代的八旗子弟，大部分是征召的农民兵，用刀剑对仗时都是刀口相咬。如果使用武士刀，打一仗后刀口变锯子再磨利，连战三场后一把刀的宽度减少了 1/3 就报废了。几万件兵刃修理再磨利和重新配置是何等浩大的工程？很多电影里面的基层步兵都用长矛，长矛不太需要练习武艺，练武者称：“百日枪、千日刀、万日剑。”练枪法 3 个月大概就能精通，练刀法要 3 年，练剑要一辈子。所以历朝历代的基本步兵、乡练、流寇都持长枪，既清代回族风的腰刀，刀刃属于水钢，无法断定是否为清代所锻造。

省钢铁、容易制备，又能很快精通。

我们在电影里经常看到两派人马在打斗时使用的是刀尖段膨大展开、腰身细的大刀，很像抗战大刀队的刀子，这种刀有鬼头刀、单刀等多种名称，这是在中国宋代由阿拉伯人流传而来的。这种刀有一项无法取代的绝对优势，因为刀尖段俗称的刀叶子很宽阔，通常只有 1.5 ~ 1.8 毫米的厚度，尤其软钢夹硬钢，缺口后能迅速地磨锋利。战场上临时找块石头磨就能变锋利，就算刀口已砍成锯齿状来不及磨，用这种薄而钝的刀口砍下去，一样有很大的杀伤力。宽阔的刀叶子承受缺口受损的能力是武士刀的 2 倍以上，所以成了农民兵的首选。中国大量使用软钢夹硬钢的方式生产刀剑，虽然质量不太稳定，但非常适合大量生产，人多好办事，几十个刀匠一条生产线，冶铁炉出钢水，铸成生铁板，包裹上黄泥灌钢，然后出钢坯锻造，用软钢夹硬钢锻打接合，再锻打延长塑型，并用锉磨刨制定型，最后经过淬火、校直、用砥石研磨，流水线化生产能迅速给前线供应大量的兵器，很多制造的过程不需要停顿，直接趁热进入下一个阶段，这样可以大幅减轻燃料成本。

目前已知水钢制作的鼎盛期在明代，由于留存于世的古物极少，所以尚难断定水钢发明的年代。从中国使用铁制农具以来，乡间的铁匠都有将废铁回收烧至炽热，然后将几块废铁锻打融和再塑形成钢铁器的方法。所以，到了明代，废刀剑回收后被冷凿断成适当大小，放入炉中炽烧，将原料锻打成大块，中间再夹钢（牙钢），经过延长塑型、刨制定型、淬火校直、砥石研磨后，

清代马刀，刀身有非常明显的内凹研磨，可以减轻重量，刀柄末端的圆球柄头既有防止马刀脱手，并有平衡刀身重心的作用。

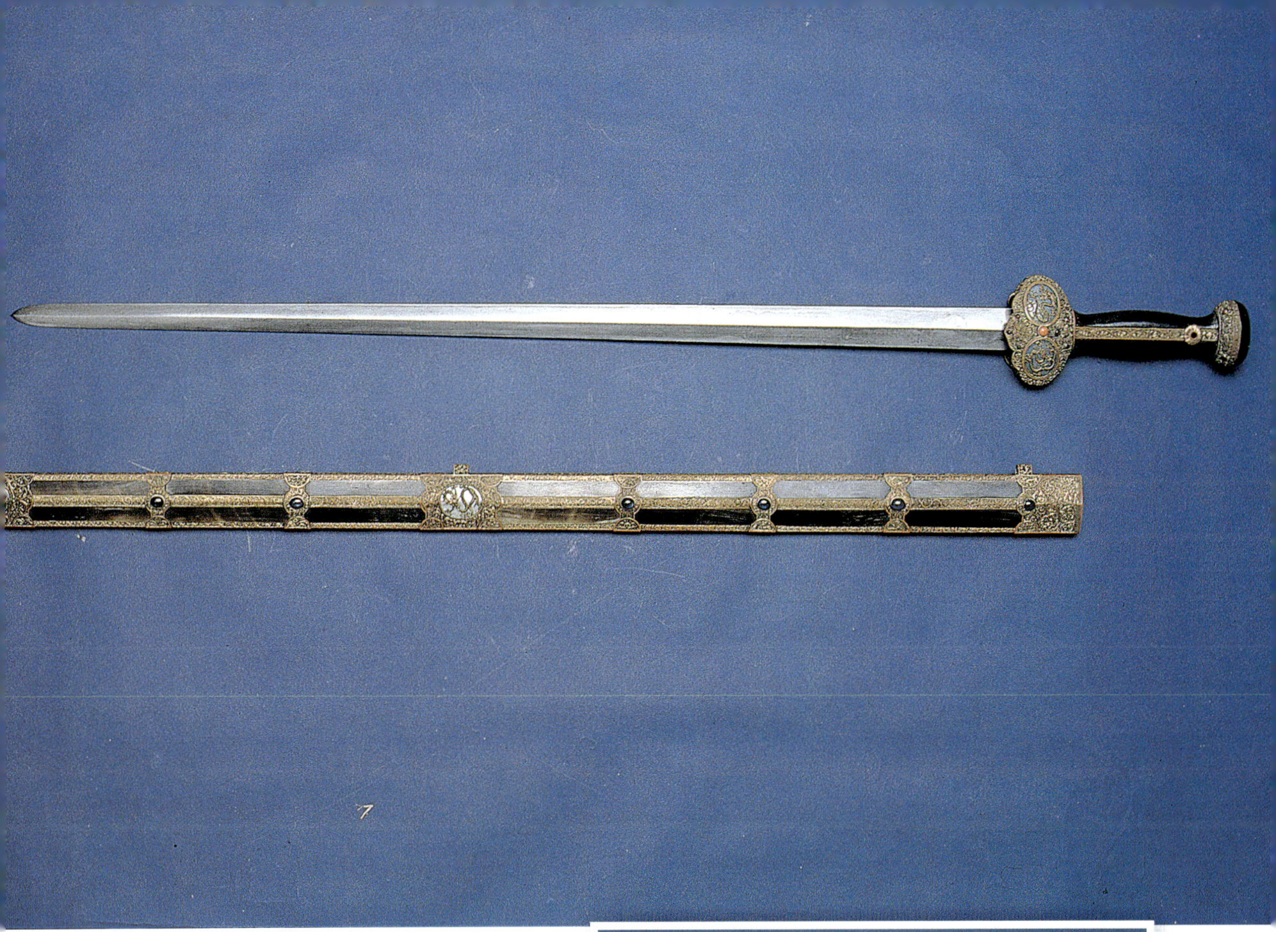

明朝王爷配剑，剑身前段急速收缩，应该是上过战场受损再修磨过的。

又是一把刀剑，这样大幅提升了生产效率。官差检验质量时，架起刀剑的两端，让中间悬空，人站在刀剑上轻轻地上下跳一跳，发觉刀剑并不会折断、折弯变形，反而比单纯的软铁包硬钢的强度更强(单位截面积的承载重量)，水钢于焉问世。制造灌钢的过程有可能意外获得水钢，但是没有系统地传承下来，这应该与“树出于林风必折之”、“高鸟尽、良弓藏”，以及老子“佳兵非祥”的殷殷告诫有关，以至于多数失传，却又偶然在国家对外战争中，例如：明朝对鞑靼人、倭寇、西南少数民族频繁的战争中屡屡出现。

目前所见过的水钢刀剑多数为明朝皇室、高官所持有的武器，可能为民间版的水钢，未受精研纹路相对模糊的缘故。水钢是西洋人看见中国刀剑上有多层不规则的纹路，一层银灰、一层银亮，其花纹如水流，故称为 Water Steel，本文直译为水钢，中国人自己却没有自古沿用迄今的专门称呼。它与大马士革钢的锻制原理相同，但其实它要早于后者，巧妙利用高碳钢(原刀口夹钢)、中碳钢(原刀身软钢)的积层，大约在两面锻打

明朝王爷的宝剑(四爪龙)，剑鞘镶犀牛角，乃随身急救药。如果受刀剑伤高烧不退，犀牛角是不可或缺的退烧解热药材。剑身的水钢纹路，更是中国刀剑研究史料的无价之宝。

融合 7 ~ 10 层，中间夹钢，然后一起同时热处理，积层的高碳钢层极硬如刀口，中碳钢层极韧如日本的复合钢的外面包钢，这样做出来的刀剑刚柔相济，刀砍而不凹，几乎不输给镔铁或乌兹钢。由于在古代钢的含碳量、杂存元素很难控制，所以才会有积层高碳钢、中碳钢颜色对比不同的情况。这种水钢容易大量生产，也容易制作出稍稍逊于镔铁的高级刀剑，而且今天以科技方法复制不难，值得大家期待。

西方现代刀匠擅长且流行的古法

阿拉伯风的有鞘双刃短弯刀，刀身属于折叠钢（大马士革钢），刀刃部分另有夹钢，所以十分锋利。

利用不同色泽的金属，或者铁元素含碳量不同，以锻造法多层折叠，研磨后光泽不同，刻意营造特殊纹路与图案，是目前手工刀与工厂刀的价值区分所在。

大马士革钢如前文所述，是最早模仿、探索乌兹钢而产生的锻制钢种，与中国水钢的最大差别在于，前者采用多种金属元素，为营造特有的花纹而锻造。美国有位刀匠，能将美国国旗，以折叠锻造所形成的花纹完整呈现在一把短刀上面，即使由表面深入研磨 1 毫米，国旗的花纹依然不变，说明这种花纹是立体的。因为大马士革钢以立体多变的纹路见长，大部分并没有考虑利用含碳量不同的积层，达到增加刀剑全身强度的目标，因此只能以锻造的巧思来增加价值感，虽然从国际行情来看，很多著名刀匠的作品一把几万美金，但就刀剑的宿命强度与锋利而言，大马士革钢只能算是刀剑装饰的一种巧思，收藏价值也在此。若要刀口锋利，多数必须包钢。迄今只有马来西亚的回教徒马来族，独尊用大马士革钢锻造的传统奇异造型的短剑为神器，其短剑在国际收藏市场上不太流通。

本章在此已经进入尾声，熟读本章的读者终将发现，原来所谓的宝剑名刀，并不是只有刀身明晃晃的那种，除了强度与锋利之外，刀身雕刻的花纹也是考量的一些因素。本章介绍的已知五种钢铁种类，都会在刀身上形成纹路与特殊花纹，日本刀的刀口渗碳再磨亮的纹路称为刃文，镔铁的螺纹、芝麻花纹，陨铁、大马士革钢的锻造纹路，甚至中国水钢的水纹，都是人类数千年钢铁文明荟萃的五大高级钢种，假如所谓的宝剑名刀没有出现以上介绍的花纹，那还会是神兵利器吗?

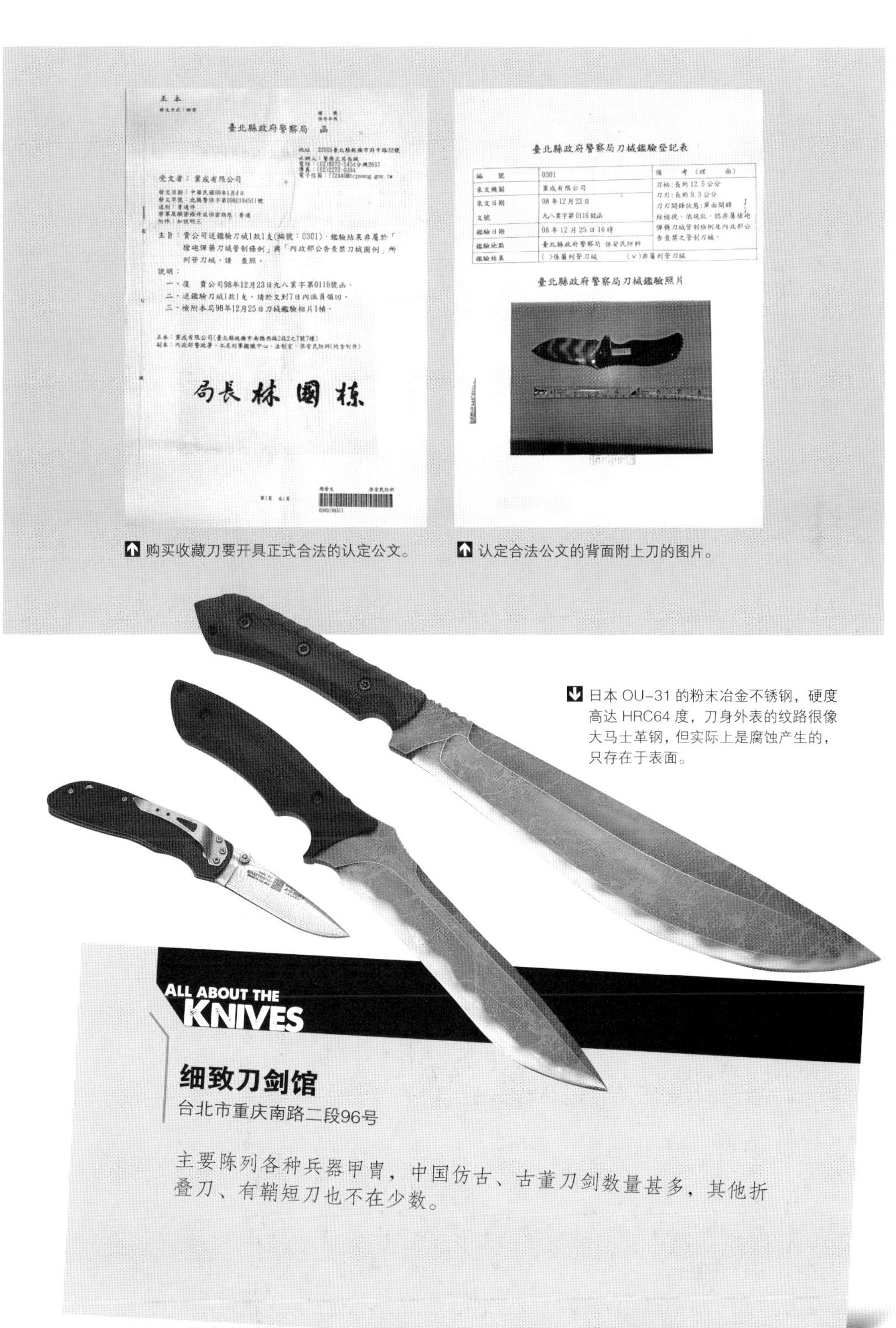

正本

臺北縣政府警察局 函

地址：22005臺北縣板橋市府中路32號
電話：(02)8072-5454分機2657
傳真：(02)2272-0384

受文者：業成有限公司

發文字號：北縣警保字第0980194511號
速別：普通件
附件：如說明三

主旨：貴公司送鑑驗刀械1款1支(編號：0301)，鑑驗結果非屬於「槍砲彈藥刀械管制條例」與「內政部公告查禁刀械圖例」所列管刀械，請 查照。

說明：

一、復 貴公司98年12月23日九八業字第0116號函。

二、送鑑驗刀械1款1支，請於文到7日內派員領回。

三、檢附本局98年12月25日刀械鑑驗相片1幀。

正本：業成有限公司(臺北縣板橋市南雅西路2段2之7號7樓)
副本：內政部警政署、本局刑事鑑識中心、法制室、保安民防科(均含附件)

局長 林國栋

第1頁 共1頁

0980194511

↑ 购买收藏刀要开具正式合法的认定公文。

臺北縣政府警察局刀械鑑驗登記表

編號	0301	備考（理由）
來文機關	業成有限公司	刀柄：長約12.5公分 刀刃：長約9.3公分 刀刃開鋒狀態：單面開鋒 經檢視，依現狀，認非屬槍砲彈藥刀械管制條例及內政部公告查禁之管制刀械。
來文日期	98年12月23日	
文號	九八業字第0116號函	
鑑驗日期	98年12月25日16時	
鑑驗地點	臺北縣政府警察局 保安民防科	
鑑驗結果	( )係屬列管刀械　(v)非屬列管刀械	

臺北縣政府警察局刀械鑑驗照片

↑ 认定合法公文的背面附上刀的图片。

↓ 日本OU-31的粉末冶金不锈钢，硬度高达HRC64度，刀身外表的纹路很像大马士革钢，但实际上是腐蚀产生的，只存在于表面。

ALL ABOUT THE KNIVES

细致刀剑馆

台北市重庆南路二段96号

主要陈列各种兵器甲胄，中国仿古、古董刀剑数量甚多，其他折叠刀、有鞘短刀也不在少数。

附录2

ALL ABOUT THE KNIVES

拨开武侠小说里的刀剑云雾

刀刃生产制造概论

造刀的设计概念、钢料、成型、锉削、热处理、组合等，早已分工精细，技术资料清楚，而且台湾很多相关产业的专业人员都够资格成为专家。

喜欢接触大自然的朋友经常要用到刀子，而且对刀具的一些相关常识也感兴趣。凡是登山、溯溪、垂钓，或者旅游等活动，多在远离风景区商店的荒山野外，一些人等到用餐时突然发现自备的筷子丢失了，低头看见一段干竹子想拿来削筷子，或者要削水果、分切餐盒里的面包与同伴分享，才发现自己没有带刀子，赶紧向同伴借用。用了后感觉刀子挺好用的，一般都会问问在哪里买的，多少钱。一直以来去外面野餐烤肉都是带着菜刀将就着用，想想自己借刀切面包的经历，是不是也该添购一把专用的烤肉野餐专用刀?

至于关于刀的知识，只记得参加旅游团时被不实广告推销的钨钢刀，还有早年记忆里某某乡镇的打铁店“钢水”好，刀很锋利。由于含钨的钢热处理太麻烦，含钨刀具钢已不多见。全世界只剩美国、瑞典还少许量产刀具专用碳钢，如果采用如此稀少的“钢水”，估计打铁店的刀具价格要三级跳了!

现今使用钢铁的产业，例如汽车、模具、工作母机制造业等非常发达，有很多很多的人才都具备相关知识，而且他们的钻研越来越深入，但是简单的刀具制作，例如：知道基本的金属材料、热处理、金属加工、工作母机操作等，却没有几个人搞得懂。刀具与日常生活息息相关，竟被忽视到如此程度，因此本章大略说明制刀的概况，仅供初学者建立基本概念，台湾有这么多相关产业半个科班出身的人，如果有兴趣钻研，回头再找当年教科书修订版翻

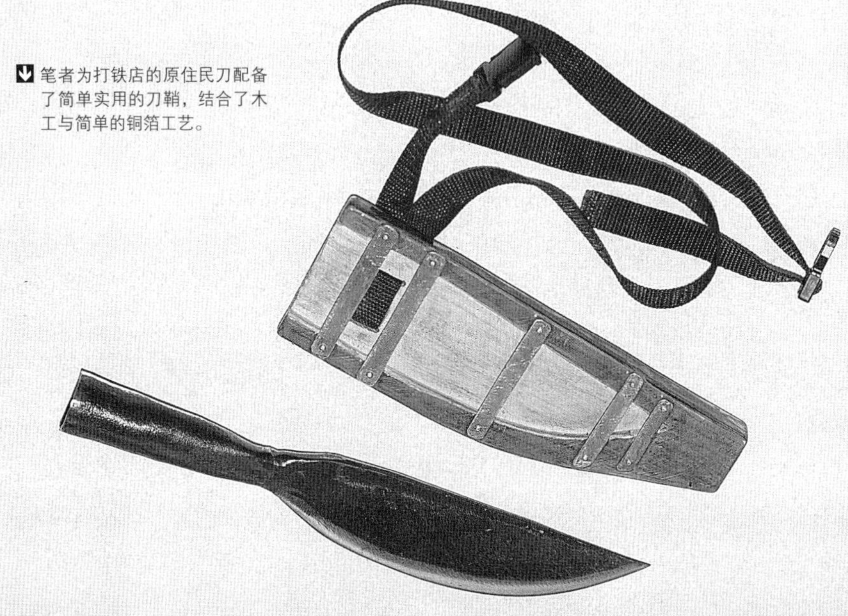

笔者为打铁店的原住民刀配备了简单实用的刀鞘，结合了木工与简单的铜箔工艺。

户外露营野餐，操作刀子的机会很多。

阅研读，以现在从业的业界关系与资材设备，个个都有机会成为世界首屈一指的制刀、玩刀专家。因此本文只是粗略地描述刀具生产的概况，你如果对此感兴趣，并且想要达到一定水平，可以购买相关参考书，前往大学相关专业旁听，甚至到相关机械厂当学徒，可能才是最好的办法。以下介绍的简单机具与工艺技术，虽然目标是折合刀，但是难度很大，读者不妨简化后试着制作有鞘短刀，这样更容易获得成果。

➔ 通过砂轮机磨出来的火花颜色、飞溅纹路可轻易探知钢铁的含碳量以及所含微量元素的种类，这些资料在相关教科书中均有详细记录。

↓ 户外活动用刀的机会很多，如果在家不会用刀，那出门在外呢?

↑ 几乎已经被乡下老农夫遗忘的钩头镰刀“刀格”，刀挂后腰多方便！做刀格的木工技巧很简单。学做有鞘短刀需要一定的木材工艺。

现代刀具生产大要

生产刀具的方法很多，构造复杂的折合刀的细节设计不同，制作方法千变万化，本文列出一些具有代表性例子，让你懂一法通万法。

1. 各种锻造法：

制刀不是只有打铁一种方法，基本制法至少就有四种。

人类发现铁矿、陨铁，尝试研发钢铁器的初期，应该利用的是铸造方法，后来发现要想制成锋利的刀具，就要用含碳量约在 0.6% ~ 1% 的且杂质含量很少的钢铁。将铁矿石熔化成为液态（铁水），所需的温度要达到 1300℃以上，而铁、碳元素在高温条件下容易燃烧氧化，所以铸件的含碳量很难精确掌握。在高温条件下，空气、砂泥质模具中的水分解离成氢氧离子，氢离子渗入铸件后，会严重降低铸件的质量，铸成的刀剑可能掉在地上就断成了三截，很难具备理想的功能。

犁头、生铁锅、水沟盖板，直到今天仍然使用铸造的方法，是因为生铁熔点低，铸件不需要韧性，所以持续使用廉价的铸造法生产。需要硬度、韧性、强度、耐冲击等等复杂物理性质的刀剑，几乎在发明铁器不久就放弃了铸造法，除了印度乌兹钢（镔铁）例外（采用类似铸造后再锻造）。所以现在只有文学家用铸剑这个词，有概念的玩刀家说的都是锻造刀剑。

手拿铁锤锻打敲击炽热的钢铁块，使钢料呈现期望的造型，反复将钢料放入炉火中烧红再锻打成型的方法，就是俗称的打铁，书面语称为锻造。锻造所需的热源，美国刀匠喜欢用瓦斯炉，少数使用重油炉，其优点是不会产生一些异味、烟尘而扰邻，并且适合在通风的地下室锻打，这样噪音会小很多。早期人类应该是用木炭作为主要的热源。通常木材紧致的硬木如台湾的相思木，即使烧成炭也没有孔隙，质地很紧致，用这种炭燃烧产生的热效率差，很难超过 900℃，而松木炭质地松软多孔隙，容易燃烧，产生的温度可以高达 1000 ~ 1200℃。在现今恐怕不容易找到铁匠师傅设计制造的锻铁炭炉了。

↑ 毛坯从炉火中取出锻打时，必须观察其颜色是否变成发亮的黄橘色，英文称为 bright cherry。此时钢块变得很柔软，容易塑型，等到颜色渐黯变成牛肉色，虽然还是可以锻打，但薄坯件容易因此隐藏裂缝。

→ 大溪镇介寿路千祥打铁店的老师傅正在使用千斤锤锻打山猪镖毛坯。

宋朝的苏辙是中国的古文八大家之一，曾经撰文记载：中国北方用煤、南方用木炭，南方钢铁器质量优于北方。有些煤矿含较多的磷、硫，渗入钢铁后容易导致钢铁产生裂缝，即锻造过程中出现热裂现象，以及刀口容易崩掉小缺口的冷脆现象。日本迄今仍坚持使用剥掉树皮后烧制而成的木炭的传统锻造法。树皮和树木形成层含有大量的磷和硫，古人虽不知其化学成分，却在长年的实际锻造过程中积累了相关的经验，克服了这一问题。

锻工所需的工具，榔头、铁钳类、大型铁砧容易买到，千斤鎚（代替人力的电动鎚锻机械），恐怕得从网络找日本货。如果想深入钻研锻造刀具，坊间应该容易购得《锻工学》之类的高职教科书可供参考，其中知识绝对远超过花半辈子打听到的铁匠师傅祕诀还要多。

工业革命以后，多数的炼钢炉改用焦炭。工业革命初期，德国人发明密闭加热无烟煤，最后获得“残渣”高纯度碳，表面上看起来黑得发亮、密布微小孔隙，容易接触空气燃烧。用这种不含磷、硫等杂质的高纯度碳来炼钢，获得的优质钢铁含磷硫量极低。焦炭推动了工业革命的发展，现在日本锻造农具、开山刀的打铁铺，靠近森林的多采用木炭，靠近都市的都用焦炭，两者成本相差不多，选择不同的热源主要是考虑到运输成本。

打铁、锻造的英文称 forge，这个单词其实泛指多种与炼铁有关的行业，与本文有关的有 drop forge，在中英文里大致上没有细分。用铁钳夹住一块烧红的钢料放入模具，以油压千斤锤连续数次锻造成型，严格讲来是“热锻”，由于锻造时间短，金属表面氧化层薄而少，后续进行表面处理较有效率，锻造钢件失碳少，通常能获得较高质量的锻件。但是严格说来以上的工法不是 drop forge。这个英文专门用语应该翻译为“热压成型”，通常指采用生产线连续生产，即钢坯经过加热后，放入模具中，模具以数百吨的压力将钢坯一次挤压成型。

以上两种工法是不是很难细分？这两种方法通常在战争时期被广泛使用，因为采用这两种方法可以迅速大量生产刺刀及其他武器零件，几乎两秒钟就能生产一件，极少数大型民间刀具厂也用于生产厨刀。一般玩赏刀很少如此大量生产，何况多数的不锈钢材并不适合热锻或热压成型。热锻、热压的钢铁器具，因为所使用的材料受到过强大压力的均匀挤压，性能非常坚韧，消防斧头、扳手都采用的是这种生产方式。

焦炭经过鼓风助燃之后，可发现燃烧的碳变成了发亮的樱桃色，此时温度够高，可以迅速软化钢铁进行锻打。

🡅 图中正在使用模具引导炽热钢料，锻打成为半圆扇面状，最后修饰成管仔刀。

➔ 电影或摄影作品显示高温中锻铸钢铁常常火星四溅，画面显得美丽又有震撼力，这说明那些坯件含碳量太高，图中含碳量低于 1% 的高碳钢，并不太会喷溅火星，否则可能是坯件过热。

🡇 笔者为老打铁铺简单配制的泰雅族弯刀刀鞘完成图。多数打铁铺的刀鞘都很不耐用。

2. 专业量产法：

这是目前使用最广泛的生产不锈钢刀的方法之一，内含七大经典制作步骤。

本文所谓的专业量产法，是由 mass pro 翻译而来的，这个专有名词大意是指有数量的专业生产方法，英文直译可能不太容易懂。这套方法是由手工刀师傅最早发明的，按照这个方法，一批次的生产可以少到仅数把，也可以把数量扩充到数万把。在扩充数量的同时，依旧完全效仿手工师傅做少数几把产量的专业技术，这种模式被称为专业量产法。

在进入专业量产法之前，先把整个生产流程分几个大致独立完整的阶段，方便读者能够系统地了解，更能掌握整个生产过程的要点。手工制刀的绝大多数技术与工具可以参考高职工科课本《钳工学》，操作工作母机则可以参考《现代金工学》，这两本书讲得十分详细，类似的有很多版本，可以多买两三本做参考用。

刀具生产流程分为：

- 创意设计绘图与制作模型样板
- 零组件材料切割与整形
- 刀刃锉削成型
- 热处理
- 修整磨光与试组合
- 开锋
- 组合与加装刀柄

创意设计绘图与制作模型样板

创意设计这一部分是最难的，尤其是结构简单的有鞘短刀，可以变出的花样，几乎早已

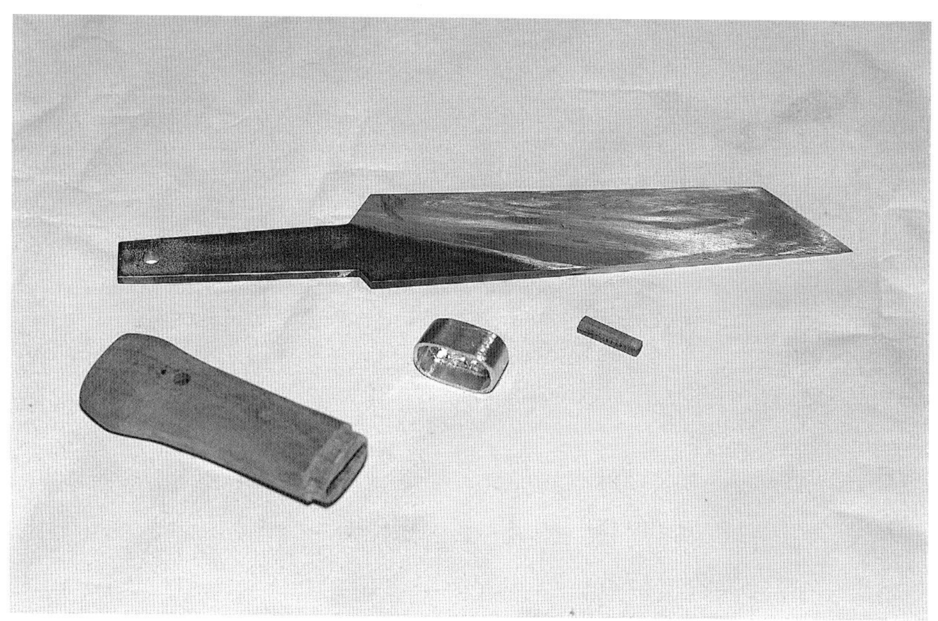

笔者制作的露营菜刀，帽状黄铜柄头使用电钻与钨钢滚磨刀铣削制成，木头刀柄一体成型无接缝，这是制作有鞘短刀刀柄等级最高的隐藏榫（conceal tang）。

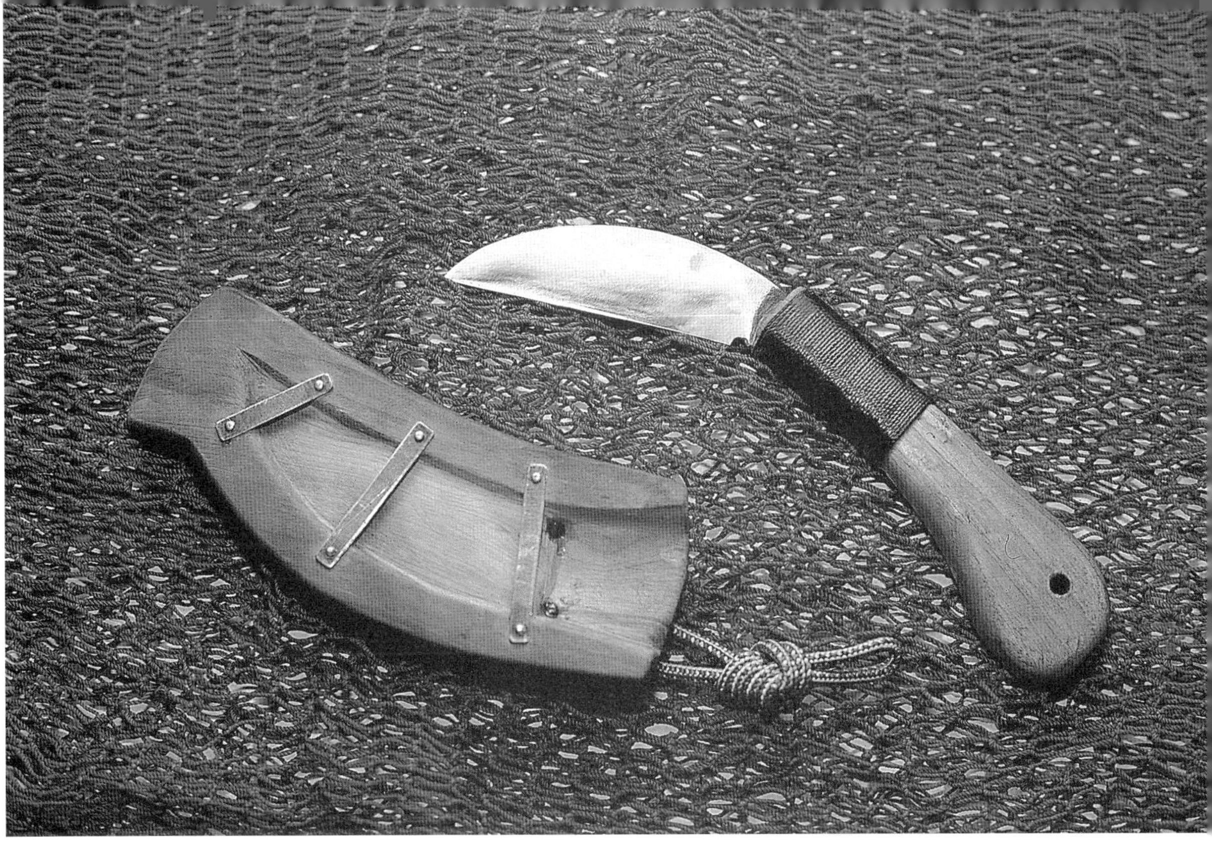

笔者被箭竹笋好吃的美味打动，于是为原住民老妇制作了一把割箭竹笋的小镰刀。她不明白刀子为何用了一年都没有钝，这把刀所用的钢材是极高档的高速钢，柄鞘材是台湾原产高级硬木榔愉（红鸡油）的枝梢材。

被前辈研发问世许久了，即使构造较复杂的折合刀，大概也很难变出什么新花样，何况全世界有上百家大大小小的刀具工厂，里面的研发人员都在绞尽脑汁想创意，刚入门学做刀就想领先专业人员肯定很困难。所以初学者还是要先学走路再学跑步。

想创意之前，先研究模仿前人的设计，累积自己的经验，才是正确的方向。针对初学者而言，研发创意的部分暂且放一旁，先从绘图开始吧！

工业制图有专门的学校教育课程，学过该项技能固然好，但是缺乏制图的能力，可能是多数玩家的通病，那怎么克服这个问题呢？先参考本书的设计图，将图影印、计算机扫描后放大缩小均可，印出来将图纸贴在硬塑胶、铝板上面。能买到设计图上的同一把刀的话是最好不过了，这样可以拆解刀子与图纸对照，尺寸大小完全相同

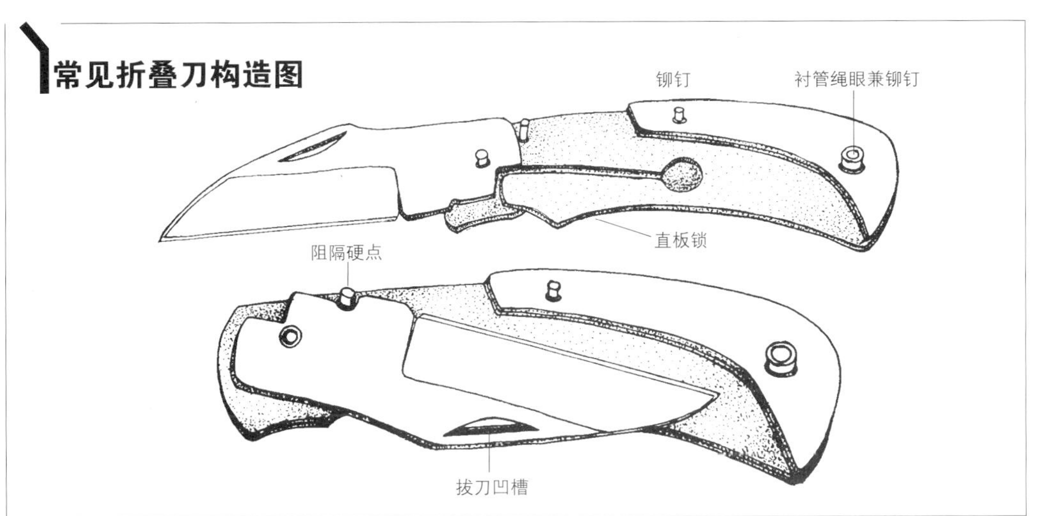

常见的折叠刀内部构造图与各部分构造名称说明。

的情况下，能增加仿制刀具的成功率。若不知如何拆解，也能用来参考各组件的钣金厚度和大小。拆解折合刀之前要先把刀刃稍微磨钝，避免意外割伤自己。

如果实在不会制图，可以先大致参考本书的折合刀的构造附图，制作塑胶、铝、软铁模型。制作完成一把塑胶、软铝、软铁模型后，可以尝试初步组合，反复开合刀刃，看看刀子用起来顺不顺畅，要注意各个钻孔中心点有没有对准，除此之外，就没有太大的问题了。

如果制作铝模型，锉刀常会黏住铝屑很难清除，记得常用钢刷刷掉铝屑，我建议最好改成黄铜或软铁低碳钢板，否则适合钻低碳钢、不锈钢的钻尾没办法钻铝板，如果为此准备两套钻尾则太花钱了。在摸索学习试做时，所有的材料用低碳铁板最省钱，等完成几把后有信心做好了，再用正式的材料试做。

零组件材料切割与整形

将塑胶模型压在合适的钢材上面，先用红色、黑色油性墨水笔杂在钢材上画线，然后用画线针紧贴着塑胶模型，沿其周围的油性笔迹划上清晰的线条。市售的画线针通常不太耐用，可自行用高速钢 4 ~ 5 毫米的钻尾，接一段不锈钢管当手把，请专门的氩焊师傅帮您焊接，要不了多少工钱。再用砂轮机把钻尾磨成画线针，这比市售的耐用多了。

将所需的组件画在合适的钢板上面后，至于从钢板上取下组件的方法有很多。通常使用 2.5 毫米的钻尾，沿所画的线，每隔约 3 毫米左右钻一个洞，钻洞不要超过线条，如此用钢锯锯切口线才不容易锯偏到坯体上。使用钢锯貌似简单，其实很难精通。市售的手持钢锯的锯片分为两种，一种为 0.85% 碳钢锯片，通常用来锯铝、铜、铁。另一种为高速钢材，专门用来锯白铁、未热处理变硬的不锈钢，锯片选细锯齿的较适合。钢锯来回拉推摩擦生热后，趁热将蜡烛涂抹在上面，这样做既能降低锯片的温度减少锯齿磨耗，又能润滑锯片，使钢锯相当好用。钢锯往前推时产生切削作用，往后拉时没有切削作用，所以不需要费力，只需轻轻地拉即可。往前推锯下压咬住被锯物时，力量不宜太大，否则锯口会变得歪七扭八，这一部分是操作钢锯最核心的技术，操作失当会使锯片断掉。

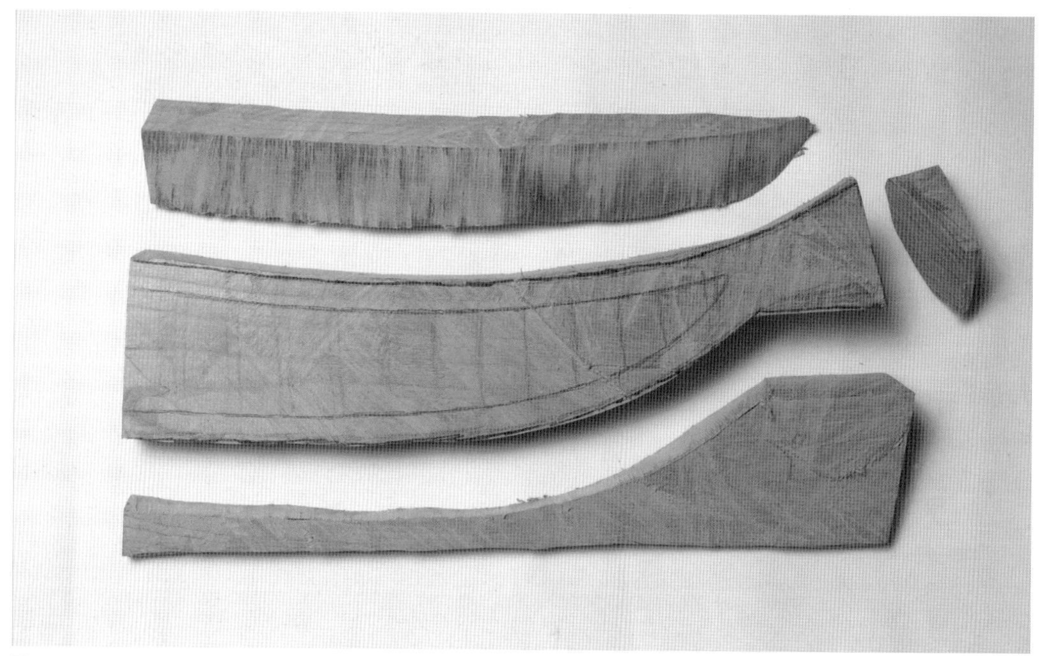

用金工弓锯锯曲线的实例，图为泰雅族式刀的弯鞘粗坯。

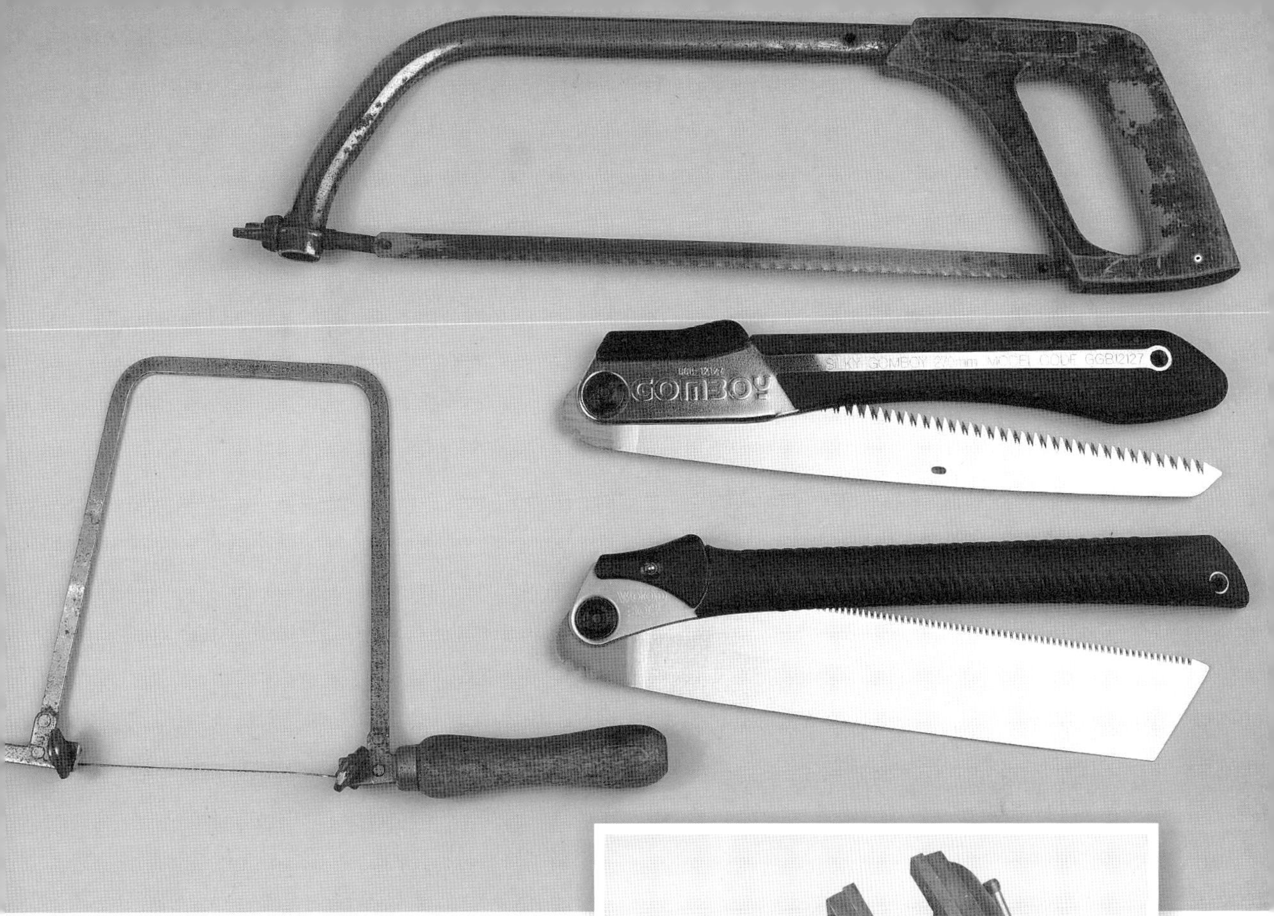

图片上方为金工弓锯，可兼用于硬木锯曲线。左下为线锯，可更换不同锯条切割精细的曲线，白铁锯条可兼用锯硬木，软铁和铜锯条可相互通用，有不同粗细型号供选择。右下为木工锯，宽锯片主要锯直线，尖刃窄锯主要锯厚板曲线。

制作基本型的折合刀，刀柄部分的材料通常选择经过韧性化处理的 420J 不锈钢，材料性质有点像弹簧，比完全退火的 420J 稍硬，但还不至于影响钻锯。如果冲床油压剪裁，则选完全退火的 420J 不锈钢，这种钢比较柔软，好加工，等加工完成后再做韧性化热处理。刀刃材料选择完全退火的 440C 钢材，一般要向美国、日本的刀刃工具材料店购买，现在用信用卡网购较方便。

除钻孔、手锯并用法之外，也可以另购一台金工线锯机，沿画线针画出来的线锯下坯体。除非操作线锯十分熟练，能让线锯沿着画线、包含画线锯掉，否则一旦超出线就会伤到坯体。初学者沿画线切锯要保留画线，与坯体之间留下一点毛料，以免伤到坯体。大量生产时通常使用冲床、油压剪床，直接从钢板、钢带冲剪坯体。

冲床、油压剪床要预先设计模具。早期冲剪的坯体，刀刃的金属板较厚，刀刃坯体靠近刀口的部分受到强力剪断时，制作完成的刀刃的刀口

用最简单的工具制作刀，此工艺技巧称为钳工，其中的钳，就是指这种 vise，正式中文名称为老虎钳，坊间都用日式英文发音。

部分会潜藏细小裂缝，使用后不知不觉裂缝就锈蚀而缺损。现在刀刃厚度超过 3 毫米者已很少使用冲剪制造，多数厚刀刃的裁剪成型都用激光切割机，一台 CNC 平面激光裁切机至少要两千万台币，通常都是委托外面加工。

钻孔手锯法的坯体，毛料最多，一般多用锉刀（手提砂轮机）将固定在虎钳 vise 上的毛坯慢慢锉，这就是钳工，挫的同时要不时对照模型，将两块叠起来，对照外观、大小看是否一样，看精密度够不够。用线锯锯下来的取件也有毛料，同样要用锉刀锉，方法和前者一样。通常开始锉

的时候用中古锉刀，即将完工时用新锉刀，新锉刀锐利，可以轻轻地、慢慢地锉，能较好地掌握精密度。锉到比模型略大 0.1 毫米时，再用细锉刀、400 # 砂布磨光。冲剪成型的组件，可能会造成金属板微幅扭曲，需要逐一检查，或直接用模具轧平，激光切割者通常最精密，可切割出与尺寸几乎完全相同的组件，当然后两者也都需要将裁切口的锐利毛边去除，大量打磨时多使用震动式石洗机。

石洗机里面放满特殊造型的氧化铝磨石，与组件一起震动研磨数十小时，再从磨石堆中挑出被研磨的组件，石洗既能去掉毛边还能将组件打磨发亮。

利用钻孔手锯并用法、线锯、激光切割的坯体，几乎不会造成坯体弯曲翘反。用直尺压在上面或放在玻璃面上检查，可以发现组件完全平整，一般在检查时就可以顺便把需要的各种钻孔完成。用冲剪法获得的组件，必须等坯体校直轧平、确认大小形状无误后才进行钻孔。如果铆钉孔小而多，还得用上钻孔样板。少量生产时，每个组件需要做一个钻孔样板，这样就不需要大费周章一个个测量，而且有可能测量的钻孔位置还不够准确。但是钻孔样板能让每个孔的位置几乎完全一样。激光切割组件者使先钻孔，再激光切割组件。钻孔手锯并用法、线锯切割的坯体则另外用钻床，钻孔样板用 VISE-GRIP 压夹坯体，或者直接将坯体填入样板中固定，再顺着样板上既定引导孔，操作钻床钻孔，钻孔前钻尾要仔细对准引导孔。

精密制造的高级刀具，钻的孔都经过绞光这个程序。比方说需要钻 5 毫米的孔，则先用 3 毫米的钻引导孔，再用 4.9 毫米的钻尾钻孔，再用 5 毫米的绞刀将孔洞绞光。多轴 CNC 工作母机可以分毫不差地将每个组件重复钻孔膛光，这项技术开启了刀产业的新时代。刀刃的支轴孔经过精密绞光，支轴轴心也经过抛光、精密车削研磨确保支轴真圆度后，刀子在开合刀刃时特别滑顺。使用钻床绞光的难度高，如果刀刃支轴孔较大相

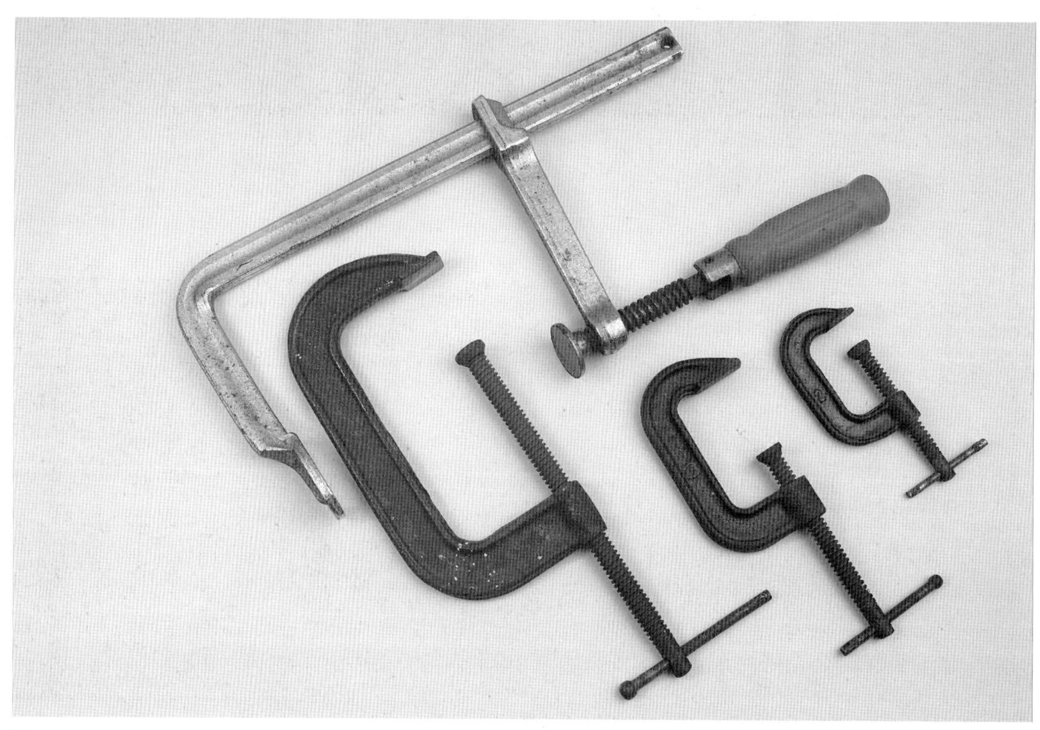

用于固定木料的大型夹具，以及中小号金工用C形夹。第五章的 vise-grip 广泛用于固定多片材料。

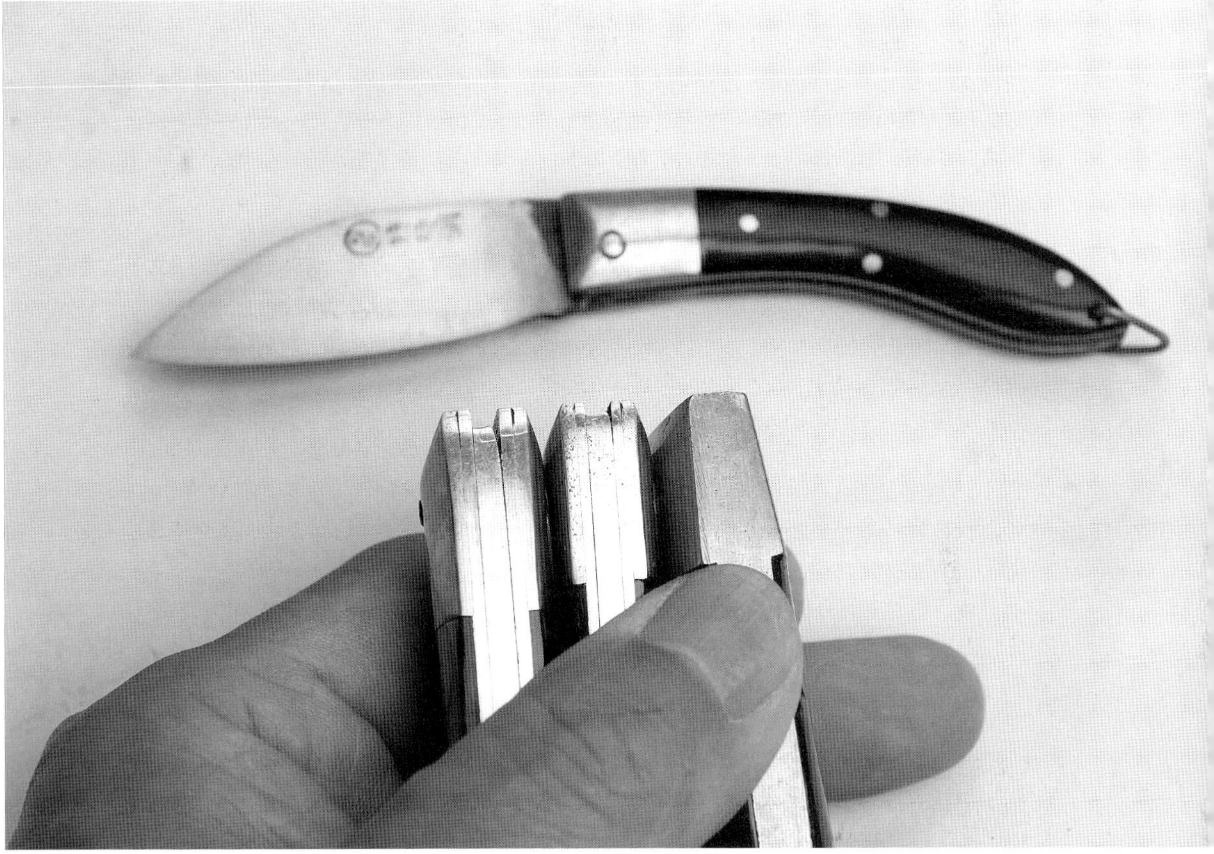

使用冲床、剪床剪断金属，切口部分必有变形，而且不容易去除，图为廉价版士林刀的刀柄前端留存裁切的变形。

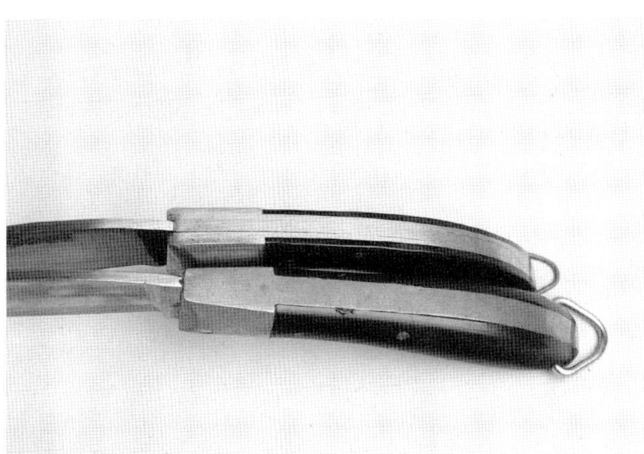

廉价版士林刀留下激光切割痕迹，高价版的刀柄内侧的精密铣削留下的是光洁面。

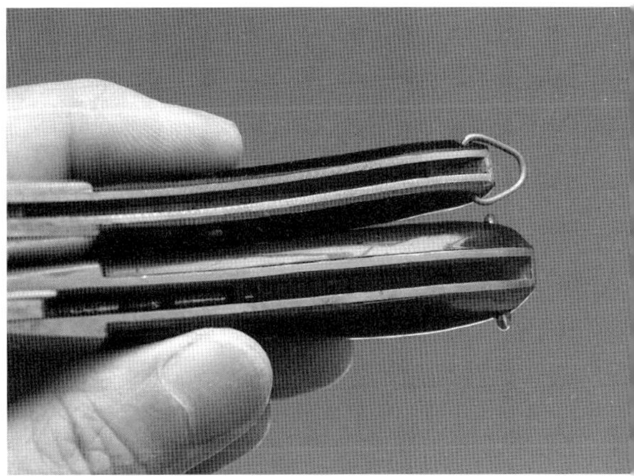

士林刀刀柄上采用激光、线切割留下的痕迹，此为人功率快速切割的现象，可减少刀柄滑手，若小功率慢慢切割，切割痕迹比较光滑。

对来说比较容易些，像刀柄组件的铆钉小孔就要谨慎作业，当心绞刀断在孔里。绞刀在市场上没有钻尾那么普遍，不容易添购。

激光钻孔会导致钢材表面过热（over heating）变质，形成极坚硬的硬化膜，必须用钻石研磨棒磨去，然后用高压水刀冲掉残余附着的钻石粉后再绞光，通常只有高级刀才会这么做。为避免工序复杂化，一般的厂家在钻孔、膛孔时仍然选用传统方法。

刀刃锉削成型

在刀刃锉削成型时，要确保刀刃左右两面的斜度完全相同，保证两面切削去掉的金属量相同，这点非常重要。刀刃两面斜度相同的刀子在切萝卜、西瓜时，刀刃行进的方向会呈现直线，而不会失控左右偏斜。因此开始锉削的第一步，就是将刀口这一部分钢料厚度的中心线画出来，这条线就是将来刀锋的所在，然后再开始两面的削磨。如果锉削的斜面宽度相同，到刀口中心线剩下的厚度也都一样，锉削面也都同样平整对称，那么刀两面的切削量就会相同，这是一把好刀所具备的基本条件，所以刀口中心线的画线工作不容忽视。

有些手工刀师傅先锉削完一面后称重，另一面也要锉掉同样的重量，以此作为第二道质量监测手段。但是要画这条线，需要自己制作一个专用画线台。初学者制作画线台，其困难度不亚于完成一把折合刀。笔者建议你用游标卡尺测量法来画线。

刀刃钢材厚 3 毫米，刀口厚度要留下 0.6 毫米，则每一面的钢材都要朝刀口方向越磨越多，最后磨掉 1.2 毫米，使另一面刀口厚度剩下 1.8 毫米。第一面刀口锉削时，先在这一面刀口磨出 45 度的大斜角（参见 210 页图中的①），使刀口上的每一处都剩下 1.8 毫米的厚度，这样能快速接近目标。研磨过程中要随时用游标卡尺测量，

想用手持电钻精密钻孔制作折叠刀的可能性很低，除非有制造飞机打铆钉师傅的手艺。图片上方为手提砂轮机，要练成精巧手艺，门槛比操作电钻低。

掌握厚度变小的情况，并且使刀口的每一处都朝目标厚度的 1.8 毫米前进。

等一面大斜角磨到全部刀口剩下 1.8 毫米的厚度，要逐段测量确定无误后，再将斜面扩大，完成斜面所预设的宽度，并用直尺压住斜面，检查斜面是否完全平整。通常锉削后的斜面容易有小圆弧凸起，记得改用锐利锉刀锉到完全变平，再称重看看减少了多少重量。然后另一面也用同样的方法锉削，最后将刀口厚度磨到剩下 0.6 毫米。用游标卡尺测量厚度虽然没有传统的方法精确，但最适合初学者，即使用砂轮机等也能如此削磨。

用锉刀锉削有鞘短刀时，刀刃有较长的榫足可以让虎钳夹紧固定，而折合刀的刀榫很短很难夹紧固定。从钢料上锯下刀刃之前，将刀榫连着多余的钢料留着，把钢料夹在虎钳上，这样锉磨

由左至右，分别为木工粗齿锉、软金属粗齿锉（兼用木工效果更胜粗齿锉）、金工细目锉（兼用木工锉硬木效果好），金工中齿锉，金属、木料均可锉，用途广。

由左至右，分别为圆锉（主攻小曲面、扩大圆孔）、半圆锉（主攻大曲面）、平锉用于锉平直线及各种平面。

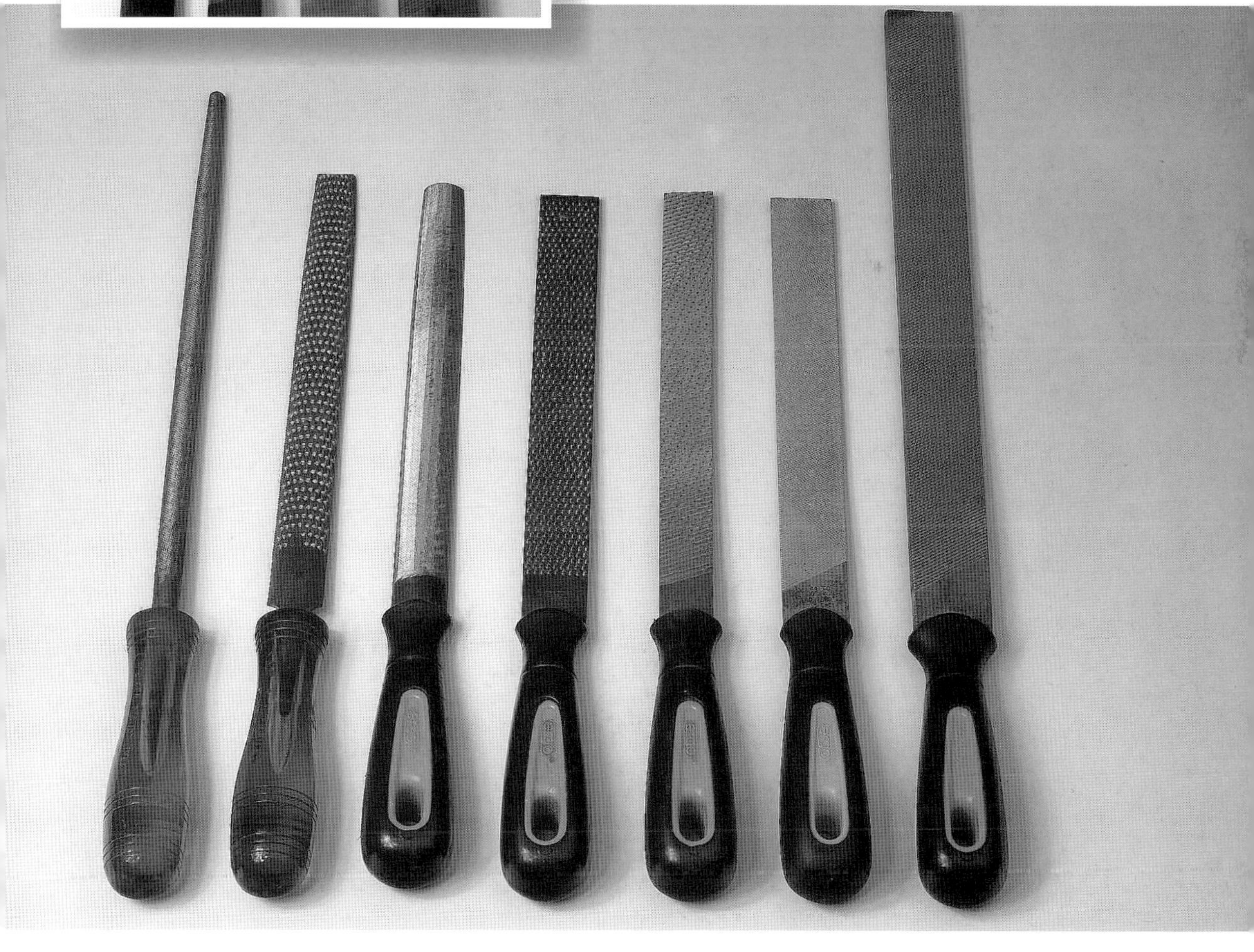

刀刃就方便多了。等刀刃锉削完成后再将钢料与刀椎锯开，制作外形样板要注意这个细节。

如果刀刃的厚度有收缩的情况，比方说刀总长 100 毫米，刀尖背厚度为 2 毫米，缓慢延伸到椎头部分达到 3 毫米厚，对初学者甚至工厂而言，都属于难度很大的精密研磨。从厚度收缩的数字看来，除了长约 15 毫米的刀椎厚度保持不变，在刀刃约 85 毫米的长度内，每一面的厚度都要由减少 0.5 毫米到减少 0.01 毫米，不论是对于操作锉刀或者铣床、磨床的工人来说都是一件麻烦事。

买刀的时候，看看刀背、刀刃棱线的厚度有没有收缩，大概就能初步了解生产这把刀的工厂、师傅的技术到了什么程度，尤其是较大型的刀更能突显此问题，便宜刀的厚度几乎都没有收缩。研磨刀刃的方法很多，有大量精密生产的铣床切削法，或者专业的砂带机，后者类似砂轮机的原理，方便更换不同粗细的砂布带，用途广泛，而且在对刀柄、皮鞘研磨时也还用得上。部分大量生产的工厂依赖熟练工人操作砂轮机。笔者习惯用手提、台座式砂轮机来研磨。

实行量产的工厂，为了方便刀刃在砂轮机上面研磨，不会磨到手、不会被磨热的刀刃烫到，都会先制作一对硬木、铝合金的夹刃握把，用螺丝穿过刀刃椎头上的支轴孔将刀刃锁紧，同时要有容纳刀刃的凹槽与协助固定的凸起硬点，这样刀刃才能稳稳地固定在夹刃握把上，双手持握把将刀刃靠近砂轮机研磨，就能迅速有效地研磨刀刃。一面刀刃研磨完毕，另一支握把对着已磨成斜面的刀刃，必须有相对应的凸面才能将刀刃稳定地固定住，这是制作研磨辅具夹刃握把的关键要点，可以利用原先打样的塑胶刀刃模拟一下，看是否能有效夹紧刀刃。

锉削工作量少时采用锉刀花费少，适合初学者锉削刀刃。市售瑞典、德国的高级锉刀，一把近千元，日本名牌手提砂轮机也才两千余元台币，但论及精密操作与安全性以及学习的容易度，锉刀还是首选。买日本锉刀较便宜，仅瑞典和德国锉刀的半价，有时水灾后的水渍品才 100 元一把。初磨设定刀口厚度和最终完成前的整平用高级锉刀，刀刃斜面的大量锉磨，用廉价品和半新锉刀就可以了。完成粗锉的作业后，再用细锉刀轻轻锉磨修饰，这样可以缩短用砂纸、抛光蜡条研磨亮面的过程。

热处理

手工制作刀具，热处理是一个最大的问题。虽然很多种碳钢、低合金钢都能从工厂产品手册

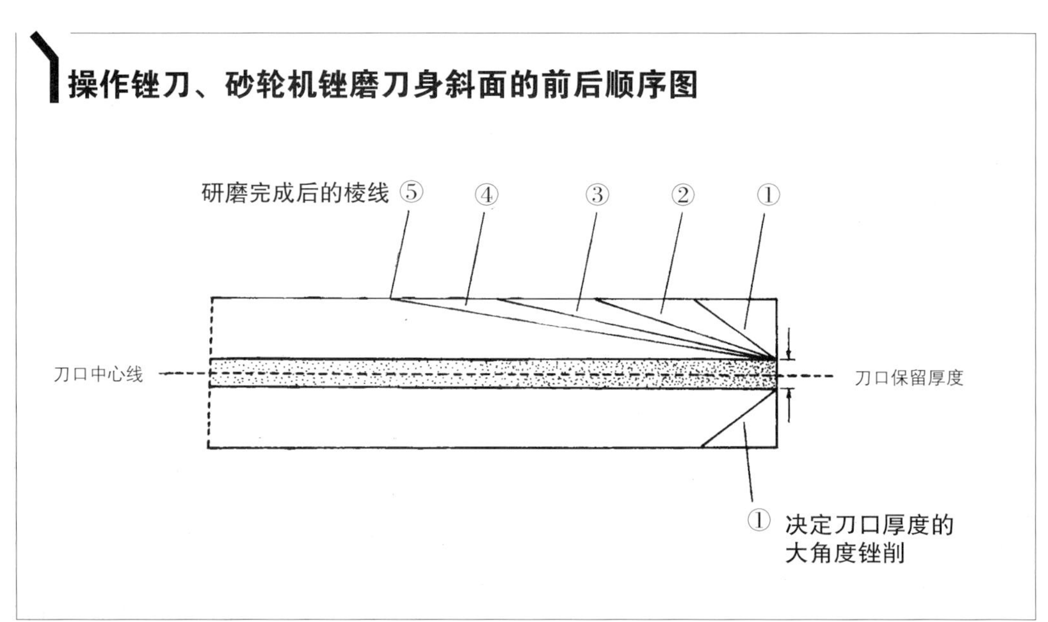

找到相关热处理的手续与温度、回火的方法，但是找寻加热钢料的炉具却很困难。美国著名刀匠协会称为 ABS，他们立会宗旨是只玩高碳钢，通常使用炭炉、瓦斯炉加热，几次尝试错误，大概都能拥有一定的水平。如果没有经验，使用红外线反射式温度计，对着炽热的刀具照一下，温度一目了然绝对精准，过一阵子目视就能猜出炽热的刀具达到多少温度了！

如果担心刀尖、刀刃部分烧过了头。从炉具中夹出炽热的刀，让刀尖朝下，热气上升，刀尖就不会过烧使钢料变质，刀尖那一小段就不容易在使用时折断。一个小小的动作却有着大大的原理。为了避免刀锋部分过烧、失碳，工厂常在刀尖多留一小块毛料，使刀口厚度留大一点，就是打磨时要费点工夫。

冶炼不锈钢的生产过程中，并没有为失碳多预留出一些含碳量，所以日本代客热处理少量不锈钢刀刃的工厂，为了避免在高周波炉具中加热的刀刃失碳，都会在刀刃表面涂抹薄薄的一层特殊成分的泥浆，既能防止热处理过程中刀刃表面产生氧化层，还能防止钢料失碳。刀刃表面产生氧化层后就要再进行磨光，如果是制作精密的折叠刀，就要预留出再磨光后刀刃变薄产生的精密度误差，这有点麻烦和棘手。

能够代客热处理的工厂、钢厂、综合刀具用品销售商进行热处理的钢料就常见的那几种。近十几年来特殊的不锈钢，尤其是特别耐锈蚀、硬度超高的钢种，都是由开发钢料的工厂做热处理，且技术不外流，所以大幅度限制了初学者想要“小孩玩大车”的创造空间。以目前常见的 440C、ATS-34、6A 等钢材为例，如果刀刃长度约 8 ~ 10 厘米，日本方面代客热处理时，同样的刀具必须一次至少制作 5 把，费用是大约每把 800 ~ 1000 台币，量多可以谈折扣，来回包装运费另计。

如果刀子两面不对称，热处理必然会使刀口偏歪，所以有时热处理工厂的技师瞄一眼发现这个问题后，就不敢帮你处理了。使用现在很便宜的 3D 激光测量仪能简单检查出刀刃两面是否对称、刀锋是否在钢料的中心线，否则经过热处理后刀子必定变形，有鞘短刀可能还好，折叠刀确

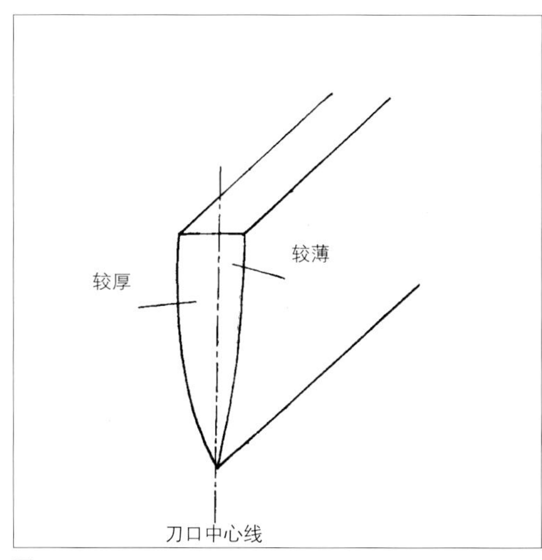

刀刃截面显示两侧不对称，热处理必然会使刀口偏歪向较厚的一侧。

实很麻烦，修整已硬化变形的刀刃，必须用钻石锉刀组，然后再修饰磨镜面，经过休整后刀刃榫头可能会变薄，插入刀柄中松垮垮的，感觉很差。

刀刃的粗坯完成后，经过锉削使刀口厚度达到设定的标准，再送往代工厂热处理，返回来后还要对照原先的外形样板，看看刀刃是否因为淬火处理而产生偏歪、变形、翘反。通常在市面上流通的刀刃造型，都是经过热处理验证变形极少者，新研发的造型太过天马行空者，热处理后变形的机会通常较大，一般要经过小幅修改，才能变成适合生产的造型。钢料热处理可以给刀具画龙点睛，本书在此给初学者介绍一些概念。

通常不锈钢类，或者含铬的低合金钢，都需要经过预热作业，因为铬的传热非常慢，含铬量越多、金属的厚度越大，所需要的预热时间越长。薄板低合金钢通常预热时间只要 1 小时，不锈钢则要视种类而有所不同，有些厚度每增加 1 毫米，预热时间随之增加 1 小时。所以开发新的刀刃不锈钢的品种，困难就在这里，铬加得越多，如果不用其他金属元素调整，预热作业就越麻烦。如果预热每增加 1 小时，代工热处理的工厂要增加多少工钱？通常钢铁厂都会将每一种钢的预热温度、时间，整理制成易懂的加热曲线图，提供给刀具厂、热处理厂。

完成预热后，进行热处理前的正式加热通常

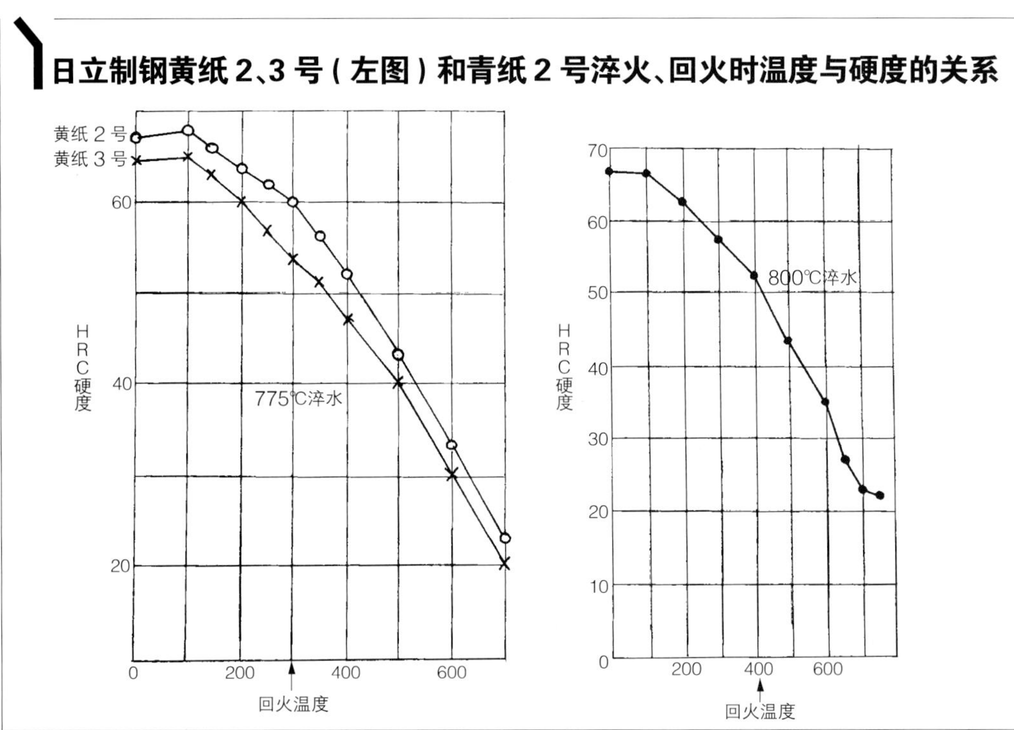

日立制钢黄纸 2、3 号（左图）、青纸 2 号淬火、回火时温度与硬度的关系图。

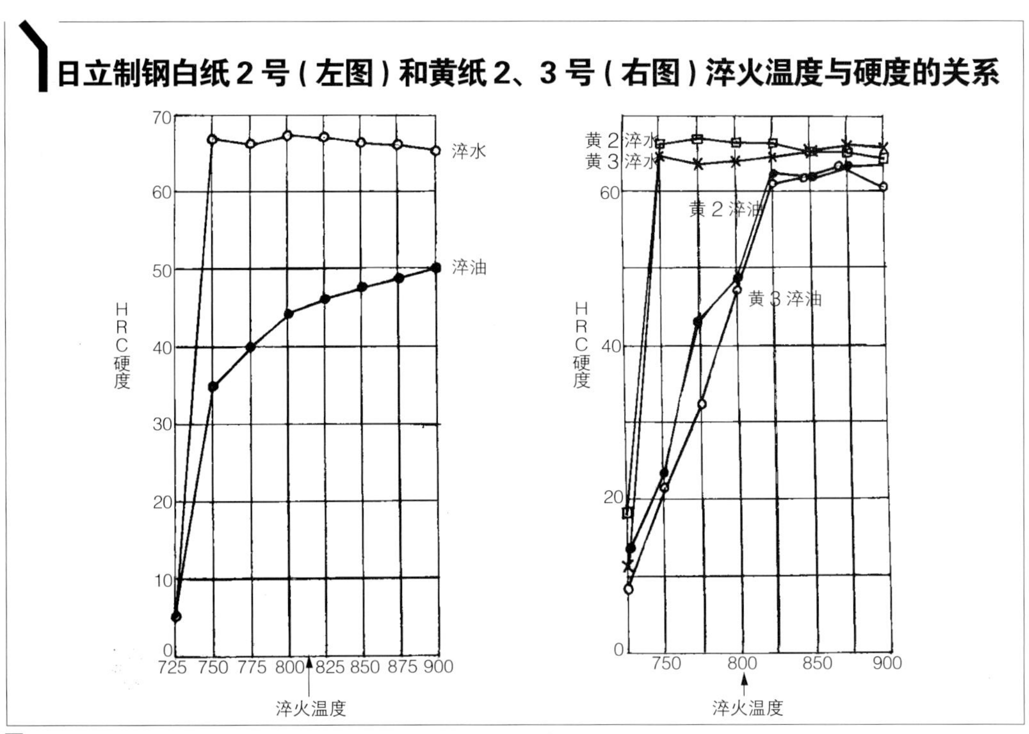

日立制钢白纸 2 号（左图）和黄纸 2、3 号（右图），淬火温度与硬度的关系图。

◎上面 4 幅图表摘自日立制钢中国台湾总代理的型录。

都会持续一个小时，不管刀刃的厚薄，有些还会先加热到超过所需热处理的温度，高出几十度、上百度，维持几分钟再恢复到正常温度，然后才进行淬火作业。先增高温再恢复的时间、温差随钢种类不同而异。所谓淬火是一个急速将炽热刀刃冷却的过程，通常使用清水、高浓度碳酸钠水、色拉油、动物油、机油等，淬火液的温度一般维持在 20 ~ 25℃，温度太低会使钢铁产生裂痕，淬火液太高温淬火后硬度变小，至于是用油还是用水淬火，通常由工厂自行变通。

刀具淬火后，还要进行最后一个非常重要的作业——回火，其重要性不亚于淬火，但一般都不提此事，炼钢厂的产品说明多半记载详细。回火也被称为正常化，即使完全照炼钢厂的技术资料淬火，刀口获得了适当的硬度，但是刀口还有脆性，容易缺损，甚至刀身也可能因为脆性而折断。回火可以消除脆性，但是为了避免在回火加热过程，造成刀口的硬度变软，一般随钢铁种类的不同，回火的温度不一样，持续的时间也不同。

常见的不锈钢回火温度多在 120 ~ 180℃，维持约 1 小时，特殊超高硬度钢种的回火温度要高一些，持续时间也长一些。常用的回火方式有烤箱法、盐浴法等等，就是将不会腐蚀钢铁的碳酸氢钠溶入水中，提高水的沸点直到适合熬煮钢材回火。如果超过钢材的回火温度，持续加热钢铁，钢铁就会进入退火阶段，最终钢铁会变成该种钢材最软的状态。如果是用来进行剪锯钻孔的钢材，可能就要达到完全退火的状态，通常购得制作刀刃的钢材都属于这种阶段。

➔ 老师傅之所以要挤在阴暗的小角落淬火，不是故作神秘，而是在阴暗处才能稳定观察炽热坯件的颜色，正确推测淬火前坯件的温度。

修整磨光与组合

绝大多数的热处理代工厂，将刀刃送入填充氮气的炉具再加热，刀刃表面不会氧化，而且连热处理的淬火液也选用矿物油，这些细节都是希望对刀刃的光洁表面造成最小的影响。如果是淬水，水遇到炽热的钢铁表面会分解产生氧气，氧气就会造成钢铁表面氧化，然后必须再磨掉氧化膜。从氧化的皮膜颜色，不难推测淬火时钢铁的温度。矿物油淬火所产生的氧化皮膜较薄。

热处理后刀刃组装前，要进行亮面研磨，把刀的表面磨得发亮。通常大量生产的刀，陆续以粗而细的砂带进行磨光，而且研磨方向都与刀口垂直，最终大概用到 1.000 ~ 1.500 # 的砂带，就能获得非常明亮的光洁度。虽然垂直于刀口的方向研磨，能增加刀刃的立体感，使刀刃变得有锐气，但是这种有立体感的研磨方式，机器无法做到，所以通常是手工刀师傅突显个人技艺的卖点，手工刀比工厂刀帅气的最大空间也在于此。以武士刀为例，刀刃不同的位置，至少要有五种以上不同的光洁亮度，才能营造刀刃的精神。

手工抛光通常使用帆布、粗坯布，包在小木棍上面，涂抹一类由石蜡、硅藻土、超细金刚砂组成的研磨材料，大型的五金行有贩售，日语加闽南话称为“kanba 条仔”，一般多涂抹在砂轮机专用的布轮上，磨亮塑胶的 kanba 条仔称为“白土”，磨亮铜器的称“青土”，磨亮钢铁的称“红土”，青土能代替红土，磨光刀柄的牛角可用白土。研磨亮面要同一个方向，持续、缓慢地磨，力量要适中稳定。如果使用砂轮机加布轮打磨，尤其打磨到刀刃部分，布轮朝下旋转，刀口也要朝下接触布轮，刀刃只能顺向接近布轮，否则刀刃就会被卷入、打飞，十分危险。

刀刃完成热处理后组装前，所有的组件都要先完成磨光，而且还要估算磨光造成材料变薄，影响刀具组装后的精密度。组装的过程可能损及组件的亮面，一般采用折中的方式，比方说完成亮面要三道粗细不等的研磨，先完成粗、中两道，试组装完成拆开后再磨最细的亮面，担心可能刮伤的亮面用胶布贴起来保护，再完成最终的组装。一般用模具大量生产的折合刀，只有在打样调整模具的过程有试组装，之后就省掉了。但手工刀、小工厂的 mass pro 量产刀，通常都还一直维持这道工序。一般初学者做手工刀，尤其不能省掉这一道工序。折合刀的刀柄构造，需要钻很多孔，等到试组装，往往发觉三片式刀柄的 3 个孔对不准，所以有些制作手工刀的新手，将三片式刀把组装在样板内一起钻孔，虽然基本没有对不准的问题，但是制作样板的困难度较高，三片刀柄结构组件一次要钻透同一个孔，可能只适用 1.5 毫米的钻尾，钻尾常常会折断，钻尾再粗也粗不了多少。

如果分成 3 块样板、3 片组件分别钻孔，又有对不准的问题。所以后者通常分别先钻 1.2 毫米的孔，3 片组件再用夹具（样板）固定后一起钻 1.5 毫米的孔，若发现 1.2 毫米的孔有些微对不准的情况，钻 1.5 毫米的孔时则要修正回来，得用贵很多倍的高速钻尾，用直立铣床高速旋转极缓进刀才可能修正，最后再用 1.6 毫米绞刀绞光铆钉孔。了解了上述的困难度，就不难理解刀柄背部镂空的折叠刀为何成为主流了。

铆钉组合作业分成两部分，首先是选用一般 1.5 毫米的白铁丝，插入刀柄组件的各个孔，再将刀刃与刀柄组合，然后把白铁丝折弯暂时将组件固定，暂用螺丝将刀刃与刀柄锁住，然后尝试展开、折合刀刃，尝试看折合刀开合顺不顺、锁得紧不紧等等，最后针对问题来修整。扣接不顺的摩擦点可以先用铅笔涂黑，摩擦掉铅笔痕的位置就需要修锉掉一点点。通常没有掌握一定的钳工技术者，处理起来会觉得问题一大堆，甚至一开始设想的是一次做 5 把刀，却要准备 10 把料，最后只能挑选组合成 3 把，就算很不错的成绩了，持续试作熟练后可能渐渐降低不良品的比率。

制作折合刀最大的组件误差只能容许 0.1 毫米，即使误差这么小，完成的刀还可能开合不顺，或者刀刃松垮垮的，若能做出精密度误差只有 0.05 毫米则尽善尽美，此等折合刀开合顺畅，到铁器工厂都够资格当作模具和示范品了。刀刃以及刀柄 3 片组件试组装完成后，刀刃与刀柄的支轴中心孔另有学问。支轴的铆钉与刀刃的中心孔两者不能钉死，也就是说，通常支轴铆钉的直径为 5 毫米，刀桦的支轴中心孔只能抓最大到 5.1 毫米，等到支轴铆钉铆紧稍微发生膨胀，就不会咬死刀桦支轴孔而导致刀刃无法开合。

问题就出在现在市面上容易买得到的钻尾现货，都是每一级加大、缩小 0.1 毫米，钻 5.0 毫米的孔膛光后还不到 5.1 毫米，钻 5.1 毫米的孔膛光后又可能太大。先钻 5 毫米的孔，再用圆锉小心锉大成 5.07 毫米，再膛光成 5.1 毫米，这样做就是有挑战性。精密的膛光刀需要订制，但少量试做的玩家值得花这样的钱吗?

其次，刀柄 3 片组件、刀刃与刀柄的铆钉组合固定又另外牵涉到所使用的铆钉材料。试组合可以使用廉价的一般捆装白铁线，若组合的前面

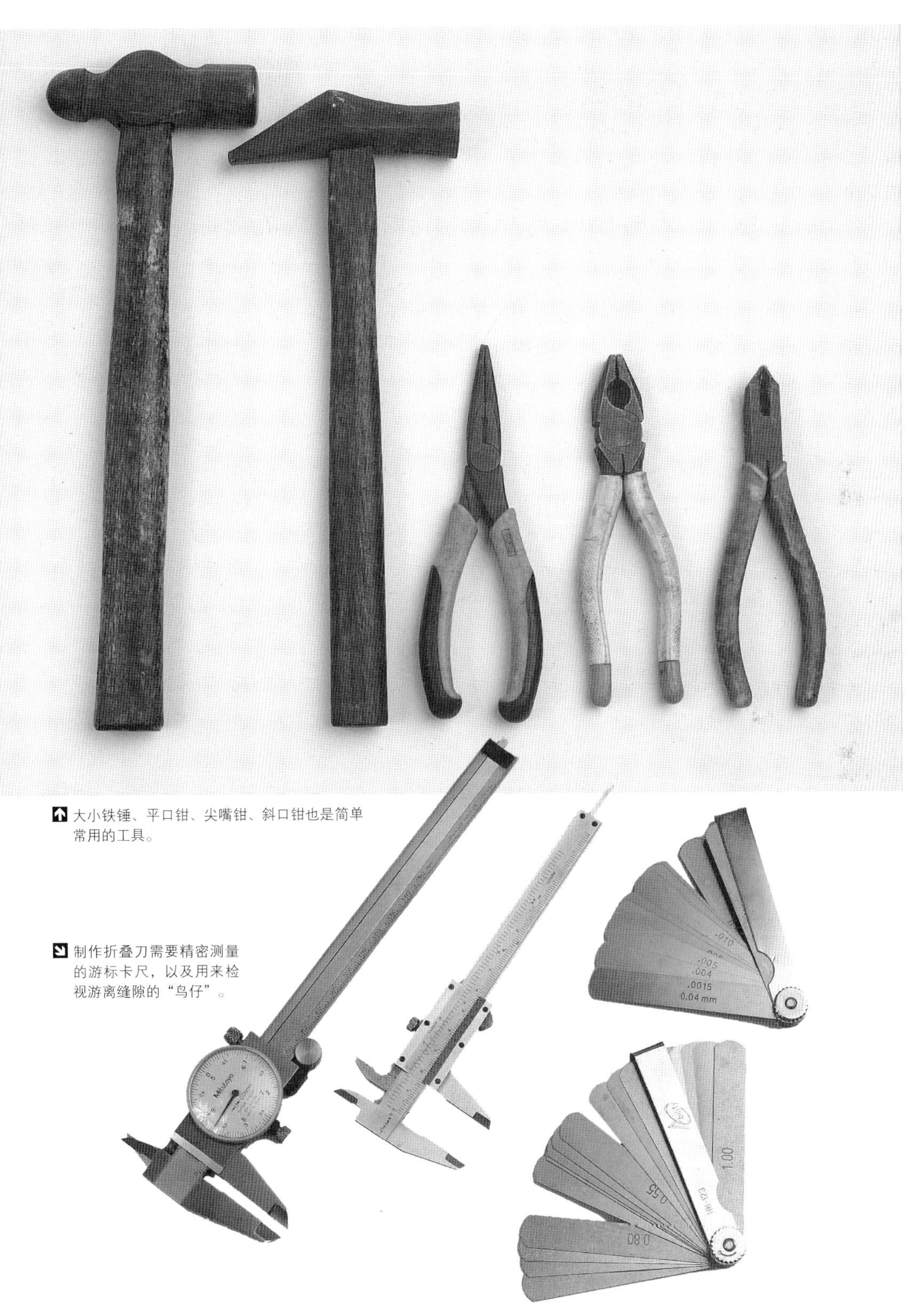

大小铁锤、平口钳、尖嘴钳、斜口钳也是简单常用的工具。

制作折叠刀需要精密测量的游标卡尺，以及用来检视游离缝隙的“鸟仔”。

两个部分尺寸精密，马上就会发现有很大的问题。捆装白铁线除非用精密的校直机校成直线，否则线体的截面真圆度都不足，以 1.6 毫米的白铁丝穿入 1.6 毫米的孔，或用 5 毫米的白铁丝穿入 5 毫米的刀柄支轴孔，几乎都做不到。通常 1.6 毫米钻尾钻出的孔再膛光后孔径大约为 1.62 毫米，正好适合 1.6 毫米的铆钉线材穿过去，但这种线材要买专门的，闽南话俗称的“kanba 条仔”白铁丝与抛光蜡条同名，每根长度都为 1 米，每增加 0.1 毫米粗就有一个规格，只有真圆度、精密度都很高，铆钉才能封得牢固又精准。

折叠刀内部构造图

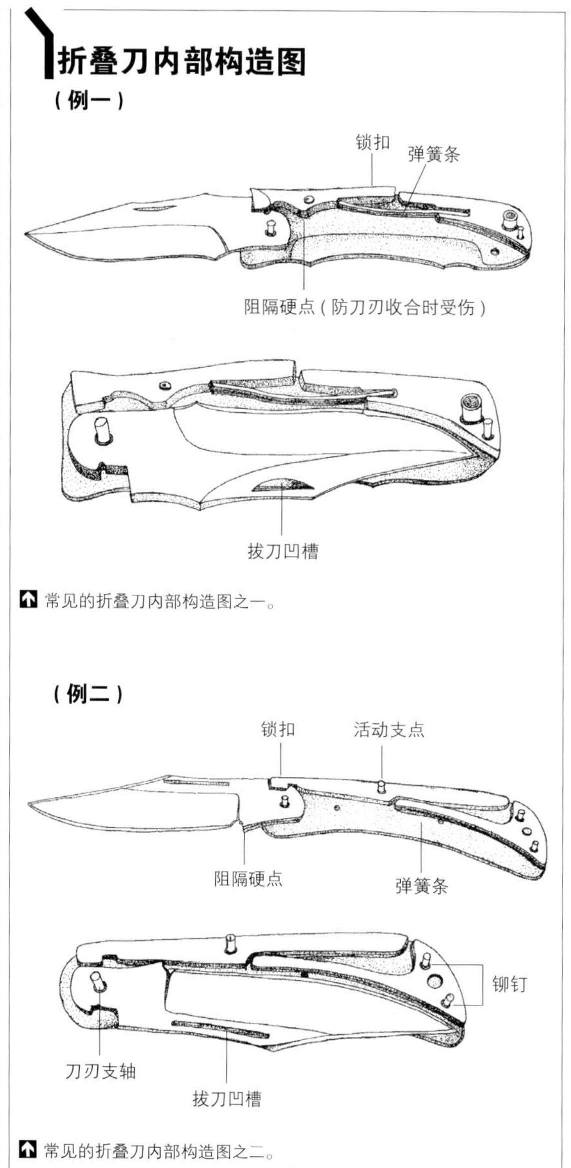

常见的折叠刀内部构造图之一。

常见的折叠刀内部构造图之二。

若使用真圆度不够、比孔径略小的白铁丝铆合，铆钉容易偏歪，最终会影响到刀柄的精密度，也影响到刀刃的开合、锁刃顺畅。铆钉与钻孔精密贴合时，铆钉轻敲即可固定，折合刀的精密度也随之容易掌控。刀刃中心轴的铆钉较粗，虽然铆钉越粗越坚固，却不知刀柄材料的厚度、强度够不够，能否相互匹配，否则敲打铆钉，铆钉一膨胀就会挤开刀柄的支轴中心孔，非但支轴铆钉不能固定在刀柄上，可能还会夹死刀榫中心孔。

所以，量产的刀柄材料都使用提升了强度的弹性化热处理的钢板，铆钉用相对较软的材料，目的就是要避免上述问题的发生。上述材料的限制，对于想尝试手工制刀的玩家来说，又是一个门槛。摸索找到相互匹配的材料，也需要交学费和花时间。

有些 3 片式折合刀的刀柄中间，有 1 片用于推动锁刃结构，以及防止刀刃松动的弹簧片。有些设计是，中间的这一片与刀柄左右的两片结构不能铆死，刀刃与刀柄两侧结构的这两面也不能铆死，要保留适当的游离空隙，闽南话沿用日语称为 asobi，在组装固定铆钉铆死之前，需要使用厚薄规（Fuller Gauge、Thickness Gauge），闽南话称为“鸟仔”，成套组装贩售多种不同厚度的金属薄片，从 0.03 或 0.04 开始到 1 毫米，每隔 0.01 毫米有 1 片，可以两片叠起来用，铆钉固定之前将薄片插入垫着，等铆丁铆死再拔出来，这种成套插入的垫片，在台湾的五金城还算容易购买，价钱也便宜，有时需要买两三组，因为刀刃、中央锁刃结构片的位置两面要保留同样的游离缝隙。

到底需要预留多少游离空隙，牵涉到铆钉铆得有多紧？铆太紧的话就要加大游离空隙，所以初学者尝试制作时，不妨在需要游离空隙的部位加一块略露出来的十字纹厚尼龙布，即制作帐篷的那种布料，等铆钉固定后再慢慢将尼龙纤维抽出。厚薄规也能用于研究现有产品的游离缝隙留有多少，很有参考价值。

有些折合刀的固定弹簧，是另外用独立的弹簧条装入刀柄中央结构片的，自己得尝试前往各

图中年轻的师傅在给刀口开锋，圆形布轮专用于抛光。

大五金工具店，专门卖弹簧的店找寻稀少的各式不锈钢弹簧，选择大约合适的粗细，再自行设法校直剪裁使用。有些折合刀鉴于刀具使用铆钉组合固定，制作过程中的不可控制性、经验性因素太多，所以改用螺丝组装固定，但这些螺丝是特殊材质的韧性不锈钢螺丝，需要量太少，可能很难找到工厂订制，而且螺丝锁紧组合要用气动工具等等，除非能买到套装组件，否则还是空谈。美、日的刀具相关网站，不难找到自制刀具的套装材料，有了低碳钢试制经验后，买几套来玩，试着复制一二，再尝试用本地材料复制替代，算是学习制刀的捷径。

【开锋】

量产刀的开锋一般都由经验丰富眼力好的老师傅来操作，一气呵成，磨得稍微不完整的就是B品，可见工作的压力与挑战。工厂可能使用钻石磨轮的砂轮机，或钻石砂、金刚砂的砂带机。美国有不少特战退伍人员开设的刀厂，利用3D激光切割机，在刀锋上扫过，产生一层极薄的过热硬化层，锋利度大增。当薄薄的硬化层磨耗后，刀就恢复原先钢材的热处理适用硬度了。一般初

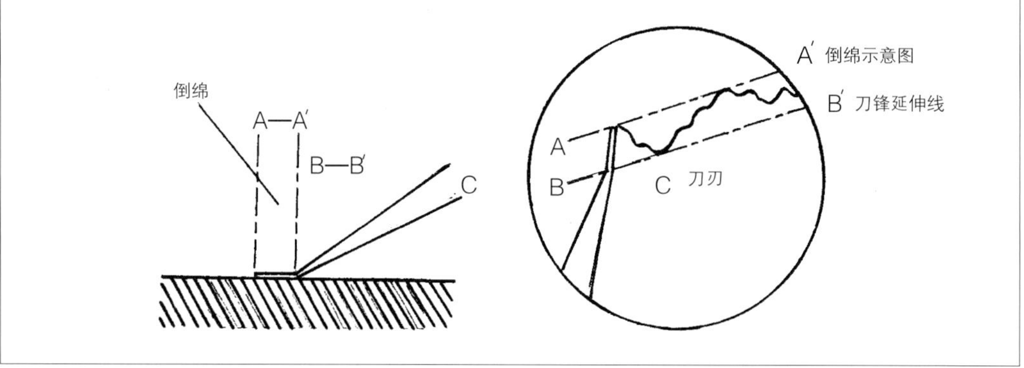

刀口开锋或磨利容易形成的“倒绵”示意图。倒绵都形成在刀锋研磨侧的反面，以手指极轻抚摸有粗糙的感觉。为了便于说明，示意图画得夸大了，用放大镜可以观察得十分清楚。

学制刀者，在热处理完成进行磨光之前，先用粗砥石将刀刃开锋，记得前文 (3)“刀刃研磨成型”一文提到刀口中心线，这一条线延伸的面与砥石面呈现 12 ~ 20 度的夹角，两面角度都相同，然后各研磨一条窄窄的斜面，宽度大约在 0.8 ~ 1.2 毫米，就能完成初步的开锋。原始未开锋前刀口留下的厚度、刀锋的锋口斜角的角度，以及锋口斜面宽度这三个数字，牵涉到钢料的硬度与韧性，以及主要切削劈砍什么材料，而有若干小小的差别。

韧性强硬度高的钢料，若用于剁骨、劈树干，刀口可以稍微厚一些，锋口斜角大一些，锋口斜面窄一些，反观切削软材质的水果刀，使用的钢材不太硬、韧性差，刀口厚度设定在 0.6 毫米，锋口斜角 12 度，锋口斜面宽度 1.2 毫米。通常初学者取硬度居中的材料就可以了，等将来经验提升，自然就能针对特定的用途，做出最好的选择。如果作品参加国际比赛，作品刀是什么用途？选用钢料种类？开什么样的刀锋？这些都是评分的重点，牛头不对马嘴是不可能获奖的！不是只有酷炫造型，亮到使人眼盲，精雕细琢就一定得奖。

用粗砥石将刀锋粗磨完成后，再利用中等粗细的砥石，沿着原来经过粗砥石磨过的位置再重复轻轻地磨一遍，可以让锋口斜面变得光滑，降低切割物体的摩擦力，使刀口感觉很锋利。在磨锋利时，有一个重要的地方就是，刀口要正对着砥石（与砥石面垂直），轻轻地磨光滑。用中等粗细的砥石磨完之后，接着就是磨细砥石，但先在此停顿，组装中的刀磨到中砥，刀锋还不会割手即进行刀刃组装，以免误伤自己，若情非得已，用夹布胶带贴住刀口。

用中砥磨完后检查刀口，看刀口有没有产生闽南话专门术语所谓的“倒绵”现象。除非使用超过 1.000 # 以上的细砥石，不然研磨锋口斜面，会将一部分的金属屑推挤延长，产生毫芒状的不规则金属屑，黏在刀口附近，这些金属屑就是所谓的“倒绵”，刀口有了倒绵，在尼龙布上面轻轻拖过去，会勾出很多尼龙纤维细丝。将刀口垂直接触当时正在研磨的砥石，轻轻来回划几下，可以磨去倒绵，进行下一阶段更细的砥石研磨，也要重复这一步骤，直到刀锋完全锐利为止。保持刀口的光滑与平整，是刀锋能够呈现锐利的必备条件之一。初学者可以用 10 倍珠宝放大镜来检查。

组合与加装刀柄

大部分的折合刀、有鞘短刀都需要加装刀柄，而且大部分的刀柄，都是用两片木头夹住刀柄组件、刀刃榫头，再以黏胶、铆钉固定。当然也有一部分采用镶嵌的方式，直接将木头片涂上胶水塞入框框内的，但相关工艺较复杂，本文仅以铆钉固定者为例子。通常用来装饰刀柄的木片要求木头纹理漂亮，最好是树瘤部位，同一种木头，两者价差数倍。

通过刀具用品店邮购取得者，刀柄通常用特

别高级的木头如黑檀、紫檀、红木、铁刀木等制作，其中木材充分干燥后不会翘反、缩水、膨胀变形者，称为老木，价钱特别高。国际交易方式是事先锯切好一定尺寸，一对两片论价卖。大部分加工整形得用粗齿木工锉刀，小块木料很难夹在虎钳上面。朋友送给笔者若干上述树种，工厂锯下丢弃的有裂缝、小树瘤的下脚料，刚好可以用虎钳来固定，锉整好造型后锯下固定在刀柄上，再进行后续作业。

通常有鞘短刀的两片夹木柄固定方法单一，有些折合刀是刀柄的两片木与三片构造板一起固定铆紧，木柄的木料要相当坚硬，还要韧性，如果不是像量产工厂那样使用模具、油压机床挤压固定，用手工敲打铆钉，铆钉一旦偏歪就会挤裂刀柄的装饰木片，因此，有很多工厂改用鹿角、牛骨、水牛角、硬塑胶、碳纤维积层板等代替阔叶树硬木。

随刀柄材料的不同，用于固定铆钉的钻孔，要比铆钉的直径大一些，通常要大 0.05 ~ 0.1 毫米，具体视材料而定。硬木经过长时间使用后会呈现出一种温润的感觉，以及多样的花纹变化，所以广受大众喜爱。但是，有时很难确认所购入的高价木片是否属于老木，笔者的经验是，在固定后锉磨到接近完工之前，刀柄连带木头片先浸水十多分钟，放干燥再抚摸木料表面，如果没有突起的木纹纤维，通常就可能属于老木，也可能是树干的心材、树瘤部分，这种木质特别坚硬。

如果有木纹纤维突出，尤其是全面性的突出，则可能是新木料，或者这种木料不管新旧，都容易有木纹纤维突起，就要进行补救。可以将木头柄细磨到所需的造型与大小，浸水十多分钟，取出晾干，用细砂纸轻轻磨掉突起纤维，再如前法泡水、待干、再磨，直到纤维不再突起为止。此后木柄即使不上漆，也不会一泡水就凸起粗糙木纹纤维而磨手，而且木纹的对比更强烈，可以增加美观。

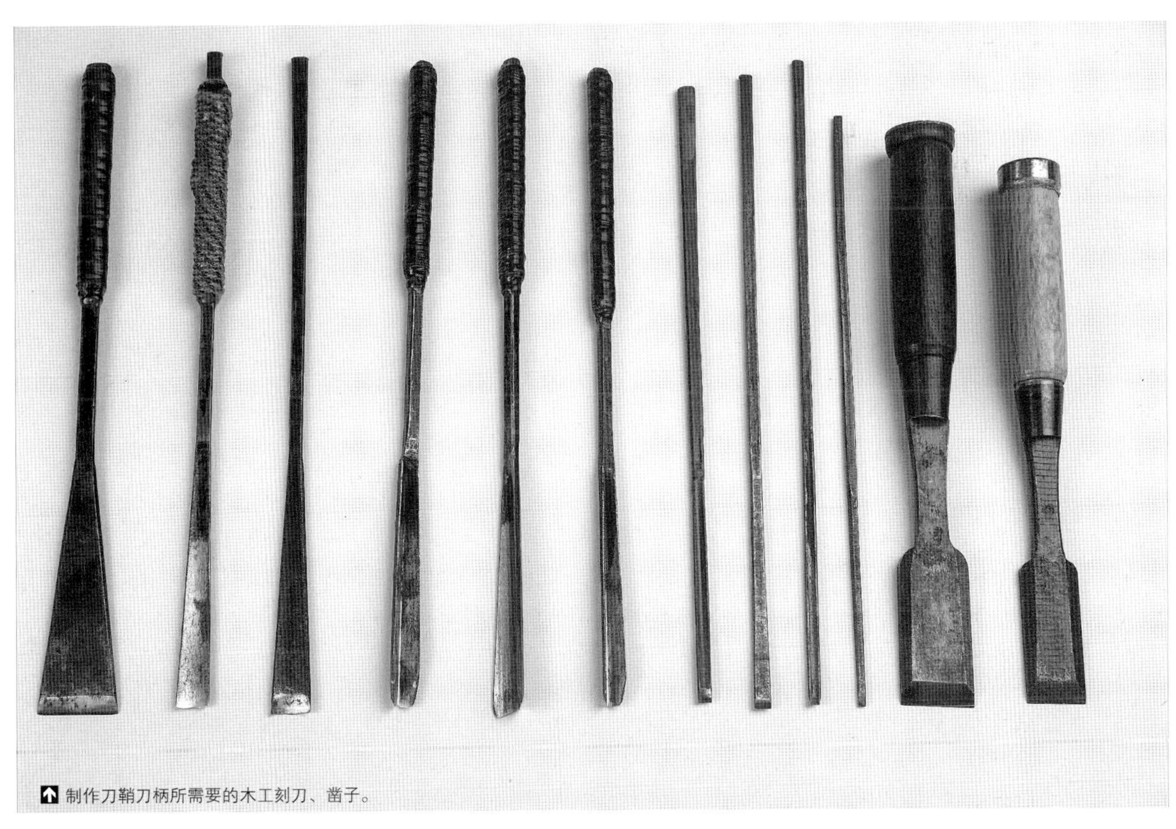

制作刀鞘刀柄所需要的木工刻刀、凿子。

刀具的制作方法简单介绍到此，金工竟然变成了木工，还要研究木材的种类，干燥、加工，如果要讲得更全面，后面还有木材涂装学（染色、上漆等），以及缝制皮鞘的皮革工、皮雕技术，学做皮鞘等，本书的篇幅实在容纳不下了，请读者自行参考相关书籍，再添购相关工具，很多手工制刀师傅，刀柄木料的取得加工、制作皮件都与另外的专业师傅或产业配合。

基本工具清单

钻床、电钻、台式砂轮机、手提砂轮机，尾端装有棉布袋以过滤沙尘用的工业用抽风机。粗细砂轮若干。钻尾尽量限制所钻的洞孔为整数，例如：1.5、2.0、4.0、4.5、5.0 毫米等的钻尾比较容易买，价钱较便宜。8 英寸、10 英寸长的中粗锉刀、细齿锉刀，8 英寸木工用粗齿锉刀、粗齿金工锉刀，用于修掉木工粗齿锉（鲨鱼剑）的锉痕，再用细锉刀磨光木料。粗、中、细砂布若干，一定要等钻、锉作业完全结束，才使用砂布，否则残留的金刚砂会损耗锉刀。高级木工锯一把，金工锯一把，更换用的锯片若干。虎钳一座，C 型夹大小若干副，实心厚木工作台一张。画线针、中心冲，冲凹点引导钻头钻入精确的位置一或二支，各色油性笔若干。斜口钳、平口钳、尖嘴钳各一，尖嘴、平口小号 VISE-GRIP 各一。精密度达 0.05 毫米的游标卡尺一支、厚薄规至少一组。

木工刨刀种类很多，图中几种算是必备的基本款。最小略弯曲的刨刀在中国台湾被称为“弯尻仔”，主供修饰有弯度的柄、鞘。最小长方形刨刀称为“贼仔尻”，主供修饰直线部分的倒角。中、大型刨刀主供刨平、刨薄大木料。目前多已成为民俗玩家的收藏品，如果要添购，得问清楚店方能否代为磨利，至于刨座翘反的问题，恐怕找不到师傅可以帮助调校了。

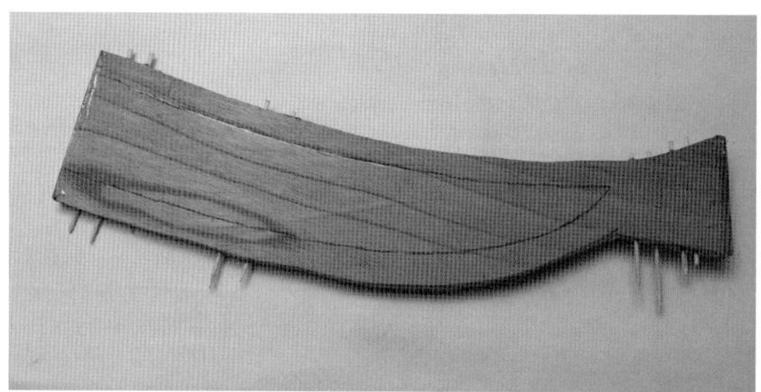

笔者使用精挑修细的烧肉竹串，穿透刀鞘，再用六小时硬化 AB 胶黏牢固，防止刀鞘裂开。图为竹串贯穿刀鞘露出来的情形。

图中最粗的是铁刀木、两根细的是印度紫檀，被锯成长方块的是台湾榉，都是朋友从木材进口商废料堆翻找出来送给我的。等阴干变老木，不知要到何年了。

世界各国常见的刀具钢材简介

虽然很多钢料厂将新产品的成分、热处理方式视为机密，但本文尽量为初学者网罗各种刀具钢材的基本资料。

1. 低合金钢

含有铬、钨、钼、钒等金属元素较少者通常称为低合金钢。

低合金钢包含碳钢在内，本书相关章节都已经做了介绍，这些钢材包括安来钢青纸、白纸等系列，日本工业规格 SK-7 高碳木工锯材钢，瑞典黄牌海绵铁（块烧铁），以及美国的 1095、1085 等，在今天都属于非常稀罕的钢料，网购可能是取得的唯一途径。安来钢青、白纸等是日本人针对国产木材，多年试验调整后的巅峰产品，台湾原本也都用桧木，应该与日本情况一样。近年来多用非洲、南美洲的进口木材，应该会有微妙的不同，但由于现今经过精密切锯、刨光的刀刃会涂上钻石粉，锋利到没话说，木工刀具与木材可能不合的问题应该不重要了。台湾有些打铁店把青、白纸钢用来夹在镰刀的刀口上，用途非常广泛，打铁店的镰刀如果一把千元台币，夹钢以后就要三倍以上的价钱。这种刀具重新再磨利必须用 1.000 # 以上的超细砥石，如果使用一般的灰黑、鹅黄粗砥石，就太糟蹋那把刀了，每一次的磨利，锋利持久度至少减少一半。网购上述钢料，千万要记得索取原厂热处理技术说明书，毕竟那是研发钢料的业者提供的。至于以后有了技术与设备，能把钢料热处理到最适合自己的设想与用途，那是以后的事了！

2. 不锈钢

含铬超过 13% 者是不锈钢的基本条件，其他金属元素各自扮演着不同功能的重要角色。

铁元素是不锈钢的主要成分，若含有以下元素，通常都希望将这些会影响物理性质的负面元素降到最低，当含量在 0.2% ~ 0.4% 以下时，就不会造成影响。例如：硅、硫、磷等等，其中尤其是硫、磷的含量一定要在 0.2% 以下，否则金属就会有热裂冷脆的现象，无法用回火的手段调整。硅一般控制在 0.4% 以下，就不会给不锈钢带来明显的影响。有些元素例如碳，在不锈钢中的重要性非常明显，关系到刀口的硬度与锋利程度，适量的碳对不锈钢是好的，超过了合适的范围则不好了。通常含碳量控制在 0.8% ~ 1.2%，碳含量增加虽然可以提升钢材的硬度，但是也随之更容易生锈。反之，含碳量低的钢铁不易生锈，但热处理硬化的困难度也随之增加。

不锈钢中低含量的锰元素没有明显的作用，例如：含量在 0.8% 以下，通常看不出有正面或负面的影响。在厚重的工具机中，配合其他金属元素，通常有明显增加构件深层硬化的效果，例如：怪手的铲斗、军舰的防弹舷板就含有较多的锰。铬是不锈钢中重要的防锈成分，多数的不锈钢含量在 13% 以上，近来陆续出现了含量更多的不锈钢，甚至达到 20% 者。铬是热的不良导体，通常利用其他金属元素来改善热传导，但具体是哪些金属元素有此功能，目前找不到相关说明资料。镍在不锈钢中的效果并不明显，很多制作刀刃的不锈钢不添加它，少数则含镍 1% ~ 2%，可能有提升耐海水锈蚀的能力。

钨虽然有增加刀刃锋口硬度的作用，对提升锋利持久性的效果明显，但是研磨性差，初学者不容易把刀子磨利，磨刀石的损耗也比较严重，如果单独存在含量超过 1.5% 以上，刀口的耐冲击性渐减，经常猛砍的开山刀、剁骨刀，刀锋容易变钝、缺损，轻切削则能延长锋利持久性。含钨钢材需要长时间预热、高温加热才能热处理，因为能源价格高涨而逐渐不受青睐。钼的效果几乎等同于钨，二战时中国占全世界 60% 产量的钨矿被日军占领，美军专心研发自有的钼代替，因此目前含钼量较多的刃物不锈钢都为美国所研发。钼与钨最大的差别在于钨耐高温，高速切削金属时不会因产生高温切削热而迅速变钝，若以切削油冷却，钨钼其实差不多。含钼不锈钢热处理的温度比含钨的低，容易控制，因此钨已基本被排除在不锈钢的成分之列。钒也有耐磨损、增加锋利度、刀锋硬度的好处，但最大的优点是增加刀锋的韧性与耐冲击性，所以钒钼两个成分通常含量较高，一般同时出现在高级的刃物不锈钢品种里。这两种成分可以降低不锈钢含碳、含铬量增加而引起的刀口脆性，因此钒钼这两种元素的含量越多，不锈钢料也更高级。钴很少出现在不锈钢中，通常添加在专门钻铣白铁件的工业刀具中，用来增加切削白铁刀具的锋利度。

3. 各种不锈钢材的成分与说明

分析刃物不锈钢物理性质的重要数字，任何新钢种来此比对必有收获。

目前在研发高级不锈钢材料方面，美日两国分执牛耳。近十几年来推出的很多钢料，只有名称，或者仅有成分，硬度如何，热处理曲线如何，都很难找到资料，更深入的韧性、耐锈蚀、锋利持久度的测试也找不到相关资料，本书尽可能搜集相关资料供大家参考，实在没有的话，那是厂商的生产机密，只能请大家多多包涵。

(a)420J2：碳 0.26% ~ 0.4%、铬 12% ~ 14%、锰约 1.0%、硅约 1.0%、镍约 0.6%、硫约 0.03%、磷约 0.04%。硬度约：HRC56 度。

(b)440A：碳 0.6% ~ 0.75%、铬 16% ~ 18%、锰 1.0%、硅 1.0%、镍约 0.6%、硫 0.03%、磷 0.04%。硬度约 HRC57 度。

(c)440B：碳 0.75% ~ 0.95%、铬 16% ~ 18%、锰 1.0%、硅 1.0%、镍约 0.6%、硫 0.03%、磷 0.04%。硬度约 HRC57 度。

(d)440C：碳 0.95% ~ 1.20%、铬 16.00% ~ 18.00%、锰 1.0%、钼，选择添加 0.75%、硅 0.03%、镍 1.0%。最适硬度约 HRC58 度。

(e)ATS-34：碳 1.0%、铬 13.75%、锰 0.4%、钼 3.5%、硅 0.25%。最适硬度约 HRC59 度。

(f)Cos25 钢材，含碳、铬、钨、钼、钒、铜，最适硬度 HRC63 ~ 65 度，热处理后铜析出于表面，大幅增加抗锈能力，表面因此呈现粉红色。

(g)154CM：碳 1.05%、铬 15%、锰 0.5%、钼 4%、硅 0.3%。波音 707 引擎内部零件用钢，真空炉烧炼而成，约与 ATS-34 铜等级，通常最适硬度 HRC58 ~ 61 度。

(h)BG-42 即 ATS-34 的原始配比，增加钒 1.2%，硬度达到 HRC60 ~ 61 度，原本 ATS-34 硬度超过 60 度，容易产生微小缺口的问题获得解决，目前也用于特殊轴承钢。

(i) 日立金属制 CRMO-7，JIS 工业规格喷盐雾 8 小时完全不锈，含 13% 铬以及若干钼，其他成分未公开，适用硬度 HRC59 度，耐冲击性 ATS-34 的 1.4 倍，440C 的 1.9 倍。

(j)CV-134：铬 13%、钒 4%，最适硬度 HRC63 度。

(k)CTX XHP：碳 1.6%、铬 16.00%、锰 0.5%、钼 0.80%、硅 0.40%、钒 0.45%、镍 0.35%。美国钢厂研发，只有钢材与成分，其他不详。请参考网址：www.blademag.com。

(l)CTX BD1：碳 0.9%、铬 15.50%、锰 0.6%、钼 0.30%、硅 0.37%、钒 0.10%。美国钢厂研发，只有钢材与成分，其他不详。请参考网址：www.blademag.com。

(m)CTX 204P：碳 1.85% ~ 1.95%、铬 19.00% ~ 21.00%、锰 0.20% ~ 0.40%、钼 0.85% ~ 1.15%、硅 0.60% ~ 0.80%、钒 3.80% ~ 4.20%、钨 0.50% ~ 0.70%、镍 0.30%、铜 0.30%。美国钢厂研发，只有钢材与成分，其他不详。请参考网址：www.blademag.com。

(n)CTX 875P：碳 1.10%、铬 14.00% ~ 15.00%、锰 0.30% ~ 0.60%、钼 4.0%、硅 <0.01%、钒 1.20%、镍 0.40%、铜 0.30%。美国钢厂研发，只有钢材与成分，其他不详。请参考网址：www.blademag.com。

(o)CTX BD30P：碳 1.45% ~ 1.55%、铬 13.75% ~ 14.50%、锰 0.45% ~ 0.60%、钼 1.80% ~ 2.20%、硅 <0.01%、钒 4.0%、镍 0.1%、铜 0.9%。美国钢厂研发，只有钢材与成分，其他不详。请参考网址：www.blademag.com。

(P)CPM S-30V：碳 1.45%、铬 14%、锰 0.4%、钼 2.0%、硅 0.4%、钒 4.0%。原厂尚未公布最适硬度，推估为 HRC58 ~ 60 度。

(Q)D-2：碳 1.5%、铬 12%、锰 0.4%、钼 0.9%、硅 0.4%、钒 0.95%。原为冲床模具的最常用钢种，因为适合锻造，还有相当的防锈能力，约 20 世纪 90 年代前后广泛为手工刀师傅所采用，刀口的硬度有较大的调整空间，通常在 HRC60 ~ 62 度之间。因含铬量仅 12%，防锈力略嫌不足。

(R)0-1：碳 1.0%、铬 5.2%、锰 0.6%、钼 1.1%、硅 0.3%、钒 0.3%。美国广泛使用的碳素工具钢，劈铁门的消防斧头、扳手、传动轴等等均使用之。若用于刀口，通常适用硬度在 HRC58 ~ 60 度之间。

4. 美日著名刀具、钢材、机具、其他材料供应店：

冈安钢材株式会社，日本东京都台东区东上野一丁目 12 番 2 号。

菊秀，日本国东京都中央区银座 5-14-2。

武藏野金属工业所，日本国东京都板桥区 2-26-7。

美国著名不锈钢料生产销售网址：www.blademag.com.

美国著名不锈钢料生产销售网址：www.admiralsteel.com

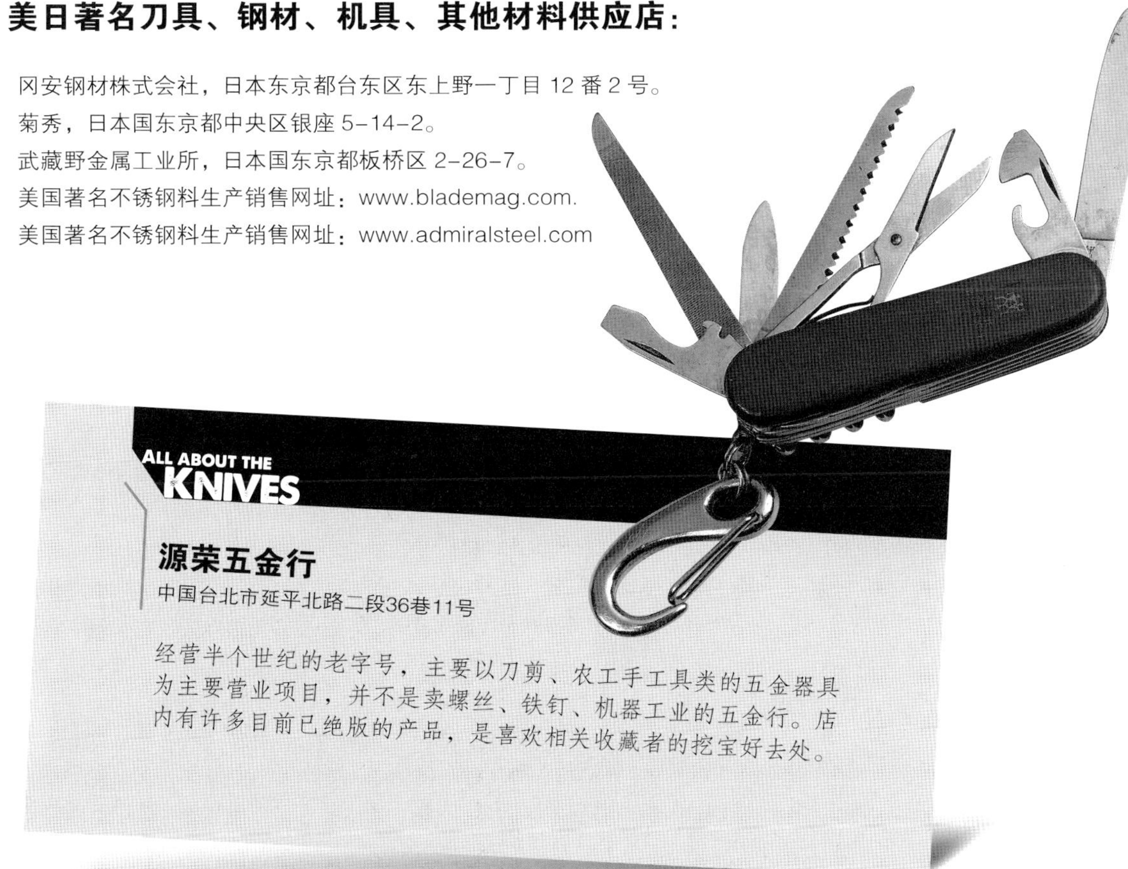

图书在版编目（CIP）数据

达人开讲·图说刀事典 / 李嘉亮著. -- 武汉：湖北科学技术出版社, 2016.1
ISBN 978-7-5352-8230-9

Ⅰ. ①达… Ⅱ. ①李… Ⅲ. ①冷兵器—世界—图解 Ⅳ. ①E922.8-64

中国版本图书馆CIP数据核字(2015)第207623号

责任编辑：兰季平　　　　封面设计：李净东

出版发行：湖北科学技术出版社　　　　电　　话：027-87679468
地　　址：武汉市雄楚大街268号　　　　邮　　编：430070
（湖北出版文化城B座13-14层）
网　　址：http://www.hbstp.com.cn

印　　刷：北京缤索印刷责任公司　　　　邮　　编：101111

787×1092　1/16　　14印张　　250千字
2016年1月第1版　　2016年1月第1次印刷
定　　价：78.00元

本书如有印装问题可找本社市场部更换